经济学基础与应用理论探索

姜新芳　许　晶　韩　芳◎著

北京燕山出版社
BEIJING YANSHAN PRESS

图书在版编目（CIP）数据

经济学基础与应用理论探索 / 姜新芳，许晶，韩芳
著.—北京 ：北京燕山出版社，2023.11
　　ISBN 978-7-5402-7069-8

　　Ⅰ．①经… Ⅱ．①姜… ②许… ③韩… Ⅲ．①经济学
Ⅳ．①F0

中国国家版本馆 CIP 数据核字（2023）第 190808 号

经济学基础与应用理论探索

作　　者	姜新芳　许　晶　韩　芳
责任编辑	王　迪
出版发行	北京燕山出版社有限公司
社　　址	北京市西城区椿树街道琉璃厂西街20号
电　　话	010–65240430
邮　　编	100052
印　　刷	北京四海锦诚印刷技术有限公司
开　　本	787mm×1092mm　1/16
字　　数	216千字
印　　张	12.75
版　　次	2024 年 4 月第 1 版
印　　次	2024 年 4 月第 1 次印刷
定　　价	80.00 元

作者简介

姜新芳，女，汉族，大学本科学历，高级经济师，中国共产党潍坊市第十三次代表大会代表，现任山东省昌邑市卜庄镇党群服务中心主任。工作多年，一直从事财政税收及统计工作，主要致力于国民经济管理、财税管理、国有资产管理、审计管理、统计管理、农业经济管理、工业经济管理等多方面的研究，在国家级刊物上发表经济管理方面的论文多篇。

许晶，女，硕士研究生，西安建筑科技大学华清学院讲师，近 10 年担任一线专职教师，主讲微观经济学和国际金融课程，获得西安建筑科技大学华清学院青年教师讲课竞赛（2016 年、2019 年）二等奖、课堂教学创新大赛（2017 年）二等奖、微课教学大赛（2021 年）三等奖，主持教改项目 3 项，撰写教改论文 4 篇，现为微观经济学一流课程负责人（2022 年立项）；2016 年以来，指导经济、金融类学科竞赛获得国家奖项 30 余项，指导互联网+、挑战杯等创新创业类竞赛获得省级奖项 9 项、市级奖项 3 项，具有丰富的学科理论结合实践的教学改革经验。

韩芳，女，辽宁沈阳人，硕士研究生。现就职于辽宁省委党校《辽宁省社会主义学院学报》编辑部，任《经济与社会》栏目责任编辑。从事经济学专业相关工作累计 14 年。曾发表《促进数字经济健康快速发展的途径》《中小企业经济质量发展的难点与策略》《"互联网+"与区域经济发展思路创新分析》《非公经济高质高效健康发展的探索》《辽宁经济振兴和发展的探索》等研究成果。

前　言

　　经济学包含的内容非常广泛，包括微观经济学、宏观经济学、数理经济学、动态经济学、福利经济学、经济思想史等。其主要内容是微观经济学和宏观经济学。微观经济学是研究家庭、厂商和市场合理配置经济资源的科学，它以单个经济单位的经济行为为对象，以资源的合理配置为主要问题，以价格理论为中心理论，以个量分析为方法，其基本假定是市场出清、完全理性、充分信息。宏观经济学是研究国民经济的整体运行中充分利用经济资源的科学，它以国民经济整体的运行为对象，以资源的充分利用为主要问题，以收入理论为中心理论，以总量分析为方法，其基本假定为市场失灵、政府有效。

　　本书主要研究了经济学的基础与应用，第一章介绍了经济学的基础理论与消费者的行为理论。第二章至第四章是微观经济学部分，其内容主要包括价格理论、效用理论、生产理论、成本理论、分配理论和市场理论。第五章至第七章为宏观经济学部分，其内容主要包括国民收入核算理论、国民收入决定理论、经济周期与经济增长、失业与通货膨胀，以及宏观经济政策的分析与实践。本书围绕经济学的基本概念和核心理论，力求简明通俗的阐释微观经济学和宏观经济学领域的大部分知识，旨在让读者具备比较扎实的经济学理论，熟练掌握现代经济分析方法，拓宽专业知识面，提升研究分析的能力以及向经济学相关领域扩展渗透的能力，为在企业从事综合性经济管理、经济分析、预测、规划研究等工作奠定理论基础。

　　在本书写作过程中，我们参阅了大量国内外优秀的经济学文献，引用了一些最新研究成果，在此表示诚挚的谢意；同时，对关心本书出版的专家、学者在此一并表示感谢。

　　由于我们的水平有限，加上时间仓促，不妥与错误之处在所难免，敬请读者提出批评和建议。

姜新芳　许　晶　韩　芳

目 录

第一章 经济学基础理论与消费者行为

第一节 经济学基础理论

一、经济学的研究对象

（一）经济学的基本含义

"经济"一词的含义，在西方国家和在我国有着不同的演绎过程。大体上说，西方国家的"经济"是由家庭理财转向社会层面的经济研究，而我国"经济"的含义则由"经邦治国"缩窄到社会经济研究范畴。

对于经济学的基本含义，不同学者有不同的理解与界定。经济学家认为，经济学是为了解决人类活动中经常面临的欲望的无限性与资源的稀缺性之间的矛盾而产生的。

1. 欲望的无限性与资源的稀缺性

（1）欲望的无限性

人类的生存和发展过程就是不断地用物质产品来满足自身的需求的过程，而这种需求随着人口的增加以及人们期望水平的提高而日益增长。这种需求源自欲望，而欲望是一种缺乏感受与求得满足的愿望，是一种与生俱来的天性。

人类的欲望是无限的，这种无限性表现在：一是人的欲望是无穷无尽的，当某一欲望得到满足后，又会产生新的欲望，永无止境；二是人的欲望是多种多样的，按其消费对象的重要程度来分，可分为必需品、舒适品和奢侈品。此外，人们的消费欲望具有随着产品和劳务的发展而不断发展的趋势。正是这种需要的无限性构成了人类经济活动不断进步的恒久动力。

而对这种不断变化、不断更替和无限发展的人的欲望，资源的稀缺就成为人类社会的一种客观的必然现象。

（2）资源的稀缺性

所谓资源，是用来生产能满足需要的物品和服务。资源可分为经济资源（或称经济物品）和自由取用资源（或称自由物品），前者是稀缺的，以至于要使用它就必须付出一定的代价，如面包，人们要获得它，必须付出金钱；后者如空气、阳光，其数量如此丰富以至于人们不付分文便可以得到。判断一种资源是经济资源还是自由取用资源的标准是价格，经济资源有价，而自由取用资源无价。

相对于人类社会的无穷欲望而言，经济物品，或者说生产这些物品所需要的资源总是有限的。这种资源的相对有限性就是稀缺性。这里所说的稀缺性不是指资源绝对数量的多少，而是指相对于无限的欲望而言，再多的资源都是稀缺的。所以，稀缺是相对的。但稀缺性又是绝对的，稀缺性存在于人类社会的任何时期和一切社会。从现实来看，无论是贫穷的国家，还是富裕的国家，资源都是不足的。

2. 机会成本

由于稀缺性的存在，家庭、厂商、政府和其他组织的无限欲望就无法在同一时间或同一地点得到满足，因此在有限的时空范围内，人们始终都面临选择问题。

当具有多种用途的稀缺资源使经济主体需要选择时，选择会带来成本，选择的成本称为机会成本。也就是说，大部分经济资源一般是可以有多种用途的，但是一定的资源用来生产某种产品后，就不可能用来生产其他产品，这就意味着，一定数量的资源用来生产某种产品时，就必须放弃别种产品的生产。把一定的资源用来生产某种产品时所放弃的别种产品的最大产量（产值），就是这种产品的机会成本。如一亩田，种大豆可产 400 斤，种玉米可产 1000 斤，则这地用来生产大豆的机会成本就是 1000 斤玉米，而生产 1000 斤玉米的机会成本就是 400 斤大豆。

另外，机会成本还可以表述为：一种资源用来获得某种收入时所放弃的另一种收入。例如大学毕业后，你面临多种选择，可以选择去银行工作，年薪 40 000 元；去公司工作，年薪 28 000 元；继续深造，收入为 0 元。那么，如果去公司工作，机会成本就是去银行工作可能获得的收入 40 000 元；如果继续读研，三年研究生学习的机会成本就是去银行工作可能获得的收入 120 000 元。

正是资源的稀缺性构成了经济学需要关注并进行研究的经济问题，即怎样使用有限的、相对稀缺的资源来满足多样化的需要的问题。显而易见，经济学研究的核心就是选择，稀缺资源的配置与利用就是经济学的研究对象，经济学是一门研究在一定的市场体制下如何配置和利用资源的学问。

（二）经济学研究的两个基本问题

资源配置和资源利用是经济学的研究对象。而如何进行资源的优化配置和充分利用，是经济学研究的两个基本问题。

1．资源的优化配置

经济学主要研究稀缺的资源在无限而又有竞争性的用途中的配置问题，以及人类社会寻求满足自身的物质需求与欲望的方法。由于人类对物质的追求欲望是在不断增长的，而社会的经济物品，或者说生产这类物品所需要的资源总是不足。这样一来，如何利用现有的有限资源去生产经济物品，以便更好地满足人类不断增长的物质追求，就是资源配置的目标。

从现实社会来看，厂商需要选择有限的且有多种用途的资源，考虑生产什么、生产多少，以获得最大利润；家庭和个人需要选择将有限的收入用于购买何种商品、购买多少，以获得最大效用；政府和涉外部门需要选择资源合理配置的最优方案，以促进经济增长，实现社会福利最大化。

人类进行选择的过程也就是资源配置的过程，选择需要解决三个基本问题。

（1）生产什么，生产多少

由于没有足够的资源去生产社会需要的所有商品和服务，即欲望总是超出可用资源范畴，因而我们必须决定什么才是我们最需要的，并且舍弃那些相对次要的。

一个国家的经济资源可以用于生产多种产品，生产这些产品的机会的总和被称为机会集合。我们将这些众多的机会简化为两种，分别为产品 X（消费品）和 Y（资本品）。如果全部用来生产 X 产品，可生产 CD 单位；如果全部用来生产 Y 产品，可生产 OA 单位；如果同时用来生产 X 和 Y 两种产品，则可能有各种不同的 X 与 Y 的产量组合。将 X 与 Y 的各种不同的产量组合描绘在坐标图上，便可得出 AD 线，即生产可能性曲线，或称生产可能性边界。

资源的稀缺性决定在一定社会的一定时期内，可以利用的资源是有限的，从而可以生产的产品数量也是有限的。生产可能性曲线是用来说明和描述在一定的资源与技术条件下，利用现有资源生产可能达到的最大产量的组合曲线。它可以用来进行各种生产组合的选择，是从直观的角度来反映生产的可能性。

此外，生产可能性曲线还可以用来说明潜力与过度的问题。生产可能性曲线以内的任何一点，说明生产还有潜力，即还有资源未得到充分利用，存在资源闲置；而生产可能性之外的任何一点，则是现有资源和技术条件达不到的。只有在生产可能性曲线 AD 之上的点，才是资源配置最有效率的点。因为它说明了一个社会的全部资源都得到了充分利用，不存在闲置资源和失业，社会经济达到了充分就业的状态。

另外，在资源数量和技术条件不变的前提下，一个社会现有资源可能生产的产品产量组合是既定的，但当资源数量变化和技术条件改变时，生产可能性曲线会相应移动。随着资源数量的增加和技术的进步，生产可能性曲线会向外平行移动。

（2）如何生产

如何生产的问题涉及怎样在既定的投入下得到最大产出，它的目标是找到一种生产商品和服务的最佳方式。同一种产品的生产可以采用不同的技术、材料和工艺，或是劳动密集型，或是资本密集型。增加一种产品的产量，可以通过扩大外延的粗放方式，也可以通过增长内涵的集约方式。

如何生产的问题还包括对环境的利用和对其他社会利益的考虑。比如，化肥厂的废水是可以随意排入河流中还是应该对废水进行净化处理；化肥厂对周围居民是否构成噪声污染、大气污染等。

（3）为谁生产

为谁生产就是要解决经济产出如何在社会成员中进行分配的问题，包括生产的产品怎样在企业内部和整个社会成员之间分配，根据什么原则，采用什么机制进行分配，分配的数量界限怎样把握，等等。

如果以蛋糕来打比方，前两个问题就是烤什么类型、什么尺寸的蛋糕以及怎么来烤，那么现在的问题就是怎样分蛋糕了。奶油分给谁？糕饼分给谁？

2. 资源的充分利用

现实生活中，人类社会往往面临这样一种矛盾：一方面资源是稀缺的，另一方面稀缺的资源往往得不到充分利用，也就是说，产量没有达到生产可能性曲线，稀缺的资源被浪费了。同时人类社会为了发展，不满足于达到生产可能性曲线中的生产组合，还希望能够达到更大的生产产量组合点。在经济中经常出现劳动者失业，生产设备、自然资源闲置的情况，这就引出了资源利用的问题。资源利用包括这样三个相关的问题：

①资源为什么没有得到充分利用。即 X 商品、Y 商品的产量为什么没能达到生产可能性曲线上的各点。换言之，就是如何能使稀缺的资源得到充分利用，从而使经济生活中既不存在资源的闲置，也无资源的浪费，并且使产量达到最大。这就是"充分就业"的问题（即劳动力资源是否得到充分利用）。

②在资源既定的情况下，为什么产出不稳定。尽管资源条件没有变，但两种产品的产量为什么不能始终在生产可能性曲线上，而是有时在线外，有时在线上，有时在线内，能

不能让两种产品的产量一直保持在生产可能性曲线上？也就是说，为什么存在经济周期性的波动。在资源既定的条件下，一国的经济总会有周期性的波动，与此相关的是，如何利用既定的资源实现经济的持续增长。这就是"经济波动与经济增长"问题（即现有资源产出的经济成果是否稳定）。

③货币的购买力是否影响资源的利用。现代社会是以货币为交换媒介的商品经济社会，货币购买力的变动对解决资源配置与资源利用等各种问题影响深远。所以解决此阶段问题必然涉及货币购买力的变动问题，也就是"通货膨胀与通货紧缩"问题。不管出现了严重的通货膨胀，还是出现了严重的通货紧缩，都会造成价格信号的紊乱和资源的浪费。

3．资源配置的方式

尽管各个社会都存在稀缺性，但解决稀缺性的方法并不相同。人类社会的各种经济活动都是在一定的经济体制下运行的。在不同经济体制下，资源配置与资源利用问题的解决方法有所不同。经济体制就是一个社会做出选择的方式，或者说解决资源配置与资源利用的方式。

当前世界上经济体制基本有两种：一种是市场经济体制，即通过市场上价格的调节来决定生产什么，如何生产与为谁生产；另一种是计划经济体制，即通过中央计划来决定生产什么，如何生产和为谁生产。

经济学家从经济效率、经济增长和收入分配来比较这两种经济体制。从 20 世纪宏观经济运行状况来看，市场经济优于计划经济。可以说，经济上成功的国家都建立了市场经济体制。

市场经济作为一种好的经济活动组织方式成为绝大多数人的共识。但市场经济并非完美无缺。因此，这只"看不见的手"还需要政府这只"看得见的手"通过各种干预手段来弥补其不足。经济学家把这种以市场调节为基础，又有政府适当干预的经济体制称为混合经济，又叫现代市场经济。

经济学主要源于市场经济体制的西方国家，西方经济学就是市场经济的经济学。我国的经济体制改革是以建立社会主义市场经济体制为目标，其本质仍然是现代市场经济。从这方面来讲，学习西方经济学对我国经济建设与改革同样具有重要的意义。

二、经济学的主要内容

西方经济学的主要内容包括研究资源配置的微观经济学与研究资源利用的宏观经济学。

（一）微观经济学

1. 微观经济学的含义

"微观"的英文为"Micro"，源于希腊文"micros"，原意是"小的"。这是因为微观经济学研究的是微观或"小型"经济单位的经济行为。微观经济学以单个经济单位为研究对象，通过研究单个经济单位的经济行为和相应的经济变量单项数值的决定来说明价格机制如何解决社会的资源配置问题。具体包括以下几方面内容：

（1）研究对象是单个经济单位

单个经济单位指经济活动中的最基本单位，包括单个消费者、单个生产者、单个市场等。消费者又称居民户或家庭，生产者又称厂商或企业。在微观经济学的研究中，假设家庭与厂商经济行为的目标是实现最大化，即家庭要实现满足程度（即效用）最大化，厂商要实现利润最大化。微观经济学研究家庭与厂商的经济行为就是研究家庭如何分配有限的收入用于各种物品的消费，以实现满足程度最大化，以及厂商如何把有限的资源用于各种物品的生产，以实现利润最大化。

（2）解决的问题是资源配置问题

解决资源配置问题就是要使资源配置达到最优化，即在这种资源配置下社会实现最大的经济福利。微观经济学从研究单个经济单位的最大化行为入手，解决社会资源的最优配置问题。因为如果每个经济单位都实现了最大化，那么整个社会的资源配置也就实现了最优化。

（3）中心理论是价格理论

在市场经济中，居民户和厂商的行为要受价格的支配，生产什么、如何生产和为谁生产都由价格决定。价格像一只"看不见的手"调节着整个社会的经济活动，实现社会资源配置最优化。微观经济学正是要说明价格如何使资源配置达到最优化。价格理论是微观经济学的中心，其他内容都是围绕这一中心问题展开的。因此，微观经济学也被称为价格理论。

（4）研究方法是个量分析

个量分析是研究经济变量的单项数值如何决定，即以单个经济主体（单个消费者、单个生产者、单个市场）的经济行为作为考察对象的经济分析方法。例如，某一种商品的价格，就是价格这种经济变量的单项数值。微观经济学分析个量的决定、变动及其相互间的关系。

2. 微观经济学的基本假设

经济学的研究是以一定的假设条件为前提的。就微观经济学而言，有三个基本假设条件：

（1）市场出清

市场出清即认为在价格可以自由调节市场的情况下，市场供求平衡，即没有过剩也没有短缺的市场状态。对于一个市场来讲，如果供不应求，价格就会上涨，社会资源就会进入，从而使得生产扩大，供给增加，最终与需求趋于平衡；供过于求时，价格下跌，企业收益减少，资源就会退出，从而减少供给，最终趋于平衡。

（2）完全理性

完全理性即消费者和生产者都是理性经济人，即人的天性都是追求私利的，力求以最小的投入追求利益的最大化。在这一假设下，价格调节实现资源配置最优化才是可能的，社会也正是在这一过程中不断地向前发展。

（3）完全信息

完全信息是指消费者和生产者在完全竞争的市场中，可以免费而迅速地获得各种市场信息。消费者和生产者只有具备完备而迅速的市场信息，才能及时对价格信号做出反应，以实现其行为的最优化。

3. 微观经济学的基本内容

微观经济学的基本内容包括下面几条：

（1）均衡价格理论

也称价格理论。它研究商品的价格如何决定，以及价格如何调节整个经济的运行。它是微观经济学的中心。

（2）消费者行为理论

它研究消费者如何把有限的收入分配于各种物品的消费上，以实现效用最大化。

（3）生产者行为理论

即生产理论。它研究生产者如何把有限的资源用于各种物品的生产上而实现利润的最大化。这一部分包括研究生产要素与产量之间关系的生产理论，研究成本与收益的成本与收益理论，以及研究不同市场条件下厂商行为的厂商理论。

（4）分配理论

研究产品按什么原则分配给社会各集团与个人，即工资、利息、地租和利润如何决定。这一部分是运用价格理论来说明为谁生产的问题。

（5）一般均衡理论与福利经济学

它研究全社会的所有市场如何实现均衡，经济资源怎样实现最优配置，社会经济福利怎样实现最大化。

（6）微观经济政策

它研究政府有关价格管理、消费与生产调节，以及实现收入分配平等化等政策。这些政策属于国家对价格调节经济作用的干预，是以微观经济理论为基础的。

现代微观经济学还包括更为广泛的内容，诸如产权经济学、博弈论、人力资本理论等，这些都是在微观经济学基本理论基础上发展起来的。微观经济学提供了各种层次的经济运行的基础知识和基本研究方法，是众多经济学课程中最为基本和极为重要的一门课程。

（二）宏观经济学

1. 什么是宏观经济学

"宏观"的英文为"Macro"，它源于希腊文"macros"，原意是"大的"。宏观经济学以整个国民经济为研究对象，通过研究经济中有关总量的决定及其变化，来说明资源如何才能得到充分利用。具体包括以下几方面的内容：

（1）研究的对象是整个经济

这就是说，宏观经济学所研究的不是经济中的各个单位，而是由这些单位所组成的整体，形象地说，微观经济学研究的是树木，宏观经济学研究的是由这些树木组成的森林。国民经济活动中的主要变量有国内生产总值、国民收入、投资总量、储蓄总量、总消费支出、一般物价水平等。宏观经济学正是通过对这些经济总量相互关系的分析和研究，阐明社会经济问题产生的原因，提出各类宏观经济政策主张，以期解决社会的经济问题。

（2）解决的问题是资源利用

宏观经济学把资源配置作为既定前提，研究现有资源未能得到充分利用的原因，达到充分利用的途径，以及如何增长等问题。

（3）中心理论是国民收入决定理论

宏观经济学把国民收入作为最基本的总量，以国民收入的决定为中心来研究资源利用问题，分析整个国民经济的运行。其他理论都围绕这一理论展开。

（4）研究方法是总量分析

总量是指能反映整个经济运行情况的经济变量。这种总量有两类：一类是个量的总和，例如国民收入是组成整个经济的各个单位的收入的总和，总投资是各个厂商的投资之和，总消费是各个居民户消费的总和；另一类是平均量，例如价格水平是各种商品和劳务的平均价格。总量分析就是研究这些总量的决定、变动及其相互关系，从而说明整体经济的状况。因此，宏观经济学也被称为"总量经济学"。

2．宏观经济学的基本假设

宏观经济学产生于 20 世纪 30 年代，它的基本内容基于两个假设：

（1）市场机制是不完善的（市场失灵）

市场机制是建立在前述微观经济学三个基本假设基础之上的。然而，市场主体的不完全性、信息的不完全性及商品的短缺或过剩，使市场经济运行的效率大打折扣。自从市场经济产生以来，市场经济国家的经济就是在繁荣与萧条的交替中发展的，若干年一次的经济危机被称为市场经济的必然产物。经济学家逐渐认识到，如果只靠市场机制的自发调节，经济就无法克服危机与失业，就会在资源稀缺的同时，又产生资源的浪费。资源的稀缺性不仅要求使资源得到恰当的配置，而且还要使资源得到充分利用。要做到这一点，仅仅依靠市场机制是不够的。

（2）政府有能力调节经济，纠正市场机制的缺点

人类不仅可以顺从市场机制，还能在遵从基本经济规律的前提下，对经济进行调节，实现这种调节功能的就是政府。政府可以通过观察与研究认识经济运行的规律，并采取适当的手段进行调节。整个宏观经济学正是建立在对政府调节经济能力的信任基础之上的。

3．宏观经济学的基本内容

宏观经济学的基本内容包括下面几条：

（1）国民收入决定理论

国民收入是衡量一国经济资源利用情况和整个国民经济状况的基本指标。国民收入决定理论就是要从总需求和总供给的角度出发，分析国民收入决定及其变动的规律。它是宏观经济学的中心。

（2）失业与通货膨胀理论

失业与通货膨胀是各国经济中最主要的问题。宏观经济学把失业与通货膨胀和国民收入联系起来，分析其原因及其相互关系，以找出解决这两个问题的途径。

（3）经济周期与经济增长理论

经济周期指国民收入的短期波动，经济增长指国民收入的长期增加趋势。这一理论分析国民收入短期波动的原因、长期增长的源泉等问题，以期实现经济长期稳定的发展。

（4）开放经济理论

现实的经济都是开放型的经济。开放经济理论要分析一国国民收入的决定与变动如何影响别国，以及如何受别国的影响。同时也要分析开放经济下，一国经济的调节问题。

（5）宏观经济政策

宏观经济学为国家干预经济服务并为它提供理论依据，而宏观经济政策则是要为这种干预提供具体的措施，包括政策目标、政策工具以及政策效应。

经济学界对经济运行的认识与分析不同，提出的政策主张和建议就有所不同，从而形成了不同的经济学流派，如货币学派、供给学派和理性预期学派等。

（三）微观经济学与宏观经济学的关系

微观经济学与宏观经济学是经济学的两大组成部分，两者的研究对象、解决的问题、中心理论和分析方法都是不同的。但它们之间又有着密切的联系，表现在：

1. 两者的区别是相对的，目标是相同的

严格地说，只有一个经济学，只是二者的侧重点不同，在实际经济分析中，往往同时涉及宏观与微观两个方面。比如，在分析决定一国物质利益变动时，必须同时考虑如何使资源（在宏观上）全部利用并达到最优配置（在微观上）。

2. 两者研究的都是基本经济问题，但分工不同

对于经济的任何研究都要回答以下几个问题：生产什么？如何生产？为谁生产？资源是否全部利用？货币和储蓄的购买力是否由于通货膨胀而改变？生产能力能否持续增长？前三个是微观经济学研究的问题，后三个是宏观经济学研究的问题。

3. 两者是互相补充的

经济学的目的是要实现社会经济福利的最大化。为了达到这一目的，就要实现资源的优化配置与充分利用。微观经济学在假定资源充分利用的前提下分析如何达到最优配置问题。宏观经济学在假定资源优化配置的前提下分析如何达到充分利用的问题。它们从不同角度分析社会经济问题，可见两者是相互补充的，共同构成经济学的基本内容。

4. 微观经济学是宏观经济学的基础

宏观经济分析总是以一定的微观经济分析为基础的。比如，就业理论和通货膨胀理论作为宏观经济学的重要组成部分，总是要涉及劳动力的供求和工资的决定以及商品价格如何决定的理论，而充分就业的宏观经济模型，正是建立在以完全竞争为假定前提的价格理论和工资理论的基础上的。

5. 两者所使用的分析方法（除个别分析与总量分析的区别外）大都相同

比如，两者都使用模型法、静态分析和动态分析法；在进行数量分析时都采用边际分析的方法；都把制度作为既定前提，来分析资源的配置与利用问题。

6. 微观经济活动之和不等于宏观经济活动

表面上，宏观经济活动是微观经济活动的总和，但对经济规律不能做这样简单的综合。许多结论在微观分析中看来是正确的，但放到宏观分析中却可能得出相反的结论。萨缪尔森把这种现象称为"合成谬误"[①]。比如，个别厂商如果降低工人的工资，那么其生产成本会因此而下降，从而导致厂商利润的增加，可是如果从宏观分析来看，假如所有厂商都降低工人的工资，那么整个社会购买力会因工人收入的减少而下降，造成社会产品过剩，结果导致厂商利润下降。再如，从个人角度看，储蓄是一种美德，但从宏观看，如果整个经济处于萧条期，主张节俭只能加速萧条，使失业率继续上升。

三、经济学的研究方法和分析工具

（一）实证分析与规范分析

实证分析是指摆脱价值判断，对经济本身的内在运行规律进行研究，并根据这些规律，分析和预测经济主体经济行为后果的研究方法。通常也将运用实证分析方法对经济行为进行描述、解释、预测的经济学理论称为实证经济学。实证分析方法独立于任何特殊的伦理观念，不涉及价值判断，旨在回答"是什么""能不能做到""有哪些可供选择的方案，后果如何"之类的实证问题。如今年的通货膨胀率有多高？失业率是多少？在探讨这些问题时，只是就事论事，不做价值判断，不研究"好不好、应不应该"的问题。实证分析具有客观性，可以检验。

规范分析则是在分析经济现象时以一定的伦理和价值判断为基础，对经济问题提出评判意见的研究方法。通常也将运用规范分析方法进行经济研究的经济学理论称为规范经济学。规范分析方法是建立在实证分析方法基础上的，在运用实证分析方法剖析了事物的本质规律之后，再回答"应该怎样""好不好""该不该"的问题。比如通货膨胀率是不是太高了？失业者应不应该给予救济？

实证分析是对客观现象的分析，它可能是真实的，也可能是虚假的。这种分析是真是假，客观事实可以检验出来。规范分析是个人从自己的价值观出发，对事物做出评价，因

---

① 赵艳. 萨缪尔森经济理论研究 [M]. 北京：首都经济贸易大学出版社，2005.

此，不同的人有不同的看法。由于没有统一的标准，规范分析所得出的结论无法进行检验。

规范分析离不开实证分析，人们赞同或反对某一经济政策，其论据是对该政策的实证分析。每个人生活在一定的社会环境中，不同的经济地位和价值观念影响其价值判断，从而对实证分析产生影响。因此，规范分析和实证分析是分不开的。

（二）均衡分析与非均衡分析

均衡分析是从物理学里引进的概念。在物理学中，均衡是指同一物体同时受到方向相反而力量相等的两个外力作用时所处的静止状态。在经济学中，均衡是指经济中各种对立的、变动的经济变量由于力量相当而处于相对静止、不再变动的状态。均衡分析是分析各种经济变量之间的关系，说明均衡的实现条件及其变动。

均衡分析分为局部均衡分析与一般均衡分析。局部均衡分析考察在其他条件不变时单个市场均衡的建立与变动。一般均衡分析考察各个市场之间均衡的建立与变动，它是在各个市场的相互关系中来考察一个市场的均衡问题。均衡分析偏重于数量分析，而对于影响经济变化的历史的、制度的和社会的因素基本不予考虑，因为它们很难量化，难以进行量上的均衡分析。

非均衡分析则认为经济现象及其变化的原因是多方面的、复杂的，不能单纯用有关变量之间的均衡与不均衡来加以解释，而主张以历史的、制度的、社会的因素作为分析的基本方法。即使是量的分析，非均衡也不是强调各种力量相等时的均衡状态，而是强调各种力量不相等时的非均衡状态。

西方经济学中运用的主要分析工具是均衡分析。

（三）经济模型

建立经济模型是进行实证分析所必需的具体方法。在进行实证分析时要提出用于解释经济现象的理论与假设，建立相应的经济模型以检验假设的准确性，并根据模型结论做出预测。

经济模型建立的过程也是经济理论形成的过程。

1. 所研究问题与使用变量的定义

进行理论研究首先要清晰界定所要研究的问题，并对分析将使用的变量进行界定。通常将变量分为内生变量与外生变量，存量与流量。内生变量是一种在理论内所要解释的变量；外生变量是一种在理论内影响其他变量而其本身则由理论外的因素来决定的变量；存量是指通常在一定时点上才能有效测定的变量，如失业人数；流量是指通常在一定时期内才能有效测定的变量，如国民生产总值。

2. 提出模型建立的假设条件

任何理论模型都是建立在一定的假设条件基础上的，经济模型的建立也不例外，假设条件也是理论形成的前提条件。假设有时并不现实，但没有一定的假设条件就难以得出有效的结论。在一定的假设下得出结论是自然科学与社会科学共同的研究方法，在经济学的研究中有着更加广泛的运用。关注理论的假设条件是理解理论的关键所在。

3. 提出假说，并进行证明，形成理论

假说是在一定的假设条件下对经济模型可能会得出的结论的阐述，是模型需要证明的理论。假说的形成不是凭空产生，而是基于对变量间关系的一种有依据的判断或是经验性的总结与概括。假说通过证明成立之后，才能形成理论。

4. 利用模型形成的理论进行预测

通常，通过推理得出结论并不是建立模型的最终目的，其最终目的是利用所得出的结论对未来进行预测，预测是检验假说或模型结论正确与否的重要途径。如提出通货膨胀率与失业率之间呈反比，如果降低通货膨胀率就可能会导致失业率提高，并给出具体的模型参数。在利用该模型进行预测的过程中就可以将相应的数据代入进行预测，并用未来实际的数据加以验证。

（四）边际分析

西方经济学中边际的含义是指自变量增加所引起的因变量的增加量。

所谓边际分析就是增量分析。新古典经济学的集大成者马歇尔运用他的数学知识，系统运用和发展了边际分析方法，使之成为微观经济学的基本方法。边际分析方法就是通过对增量变化的分析，来确定资源配置的合理边界或当事人行为的合理边界，确立实现均衡所要求的数量条件。

边际分析有利于反映经济活动的变动情况。无论是投入变动还是产出变动或两者同时变动并相互影响，都意味着出现了变动量，这种变动量就是增量。边际分析可准确反映这种增量变动，并考察这种变动所带来的后果。

边际分析有助于明确资源配置的合理边界或当事人行为的合理边界。例如，生产者行为的合理性，一个重要的方面是合理搭配各种生产要素，形成合理的要素组合比例。这需要确定每一种生产要素的合理投入量。当需要调整各要素的投入量以求达到合理比例时，必然会导致对各种要素的增减，增要增加多少，减要减少多少，这就必须进行增量分析，即边际分析。通过边际分析确定各种要素投入量的合理边界，也就确定了要素组合的合理比例。

四、静态分析与动态分析

静态分析就是分析经济现象的均衡状态以及有关经济变量达到均衡状态所必须具备的条件，完全抽掉了时间因素和具体变化的过程。动态分析是对经济事物变化过程的分析，动态分析引入了时间因素，分析考察各种变量在不同时期的变动情况。

把均衡分析与静态分析和动态分析相结合就产生了三种分析工具：静态均衡分析、比较静态均衡分析与动态均衡分析。静态均衡分析要说明各种经济变量达到均衡状态的条件；比较静态均衡分析要说明各种经济变量之间由一种均衡状态变动到另一种均衡状态的过程，即原有的均衡实现条件一旦发生变化时，均衡状态会发生什么变化，新旧均衡状态有什么不同；动态均衡分析在引入时间序列因素的基础上，说明均衡的变化过程，它要说明在某一时点上经济变量的变动会如何影响下一时点上该变量的变动，以及这种变动对整个均衡状态变动的影响。

第二节　消费者行为理论

一、消费者行为的概念

（一）消费

消费是人们在日常生活中经常涉及的一种活动过程，它在人们的生活中占有重要的位置。市场学中的消费是指人类通过消费品满足自身欲望的一种经济行为。具体来说，消费包括消费需求产生的原因、消费者满足消费需求的方式和影响消费者决策的有关因素。广义的消费包括生产消费和个人消费。生产消费是指物质资料生产过程中的生产资料和劳动力的使用、消耗。个人消费是指人们把生产出来的物质资料和精神产品用于满足个人生活的行为和过程。个人消费是恢复人们劳动力和劳动力再生产不可缺少的条件。本教材所研究的消费是指个人消费。

（二）消费者

所谓消费者，狭义上是指购买、使用各种消费用品（包括服务）的个人、居民户，同时也包括企业、学校、政府机关和其他社会组织；广义上是指在不同时间和空间范围内所有参与消费活动的个人或集团，泛指消费活动中的所有人。在现实生活中，同一消费品的倡导者、决策者、购买者和使用者可能是同一个人，也可能是不同的人。例如，在中国保健品市场上，长期以来就存在一种"买的不喝，喝的不买"的现象，但无论是买的人还是喝的人，他们都是广义上的消费者。

1. 消费者角色的概念

消费者角色是指消费者在消费活动过程中的各种角色。角色是指与某一特殊位置有关联的行为模式，代表着一套有关行为的社会标准。一个人的角色反映了他的社会地位，以及相应的权利和义务、权力和责任。

2. 消费者角色的种类

消费者角色可以分为五种，分别是消费的倡导者、决策者、影响者、购买者和使用者。

（1）倡导者

即有消费需要或消费意愿的人；或者认为其他人有消费必要或其他人进行了某种消费之后可以达到其所希望的消费效果，因此，倡导其他人进行这种形式消费的人。

（2）决策者

即有权单独决策或在消费活动中与其他成员共同做出决策的人。

（3）影响者

即以各种形式影响消费过程的人，他们可能是消费者的家庭成员、邻居或同事，也可能是购物场所的营销人员、广告中的模特、消费者所崇拜的名人、明星等，甚至素昧平生、萍水相逢的过路人等。

（4）购买者

即直接购买商品的人。

（5）使用者

即最终使用、消费该商品，并得到商品使用价值的人。有时称其为最终消费者、终端消费者或者消费体验者。

消费者角色的确定对于制定营销决策具有重要的意义。无论是商品设计者、生产者还是销售人员，都必须具体地、有针对性地为不同角色消费者制订产品与服务方案，混淆消费者角色的做法已经不能适应现代营销活动。例如，购买一台空调，提出这一消费要求的可能是孩子；是否购买由夫妻两人共同决定，往往在决策过程中丈夫对空调的品牌做出决定，所以，空调公司可以对丈夫做更多有关品牌方面的宣传，以引起丈夫对本企业所生产空调的注意和兴趣；妻子一般在空调的造型、色彩方面有较大的决定权，公司在设计的造型、色彩等方面要考虑妻子的审美要求，使产品获得妻子喜爱，等等。只有了解了购买决策过程中的参与者的各自作用及特点，企业才能够制订出有效的生产计划和营销策略。

3. 消费者角色与营销的关系

（1）商品和服务的设计必须符合倡导者或使用者的需要

因为，如果商品或服务不符合消费者需要，再好的商品、再多的广告和促销都无法激发起消费者购买的兴趣。我们可以看到在实际消费活动中，儿童商品的包装往往设计得新奇而鲜艳，这就是利用儿童心理使商品吸引儿童的注意，先抓住儿童的眼球。

（2）购买者的地位也应受到重视

如果价格或服务等不能使购买者获得满意，那么购买者就不会购买也不会使用了。因此，在营销活动中特别是在销售终端，一定要考虑购买者的感受，使购买者对价格和服务满意，才能够促使购买行为的产生。比如，儿童商品的价格需要考虑家长的承受能力，不可定得过高，否则即使商品设计上赢得了儿童的喜爱，作为购买者的家长也不会买单。

（3）决策者和影响者会影响消费者对商品品牌、数量的选择

在商品购买过程中，如何打动决策者至关重要。同时，由于消费者对不熟悉的商品通常会征求影响者的意见，因此，应给影响者提供更多的信息并建立良好的关系。如小米手机利用网络社区，建立自己的粉丝群，通过粉丝在社交媒体中分享其使用小米的体验，来影响更多的消费者。

（三）消费品

消费品是用来满足人们物质、文化和精神生活需要的社会产品，也可以称作消费资料、生活资料或者消费对象。根据消费者的购买行为和购买习惯，消费品可以分为便利品、选购品、特殊品和非渴求品四类。

1. 便利品

便利品是消费者需要经常消费，不需要费力在身边就能买到的商品，往往商品的价格比较便宜。对于这样的商品，消费者往往不愿意花大气力去搜寻和购买，如软饮料、清洁

剂、调料等。消费者购买便利品虽然没有详细的计划，但他们仍然清楚一些受欢迎的便利品的品牌名称，如可口可乐、白猫（洗洁精）、海天（酱油）等。便利品往往需要进行广泛的分销以便有足够的销售量可以实现预期的利润目标。

2. 选购品

选购品一般要比便利品的价格高很多而且一般很耐用，消费者不是经常购买。消费者在购买选购品时一般要对几种品牌或商店进行款式、适用性、价格与其自身生活方式的协调性等多方面的比较，他们也愿意花费一些精力以获取自己期望的利益。

选购品一般分为两种：同质品和异质品。消费者通常认为同质选购品的质量基本相似，但价格却明显不同，所以有选购的必要，如冰箱、电视等。与之相反，消费者认为异质品质量是不同的，如家具、住宅等。消费者在选购异质品时比较麻烦，因为商品的价格、质量、特征等的差异很大。对异质品进行比较的好处是，能够为自己挑选到适宜的商品或服务，因而做出的决定通常个性化极强。

3. 特殊品

当消费者广泛地寻求某一特殊商品而又不愿意接受替代品时，这种商品即为特殊品，如奔驰汽车、劳力士手表等。

特殊品的经销商们经常通过突出地位感的精选广告保持其商品的特有形象。特殊品的分销也经常被限定在某一地区的一个或很少的几个销售商店里。所以，保持品牌名称和服务质量非常重要。特殊品不涉及购买者对商品的比较，消费者只须花时间找到该商品的经销商即可。

4. 非渴求品

一些商品和服务不为其潜在的消费者所了解或他们虽然了解也并不积极问津，那么这样的商品就叫作非渴求品。新产品在通过广告和分销增加了其知名度以前都可以算非渴求品。

一些商品永远都是非渴求品，特别是消费者不愿意想起或不喜欢为它们花钱的商品。例如，保险、丧葬用品、百科全书等商品都是传统的非渴求品，都需要鼓动性强的人员销售和有说服力的广告。销售人员总是尽力地接近潜在的消费者，因为，消费者大多不会主动地去寻找这类商品和服务。

（四）消费心理与消费行为

1. 消费心理的概念

消费心理是指消费者进行消费活动时所表现出的心理特征与心理活动的过程。消费者的心理特征主要包括消费者兴趣、消费习惯、价值观、性格、气质等方面的特征。这种心理活动和心理特征经常受消费环境、消费引导、购物场所等多方面因素的影响。

2. 消费行为的概念和特征

（1）消费行为的概念

所谓消费行为，就是指人们为满足需要和欲望而寻找、选择、购买、使用、评价及处置商品和服务时介入的活动和过程。消费行为分析就是研究消费者的消费活动和过程及影响这些消费活动和过程的各种因素。

在现代市场经济条件下，企业研究消费行为的目的是与消费者建立和发展长期的交换关系。为此，企业不仅要了解消费者是如何获得产品和服务的，还要了解消费者是如何使用和处置商品的。消费者的消费体验效果既会影响自己以后的购买决策，也会影响周围更多的潜在消费者的购买决策。因此，现在的消费行为研究通常将消费者行为看作一个整体、一个过程，既要调查、了解消费者在获取商品之前的活动，也应重视获取商品之后的使用和处置活动。

（2）消费行为的特征

①多样性。不同的消费者在需要、偏爱、动机等方面都有各自的侧重和要求，因此表现出消费者行为的多样性。同时，即使是同一消费者，在不同的时期及不同的情境下，会在相同的消费需要和动机下表现出不同的消费行为。企业营销的目的就是要依据消费者的不同需求找到细分市场进行产品定位。

②复杂性。消费者行为受到很多内在和外在因素的影响，并且其中许多因素很难识别，也比较难把握。消费者行为受到动机的驱使，但具体每个行为背后的动机往往是隐蔽而复杂的。同一动机可以产生多种行为，比如，消费者为了满足饥饿的需要，可以选择吃中餐，也可以选择吃西餐，还可以选择吃快餐等多种消费行为。同一行为也可以是多种动机共同作用的结果，比如，让孩子参加舞蹈班的这一消费行为，有的家长动机是提升孩子的修养和素质，有的家长动机是为了让孩子锻炼身体，多多吃饭，快点儿长高，有的家长动机是为了孩子减肥，等等。不仅如此，消费者行为往往会受到来自文化、社会和个体等多种因素的影响。

③可诱导性。由于潜在需要和隐性动机的存在，消费者有时会对自己的真正需要及如何满足需要并不十分清楚。因此，企业可以通过宣传、引导及设计新的产品来使消费者了解自己的需要，改变传统的消费习惯，接受新的消费观念。比如，江中健胃消食片，通过广告宣传让消费者认识到健胃消食片的主要成分既是药材也是食材，主要的功效是促进消化，肠胃不舒服时可以放心使用。

消费者行为虽然复杂多样，但是有规律可循的。因为，任何人的消费行为都受消费需要的支配，而人的需要是可以从生理、心理、社会等方面找到源头的，所以，我们对消费者行为规律的研究和探索是可行的。

3. 消费心理与消费行为的关系

任何一种消费活动，都是既包含了消费者的心理活动又包含了消费者的消费行为，准确把握消费者的心理活动，是准确理解消费行为的前提。一般来说，消费行为是消费心理的外在表现，消费行为比消费心理更具有现实性。思行合一，人类的一切正常行为都是由心理活动支配的，消费者在消费活动中的各种行为也无一不是受到心理活动的支配。因此，消费心理是消费行为的基础。但是消费心理看不见、摸不着，需要通过观察消费行为来分析和揣测消费者的心理活动和真正意图。

二、消费者行为学的研究对象、内容与方法

（一）消费者行为学的研究对象

1. 研究消费者消费行为中的心理过程和心理状态

消费心理学是以市场活动中消费者心理现象的产生、发展及其规律作为学科的研究对象。消费者是市场购买活动的主体，在消费行为中的心理过程和心理状态是一个发生、发展、完成的过程。如在商场里，有的顾客快速决策购买；有的顾客则犹豫不决；还有的顾客徜徉浏览，并无买意。这些行为都与消费者的心理状态和心理过程密切相关。对心理过程和心理状态的研究，主要表现在消费者购买活动的售前、售中、售后方面，具体包括以下三个方面的内容：

（1）消费者对商品认识的心理过程

即认识过程、情绪过程和意志过程，以及这三个过程的交融与统一。在实际的购买过程中，消费者往往按照自己的意图、偏好购买所需要的商品或服务。

（2）消费者心理活动的共同性

如消费者普遍存在追求物美价廉、求实从众、求名争胜、求新趋时、求奇立异等心理倾向，以及这些心理倾向的表现范围、时空、程度和心理机制等。

（3）消费者的需求动态及消费心理变化趋势

消费者心理发展、变化的一般趋势是消费心理学研究的重要对象，如消费者的需求发展模式是直线上升还是波浪式发展，消费者对商品的功能、款式、颜色、质量、商标等的

要求和期望发生了哪些变化。

2. 研究消费者个性心理特征对购买行为的影响和制约作用

消费者在消费行为中表现出的消费心理是消费者个体的心理现象，受到消费者个人的个性心理左右，而个性心理特征又反过来影响和制约消费者的个人消费行为表现。如有的消费者能对所购的商品价值做出比较全面的评估，而有的消费者则只有一些直观的、表面的认识；有的消费者面对琳琅满目的商品能够果断地做出买还是不买的决策，而有的消费者则表现得优柔寡断。这些都说明消费者心理现象个体之间存在着明显的差异性。研究消费者个性心理特征对消费行为的影响和制约作用，具体包括以下三方面的内容：

（1）消费者气质、性格上的差异

消费者作为个体，无论每次具体消费行为是怎样形成的，都会以独特的、稳定的、本质的心理品质，表现出个体气质、性格、能力等方面的差异。具有类似行为表现的个体形成了具有不同购买心理特征的群体。如胆汁质、多血质、黏液质、抑郁质等气质特征的消费者，往往在消费活动中表现出不同的消费心理活动特点等。

（2）消费者对商品的评估能力

如消费者对某种商品信息了解的多与寡，男性和女性对商品评估的不同视角，以及不同年龄段的消费者对商品评估的价值取向等都有所不同。

（3）影响消费心理的各种因素

如时尚流行对消费观念的影响，文化教育对商品消费的影响，消费者的收入水平对消费结构的影响，职业特点对购买方式、购买地点的影响，社会风俗习惯等对消费行为的影响，等等。

3. 研究消费行为与市场营销的双向关系

在研究消费者购买行为和消费心理的基础上，企业可以通过有效地提高相应的商品和服务质量，来满足消费者的需求，也使企业自身能够在维护消费者权益的前提下争取最好的营销效果。不同的消费品市场有不同的目标顾客群体，不同的目标顾客群体对消费品有不同的心理需求，消费心理和市场营销存在着双向关系，对消费者心理和市场营销双方关系的研究，具体包括以下三方面的内容：

（1）企业的产品质量、销售方式、营销环境等对消费者心理的影响

如企业如何通过提高商品质量来满足消费者的多种需求，如何通过商品的促销策略使人们竞相购买，等等。

（2）商品设计要适应消费者的心理需求

如服装的设计是否符合消费者的年龄特征，做到特色鲜明；商品的包装设计是否适应不同消费群体的感官，增强商品的吸引力；等等。

（3）从心理学的角度开展企业营销中的公关活动

如企业可以通过规范经营行为，提高产品质量，得到消费者与社会的认可和信赖；企业可以提供良好的服务来提高消费者在售前、售中、售后等方面的满意度；企业可以通过信息沟通，塑造良好的企业形象；等等。

（二）消费者行为学的研究内容

1. 影响消费者心理和行为的内在因素

（1）消费者的心理活动

任何心理活动都包括认识、情感、意志三个过程，同样，消费者从进入商店到把商品买回家也经历了这样一个过程。消费者行为分析通过研究每一过程的发生、发展和表现形式以及三个过程之间的联系，来发现消费者购买行为体现的心理现象的共性。

（2）消费者的个性心理特征

个性心理特征是指个人带有倾向的、本质的、相对稳定的心态特征。人在兴趣、能力、气质、性格等方面反映出来的个人特点和差异，是形成不同购买动机、购买方式、购买习惯的心理基础。个性心理特征体现了个体的独特风格和心理活动，由于不同的人有不同的个性心理特征，使得消费者的购买行为复杂多样。通过研究消费者的个性心理特征，能够了解不同消费行为产生的内部原因，掌握消费者的购买行为和心理活动规律，进而了解社会消费现象。

（3）消费者的需要和动机

人的行为是由动机决定的，而动机是由需要引起的。消费者购买某种产品可能是出于多种需要和动机，产品、服务和需要之间并不存在一一对应的关系。消费行为的根本原因是需要，需要和动机是消费者进行各种消费活动的源泉和推动力，也是进行消费行为研究的出发点。如两个人同时感到口渴，一个买了冷饮，而另一个回家喝水，表现不尽相同。因此，企业的生产、经营首先需要了解消费者的需要，把满足消费者的需要和动机作为生产、经营的目标与出发点。

（4）消费者的生理因素

生理因素是指消费者的生理需要、生理特征、身体健康状况，以及生理机能的健全程度等。消费者由于年龄、性别、体型等方面的特点和差异，会形成各种消费行为类型，如少年儿童的消费主要是儿童玩具、儿童食品、文具、书籍等，老年人的消费主要是医疗、服务、娱乐、保健食品等，这是企业在生产和经营中需要关注的问题。

2. 影响消费者心理和行为的外部因素

消费者的心理和行为不仅受到内在因素的影响，而且还受到社会历史条件的制约和社会因素等外在因素的影响。影响消费者心理和行为的外部条件包括社会环境对消费心理的影响、群体对消费心理的影响、消费态度对消费心理的影响、商品因素对消费心理的影响、购物环境对消费心理的影响、营销沟通对消费心理的影响。外部因素对消费者心理和行为的影响是多方面的，具体包括以下四方面的内容：

（1）社会因素

社会的构成因素是众多而复杂的，包括文化、民族、种族、社会阶层、集体、家庭、宗教、受教育程度、职业特征等。

（2）市场因素

市场因素是指市场状况对消费心理和行为所产生的影响，包括商场布局、广告宣传、销售服务、营销人员、促销方式、企业形象等。

（3）商品因素

影响消费者心理的商品因素包括商品设计、商品质量、商品价格、包装装潢、商标命名、原料工艺等。

（4）自然因素

自然泛指自然界，影响消费者心理的自然因素包括气候变迁、地理环境、地理变化等。

影响消费者心理和行为的外部因素各不相同，消费者反映出的消费心理和行为就会各有不同。如男士和女士、年轻人和老年人对商品都存在不同的需求。

（三）消费者行为学的研究方法

方法是人们研究问题、解决问题并实现预期目标所采取的途径和方法。研究消费者行为，如果方法正确，就能收到事半功倍的效果。消费者行为学是一门研究人的心理活动的科学，它是与社会科学、哲学和自然科学密切联系的科学。因此，研究消费者行为学离不开社会实践、哲学方法和自然科学原理。目前，国内外行为学专家和市场学专家常用来研究消费者活动规律的基本方法有观察法、访谈法、问卷法、综合调查法、试验法和投射测验法等。

1. 观察法

观察法是指观察者在自然条件下有目的、有计划地观察消费者的语言、行为、表情等，分析其产生的原因，进而发现消费者行为规律的研究方法。随着互联网的发展，观察法可借助视听器、摄像机、录音机、照相机等工具来增强观察效果。观察法可分为自然观察法和实验观察法两种形式：自然观察法是指在完全自然的、被观察者并不知情的条件下进行的观察；实验观察法是指在人为控制条件下进行的观察，被观察者可能知情，也可能不知情。

观察法大多数是在消费者并不知晓的情况下进行观察，由于消费者没有心理负担，所以其行为是一种自然的流露。通过观察所获得的资料比较直观、真实、可靠。此外，观察法比较容易操作，费用也比较少，所以，无论是大型企业或是小型店铺都可以采用。观察法的缺点在于其具有一定的被动性、片面性和局限性。首先，调查者在进行观察时只能被动地等待所预料的事情发生。其次，调查者只能从观察对象外部动作去考察和了解，难以了解观察对象的内心活动。再次，由于要求观察对象数量较大、涉及面较广，因而为取得大量的资料所投入的人力和时间必然较多。观察所获得的材料本身还不能区分哪些是偶然现象，哪些是规律性的反映。例如，漫步商场观察消费者的步态和目光时，发现大致有三种表现：第一，脚步紧凑，目光集中，直奔某个柜台。第二，步履缓慢，犹豫不决，看着商品若有所思。第三，步态自然，神色自若，随意浏览。上述三种表现说明进店顾客大致有三类：买者、可能买者、逛客。仅从这些观察对象的行为表现还不能推算出进店顾客真正购物的概率，因为在消费者的行为举止中，还有很多偶然因素。

观察法可用于观察别人，也可用于观察自己，进行自我观察。自我观察法是把自己摆在消费者的位置上，根据自身的消费体验，去揣摩、感受消费者的心理。通过运用自我观察法研究消费行为有独到之处，对价格心理、偏好转变和情感变换等较复杂的心理现象的研究，通常会收到比较满意的效果。

观察法在研究商品价格、销售方式、商标、广告、包装、商品陈列、柜台设置、品牌及新产品的被接纳程度等方面，均会取得较好的效果。

2. 访谈法

访谈法是通过经过训练的访问者与受访者交谈，以口头信息传递和沟通的方式来了解消费者的个性、动机、态度和价值观念等内容的一种研究方法。访谈可以在被访问者家中或者在一个集中的访问地点进行，还可以利用电话等通信手段与被访者进行沟通。例如，在林荫绿地等幽雅环境中，可以与被访问者进行较长时间的深入面谈，目的是针对不受限制的评论或意见进行提问获得受访者的真实想法，以便帮助研究人员更好地理解消费者产生这些想法的不同方面及其原因。深度访谈在理解个人是如何做出决策的、产品是如何被使用的以及消费者生活中的情绪和个人倾向时，尤其有用。新的概念、设计、广告和促销信息往往通过访谈法进行调研。

按交谈过程结构模式的差异划分，访谈法可以分为结构式访谈和无结构式访谈两种形式。结构式访谈又叫控制式访谈，访谈者根据预定目标事先拟定好谈话提纲，访谈时按已拟定的提纲向受访者提出问题，受访者逐一予以回答。结构式访谈的方法类似于问卷法，只是不让被试者笔答，只用口答而已。运用这种方法的优点是，访谈者能控制访谈的中心，条理清晰，比较节省时间。运用这种方法的缺点是容易使访谈者感到拘束，产生顾虑；也容易使受访者处于被动的地位，使访谈者只能得到"是"与"否"的回答，而不能了解到受访者内心的真实情况。因而访谈的结果往往不够全面，深度也不够。无结构式访谈又叫深度访谈，它没有提纲，不限时间，尊重受访者谈话的兴趣，使访谈者与受访者以自由交谈的方式进行。无结构访谈的优点是受访者不存在戒心，不受拘束，便于交流；受访者能在不知不觉中吐露真实情感。无结构访谈的缺点是采用这种访谈方法要求调查者有较高的访谈技巧和丰富的访谈经验，否则就难以控制谈话过程，不仅耗费时间较长，而且可能会影响访谈目标的实现。

按访谈者与访谈对象的接触方式不同可以分为个人访谈和小组座谈两种形式。个人访谈又称为一对一的访谈，由调查者对单个受访者进行访问，可以采取结构式访谈，即询问一些计划好的问题，也可以采取无结构式自由访谈的形式。在一对一的访谈中，访问者不可以有意识地影响被访问者的回答。也就是说，不能给受访者任何压力或暗示，要使被访问者轻松自由地回答问题。一对一访谈适用于以下四种情境：其一，要求对个体行为、态度或需要进行深入研究；其二，讨论的主题具有高度隐私或保密性（如个人投资）；其三，讨论的主题带有情感性或具有某种使人尴尬的性质；其四，讨论的主题具有某种强烈的社会规范，采用群体讨论会对个体反应产生重要影响。小组座谈也叫集体访谈，是指调查访谈人员以召开座谈会的方式向一组消费者进行访谈。标准的集体访谈有 8~12 名受访者。

一般来说，小组成员构成应反映特定细分市场的特性。受访者要根据访谈目标在相关的样本中挑选出来，并在有录音、录像等设备的场所接受访问。小组访谈可以适用于以下七种情境：

①激发产品创意的顾客基本需要的研究。

②对新产品想法或概念的探究。

③产品定位的研究。

④广告和媒体传播的研究。

⑤消费者参照群体的背景研究。

⑥在问卷设计的初始阶段需要了解消费者所使用的语言与词汇。

⑦态度和行为的决策等。

3. 问卷法

问卷法是根据研究者事先设计的调查问卷，向被调查者提出问题，并要求被调查者书面回答问题的方式，或者也可以变通为根据预先编制的调查表请消费者口头回答，由调查者记录的方式，运用这样的方法来了解被调查者心理。问卷法是研究消费者行为常用的方法。根据操作方式不同，问卷法可以分为邮寄问卷法、网络问卷法、入户问卷法、拦截问卷法和集体问卷法等。按内容不同可以分为封闭式和开放式调查问卷两种。封闭式调查问卷就是让被调查者从所列出的答案中进行选择，类似选择题和是非题等；开放式调查问卷是指被调查者根据调查者所列问题任意填写答案，答案不受限制，类似填空题和简答题。

正式的调查问卷主要包括三部分：指导语、正文和附录。

问卷法的优点是同一问卷可以同时调查很多人，主动性强、信息量大、简便易行、经济省时、结果易于统计分析。问卷法的缺点是回收率低（一般为50%~60%），问卷的回答还受被调查者的文化水平等条件的限制，而且不容易对这些材料重复验证。

4. 综合调查法

综合调查法是指在市场营销活动中采取多种手段取得有关材料，间接地了解消费者的心理状态、活动特点和一般规律的调查方法。根据不同的目标和条件可以邀请各种类型的消费者进行座谈、举办新产品展销会、产品商标广告的设计征集、设置征询意见箱、销售时消费者信息征询卡、特邀消费者对产品进行点评、优秀销售人员经验总结等手段和方法。

5. 试验法

试验法是指在严格控制下有目的地对应试者给予一定的刺激，从而引发应试者的某种反应，进而加以研究，找出有关心理活动规律的调查方法。试验法包括以下两种方法：

①实验室试验法。实验室试验法是指在专门的实验室内进行，可借助各种仪器设备以取得精确的数据。如研究人员可以给消费者提供两种味道稍微不同的食品，让他们品尝并进行挑选。这里，商品的不同味道是自变量，可以由研究者控制，而挑选结果则是因变量，至于其他能够影响挑选的因素如价格、包装和烹调的难易程度等，可以假设成完全相同。这样，经过试验后得出的消费者的挑选结果就仅仅取决于味道的差别，而与其他因素

无关。在消费者行为的实验研究中，应该注意使实验环境尽可能与相关的现实环境接近，也就是说要尽量排除不寻常或偶发条件下才出现的外部因素对实验结果的影响。

②现场试验法。现场试验法是在实际消费活动中进行。如测定广告宣传的促销效果，可以采用选择两个条件相近的商店或商场，一个做广告，一个不做广告。记录各自的销售情况，然后进行比较和统计，以确定广告宣传效果的大小。由于现场试验法的营销活动现场的具体条件比较复杂，许多变量难以控制，因而会影响研究结果的准确性。

6. 投射测验法

投射测验法又称深层法，是一种通过无结构性的测验，引出被测试者的反应，从中考察被测试者所投射的人格特征的心理测验方法。具体说，就是给被测试者意义不清、模糊而不准确的刺激，让被测试者进行想象、加以解释，使被测试者的动机、情绪、焦虑、冲突、价值观和愿望在不知不觉中投射出来，然后从被测试者的解释中推断其人格特征。

投射测验一般都具有转移被测试者注意力和解除其心理防卫的优点，因而在消费者行为分析中常被用作探寻消费者深层动机的有效手段。

第二章 价格与效用理论

第一节　价格理论

一、需求分析

（一）需求

1. 需求的含义

需求是指在一定的时期内，消费者在各种可能的价格水平下愿意而且能够购买的商品数量。根据定义，商品的需求必须满足两个条件：一是消费者要有购买商品的意愿；二是消费者必须具有相应的支付能力。需求是消费者购买欲望和支付能力的统一，二者缺一不可。

需求量（Demand Quantity）是指在一定时期内，消费者在某一价格水平下愿意而且能够购买的商品数量。需求与需求量都是指消费者对商品的需求数量，其区别在于需求是在一系列不同价格水平下消费者对商品的购买数量，而需求量则是在某一特定价格水平下消费者对商品的购买数量。

需求分为个人需求和市场需求。个人需求是指单个消费者对某种商品的需求，市场需求是指市场上所有消费者对某种商品的需求。个人需求是构成市场需求的基础，市场需求是所有个人需求的加总。

2. 影响需求的因素

（1）商品本身的价格

一般来说，一种商品价格的上升，消费者会减少对该商品的需求量；反之，价格下降，消费者会增加对该商品的需求量。

（2）消费者的收入水平

对于大多数商品来说，消费者的收入提高，就会增加对商品的需求量；反之，当消费者的收入下降时，就会减少对商品的需求量。需要说明的是，收入增加虽然会使大多数商品的需求增加，但并不是使所有商品的需求都增加。一般来说，随着收入的增加，消费者对正常品的需求会增加，而对低档品的需求会减少。

（3）消费者的偏好

偏好是消费者对商品的喜爱程度。当消费者对某种商品的偏好程度增加时，就会增加该商品的需求量；当消费者对某种商品的偏好程度减弱时，就会减少该商品的需求量。消费者偏好受许多因素的影响，如广告宣传。广告宣传在一定程度上能够影响偏好的形成，这就是为什么许多厂商不惜血本大做广告的原因。

（4）相关商品的价格

当一种商品本身的价格不变，而与它相关的其他商品的价格发生变化时，这种商品本身的需求量也会发生变化。商品的相关关系分为两种：互补关系和替代关系。

替代品是指在消费中相当程度上可以互相替代的商品，如可口可乐和百事可乐。对于替代品而言，如果一种商品的价格上升，消费者将减少该商品的需求量，进而导致其替代品的需求量增加。互补品是指两种商品相互补充，共同满足消费者的一种需要的商品，如羽毛球和羽毛球拍。对于互补商品而言，如果一种商品的价格上升，消费者将减少对该商品的需求量，进而导致其对互补品的需求量也减少。

（5）消费者对商品价格未来的预期

预期是消费者根据现有的条件对未来状况做出的估计。当消费者预计某商品的价格未来会上涨时，就会增加对该商品的现时需求量；而消费者预计某商品的价格未来会下跌时，就会减少对该商品的现时需求量。

（6）其他因素

其他因素如人口数量、人口结构、政府的消费政策、文化习惯等都会影响消费者对商品的需求量。

（二）需求的表示

1. 需求表

需求表是表示某种商品的各种价格水平和与各种价格水平相对应的该商品的需求数量之间关系的数字序列表。简单地说，需求表表示在各种不同的价格水平下消费者愿意而且能够购买的商品数量是多少。

2. 需求曲线

需求曲线是根据需求表中商品不同的价格-需求量组合在平面坐标图上所绘制的一条

曲线。需求曲线有一个明显的特征，向右下方倾斜，斜率为负，该特征表示商品的需求量同价格呈反向变动的关系。

3. 需求函数

如果把影响需求的各种因素作为自变量，把需求作为因变量，则可以用函数关系来表示影响需求的因素与需求之间的关系，这种函数称为需求函数，用公式表示，即

$$Q^d = f(a,\ b,\ c,\ d,\ \cdots\cdots,\ n) \tag{2-1}$$

式中，Q^d 代表需求；a，b，c，d，……，n 代表影响需求的因素。

为简化分析，通常假定其他影响需求的因素不变，只考虑商品本身的价格对该商品需求量的影响，并以 P 代表价格，则需求函数可表示为

$$Q^d = f(p) \tag{2-2}$$

公式（2-2）表明某商品的需求量 Q^d 是商品本身价格 P 的函数。

对于线性需求函数，其具体形式为 $Q^d = \alpha - \beta \cdot P$，其中，$\alpha$ 和 β 为常数，且 α、$\beta > 0$。

（三）需求定理

需求定理也称为需求规律，是说明商品本身价格与其需求量之间关系的理论，其基本内容是：在其他条件不变的情况下，某商品的需求量与价格之间呈反方向变动，即商品的需求量随价格的上升而减少，随价格的下降而增加。显然，需求定理并不适用于所有的商品，有些商品价格与需求量之间的关系并不符合需求定理的描述。

1. 炫耀性商品

炫耀性商品是指消费者为了显示其地位和财富而购买的价格昂贵的商品，如贵重首饰、名车、名表、豪宅等商品。这种商品只有在高价时才有显示人的社会身份的作用，因此，价格下降时需求反而减少。

2. 吉芬商品

在 1845 年爱尔兰大灾荒时，英国统计学家吉芬发现马铃薯的价格上升，需求量反而增加。在当时这种现象被称为"吉芬之谜"，具有这种特点的商品被称为吉芬商品[①]。

3. 投机类商品

在投机性市场（如证券和期货市场），人们有一种"买涨不买落"的心理，这与人们对未来价格的预期及投机需要有关。

---

① 陆超. 吉芬商品的效用层次分析 [J]. 现代经济信息，2009，（第 3 期）：27，29.

（四）需求量的变动和需求的变动

在经济分析中，要特别注意需求量的变动与需求变动的区别。从图形上来看，需求量主要表现为需求曲线上一个个的点，而需求包含各种可能的价格下所对应的需求量，指的是整条需求曲线。

1. 需求量的变动

需求量变动是指在其他条件不变的情况下，商品本身价格变动所引起的需求量的变动，它表现为需求曲线上点的变动。

2. 需求的变动

需求的变动是指在商品本身价格不变的情况下，由于其他因素变化所引起的需求的变动，表现为需求曲线的平行移动。

二、供给分析

（一）供给

1. 供给的含义

供给是指在一定时期内，生产者（厂商）在各种可能的价格水平下愿意而且能够提供的商品数量。根据定义，一种商品的供给必须满足两个条件：一是生产者要有提供商品的意愿；二是生产者必须具有生产能力。供给是生产者供给欲望和供给能力的统一，二者缺一不可。

供给量是指在一定时期内，生产者（厂商）在某一价格水平下愿意而且能够提供的商品的数量。供给与供给量都是指厂商对商品的供给数量，其区别在于供给是在一系列价格水平下厂商商品的出售数量，而供给量则是在某一特定价格水平下厂商商品的出售数量。

供给分为个别供给和市场供给。个别供给是指单个厂商对某种商品的供给，市场供给是指市场上所有生产者对某种商品的供给。个别供给和市场供给都是对某种商品的供给，个别供给是构成市场供给的基础。

2. 影响供给的因素

（1）商品本身的价格

一般来说，一种商品的价格上升，生产者会增加对该商品的供给量；反之，价格下降，生产者会减少对该商品的供给量。

（2）生产成本

在商品价格不变的条件下，生产成本的提高会减少利润，从而使生产者减少对商品的供给；反之，生产成本下降，供给增加。

（3）生产技术的变化

技术进步可以提高生产效率，降低生产成本，使企业有可能在既定资源条件下更便宜地生产商品，或者说同样的资源生产出更多的商品，所以生产技术水平的提高可以增加供给数量。

（4）相关商品的价格

当一种商品本身的价格不变，而与它相关的其他商品的价格发生变化时，这种商品本身的供给量也会发生变化，这里的相关商品之间的关系也有互补和替代之分。例如，对于某个生产小麦和玉米的农户来说，小麦和玉米是互为替代的。在玉米价格不变而小麦价格上升时，该农户就可能增加小麦的耕种面积而减少玉米的耕种面积。

（5）生产者对商品价格未来的预期

当生产者预计某商品的价格未来会上涨时，就会增加对该商品的供给量；而生产者预计某商品的价格未来会下跌时，就会减少对该商品的供给量。

（6）政府的政策

政府采用鼓励投资或生产的政策（如减税），可以刺激生产者增加供给量；反之，则会减少生产者的供给量。

影响供给的因素要比影响需求的因素复杂得多，在不同的时期、不同的市场上，供给受多种因素的综合影响，如厂商的目标、政府的政策、时间的长短等。

（二）供给的表示

1. 供给表

供给表是表示某种商品的各种价格水平和与各种价格水平相对应的该商品的供给数量之间关系的数字序列表。简单地说，供给表表示在各种不同的价格水平下生产者愿意而且能够提供的商品数量是多少。

2. 供给曲线

供给曲线是根据供给表中商品不同的价格-供给量组合在平面坐标图上所绘制的一条曲线。供给曲线仅在供给函数为线性时才成为直线形式，而通常供给曲线是非线性的。供给曲线有一个明显的特征，向右上方倾斜，斜率为正，该特征表示商品的供给量与价格呈同方向变动的关系。

3. 供给函数

如果把影响供给的各种因素作为自变量，把供给作为因变量，则可以用函数关系来表示影响供给的因素与供给之间的关系，这种函数称为供给函数，用公式表示，即

$$Q^s = f(a, b, c, d, \cdots\cdots, n) \tag{2-3}$$

式中，Q^s 代表供给；a、b、c、d、$\cdots\cdots$、n 代表影响供给的因素。

为简化分析，通常假定其他影响需求的因素不变，只考虑商品本身的价格对该商品供给量的影响，并以 P 代表价格，则供给函数可表示为

$$Q^s = f(p) \tag{2-4}$$

公式（2-4）表明某商品的供给量 Q^s 是商品本身价格 P 的函数。

对于线性供给函数，其具体形式为 $Q^s = -\delta + \gamma \cdot P$，其中，$\delta$ 和 γ 为常数，且 δ、$\gamma > 0$。

（三）供给定理

供给定理也称为供给规律，是说明商品本身价格与其供给量之间关系的理论，其基本内容是：在其他条件不变的情况下，某商品的供给量与价格之间呈同方向变动趋势，即商品的供给量随价格的上升而增加，随价格的下降而减少。

在理解供给定理时，要特别注意它的假设条件"其他条件一定"。也就是说，供给定理是在假设影响供给的其他条件一定的前提下，研究商品本身的价格与供给量之间的同方向变动的关系。离开这个假设条件，供给定理也无法成立。例如，目前个人电脑市场产品数量增加，质量不断提高，不是因为价格的上升，其主要原因是生产电脑厂商的技术水平在不断进步。

显然，供给定理并不适用于所有的商品，有些商品的价格与供给量之间的关系并不符合供给定理的描述。例如，对劳动力的供给而言，当劳动力的价格（工资）增加时，劳动力的供给开始时会随工资的增加而增加，但当工资增加到一定程度以后，如果工资继续增加，则劳动力的供给量反而会减少。另外，古董、字画、古玩、土地等由于受到各种环境和历史条件的限制，其供给量是固定不变的。

（四）供给量的变动和供给的变动

在经济分析中，要特别注意供给量的变动与供给变动的区别。从图形上来看，供给量主要表现为供给曲线上一个个的点，而供给包含在各种可能的价格下所对应的供给量，指的是整条供给曲线。

1. 供给量的变动

供给量的变动是指在其他条件不变的情况下，商品本身价格变动所引起的供给量的变动，它表现为供给曲线上点的变动。

2. 供给的变动

供给的变动是指在商品本身价格不变的情况下，由其他因素变化而引起的供给的变动，其表现为供给曲线的平行移动。

三、均衡价格的决定与变动

（一）均衡价格

1. 均衡价格的含义

均衡价格是商品的供给曲线与需求曲线相交时的价格。也就是商品的供给量与需求量相等，商品的供给价格与需求价格相等时的价格。或者说，均衡价格就是消费者为购买一定商品量所愿意支付的价格与生产者为提供一定商品量所愿意接受的供给价格一致的价格。对应于均衡价格的商品数量被称为均衡数量。

2. 均衡价格的形成

均衡价格是在市场上供求双方的竞争过程中自发形成的，均衡价格的形成就是价格决定的过程。需要强调的是，均衡价格的形成完全是在市场上供求双方的竞争过程中自发形成的，如果有外力的干预，那时的价格就不是均衡价格。

（二）均衡价格的变动

既然均衡价格取决于市场需求和供给的相互作用，这就意味着当市场的需求或供给发生变化时，市场的均衡价格水平也会发生相应的变化。换句话说，由于一种商品的均衡价格是由该商品市场的需求曲线和供给曲线的交点决定的，所以，需求曲线或供给曲线的位置移动都会使均衡价格水平发生变动。

1. 供给不变但需求发生变动

在供给不变的条件下，需求增加使需求曲线右移，均衡价格提高，均衡数量增加；而需求减少使需求曲线左移，均衡价格下降，均衡数量减少。

2. 需求不变但供给发生变动

在需求不变的条件下，供给增加导致供给曲线右移，使均衡价格下降，均衡数量增加；而供给减少导致供给曲线左移，使均衡价格上升，均衡数量减少。

综上所述，可以得出供求定理：在其他条件不变的情况下，需求的变动分别引起均衡价格和均衡数量同方向的变动；供给变动分别引起均衡价格的反方向变动和均衡数量的同方向变动。

3．需求和供给同时发生变动

如果需求和供给曲线同时移动，则商品的均衡价格和均衡数量的变化是难以确定的，这要结合需求和供给变化的具体情况来确定。

具体来说，当供求曲线同方向移动时，均衡数量也会发生与之方向相同的变动；对均衡价格的影响取决于哪条曲线移动的距离更大。如果供求曲线反方向移动，那么均衡价格的变动与需求曲线的移动方向相同；对均衡数量的影响取决于哪条曲线移动的距离更大。

（三）均衡价格的应用

从理论上讲，价格在经济运行中可以自发地调节需求和供给，使得供求相等，资源实现最优配置。但价格调节是在市场上自发进行的，有一定的盲目性和滞后性，所以在现实生活中，价格调节并不一定能够达到理论上的完美境界，或者即便是实现了均衡，但却未必符合社会的长远利益。例如，当农产品过剩时，农产品的价格会大幅度下降，这种下降会抑制农业生产。从短期看，这种抑制作用有利于供求平衡，但农业生产周期较长，农产品的低价格对农业产生抑制作用后，将会对农业生产的长期发展产生不利影响。如果农产品的需求增加，农产品供给并不能迅速增加，这样就会影响经济的稳定。再如，某些生活必需品严重短缺时，自发形成的均衡价格会很高，导致收入较低的人无法维持正常的生活，从而容易引发社会动乱。因此，政府有必要采用一定的经济政策来影响供求关系的调整与均衡价格的形成。一般来说，政府干预均衡价格的政策主要有两种：支持价格和限制价格。

1．支持价格

支持价格也称为最低价格，是指政府为了扶持某一行业的生产而规定的该行业产品的最低价格，最低价格总是高于市场的均衡价格。

农产品的支持价格是一些西方国家普遍采取的政策，在实行这一政策时，政府通常收购市场上过剩的农产品。我国实行的"保护价敞开收购"实际也是一种支持价格的做法。从长期来看，支持价格政策确实有利于农业的发展，对农业的发展有着重要的意义。第一，稳定了农业生产，减缓了经济波动对农业的冲击；第二，通过对不同农产品的不同支持价格，可以调整农业结构，使之适应市场的变动；第三，扩大农业投资，促进了农业现代化的发展和劳动生产率的提高。但支持价格政策也会产生一系列问题，首先，对过剩农产品的大量收购，使得政府背上了沉重的债务负担；其次，靠保护成长起来的部门是缺乏生命力的，长期使用支持价格，不能从根本上改变农业的落后状况。另外，政府解决收购过剩农产品的方法之一就是扩大出口，这就会引起国家与国家之间为争夺世界农产品市场而进行贸易战。

2. 限制价格

限制价格也称为最高价格，是指政府为了防止某些商品的价格过高而规定的这类商品的最高价格。如果说最低限价政策是保护生产者的利益，那么，最高限价政策则是保护消费者的利益。最高价格总是低于市场的均衡价格。

为解决商品短缺，政府可采取的措施是控制需求量，一般采取配给制，发放购物券。但配给制只适用于短时期内的特殊情况，否则，一方面可能使购物券货币化，还会出现黑市交易；另一方面会挫伤厂商的生产积极性，使短缺变得更加严重。一旦放弃价格控制，价格上涨会变得更加严重。

四、弹性理论及其应用

（一）弹性的含义

弹性是指当经济变量之间存在函数关系时，作为因变量的经济变量的相对变化对于作为自变量的经济变量的相对变化的反应程度。也就是说，当自变量变化一个百分点时，因变量会变化几个百分点。

弹性的大小用弹性系数来表示。在经济学中，弹性系数的一般公式为

$$弹性系数 = \frac{因变量的变动比率}{自变量的变动比率}$$

若两个经济变量之间的函数关系为 $Y = f(X)$，以 ΔX、ΔY 分别表示变量 X、Y 的变动量，以 e 表示弹性系数，则弹性公式为

$$e = \frac{\dfrac{\Delta Y}{Y}}{\dfrac{\Delta X}{X}} = \frac{\Delta Y}{\Delta X} \cdot \frac{X}{Y} \tag{2-5}$$

或者，当 $\Delta X \to 0$，且 $\Delta Y \to 0$ 时，弹性公式为

$$e = \lim_{\Delta X \to 0} \frac{\dfrac{\Delta Y}{Y}}{\dfrac{\Delta X}{X}} = \frac{\dfrac{\mathrm{d}Y}{Y}}{\dfrac{\mathrm{d}X}{X}} = \frac{\mathrm{d}Y}{\mathrm{d}X} \cdot \frac{X}{Y} \tag{2-6}$$

（二）需求弹性

1. 需求价格弹性

需求价格弹性又被简称为需求弹性（或价格弹性），是用来描述一种商品的需求量变动对于该商品的价格变动的反应程度。需求价格弹性系数表示一种商品价格变化一个百分点时会引起该商品的需求量变化几个百分点，其公式为

$$需求价格弹性系数 = \frac{需求量的变动比率}{价格的变动比率}$$

（1）需求价格弹性的计算

①需求价格弧弹性。需求价格弧弹性表示某商品需求曲线上两点之间的需求量的变动对于价格变动的反应程度。简单地说，它表示需求曲线上两点之间的弹性。

假定需求函数为 $Q = f(P)$，ΔQ 和 ΔP 分别表示需求量的变动量和价格的变动量，以 e_d 表示需求价格弹性系数，则需求价格弧弹性系数的公式为

$$e_d = -\frac{\dfrac{\Delta Q}{Q}}{\dfrac{\Delta P}{P}} = -\frac{\Delta Q}{\Delta P} \cdot \frac{P}{Q} \tag{2-7}$$

需要注意的是，由于商品的需求量和价格是呈反方向变动的，即 $\dfrac{\Delta Q}{\Delta P}$ 为负值，所以，为了便于比较，在公式（2-7）中加了一个负号，以使需求价格弹性系数 e_d 取正值。

由此可以看出，对同一商品而言，涨价和降价的策略不同，需求价格弧弹性就不一样。在上面两步计算中，ΔQ 和 ΔP 的比值是相同的，决定弹性系数不同的关键因素在于 P 和 Q 所取的基数不同。因此，在需求曲线的同一条弧上，涨价和降价产生的需求价格弹性系数值便不相等，所以一定要根据涨价和降价的具体情况来求不同的弹性值。

但是，若仅仅是一般地计算需求曲线上某一段的需求价格弧弹性，而不是具体地强调这种需求价格弧弹性是作为涨价还是降价的结果，则为了避免不同的计算结果，一般通常取两点价格的平均值（$\dfrac{P_1 + P_2}{2}$）和（$\dfrac{Q_1 + Q_2}{2}$）来分别代替弧弹性公式（2-7）中的 P 和 Q 的值，因此，需求价格弧弹性计算公式又可以写为

$$e_d = -\frac{\Delta Q}{\Delta P} \cdot \frac{\dfrac{P_1 + P_2}{2}}{\dfrac{Q_1 + Q_2}{2}} = -\frac{\Delta Q}{\Delta P} \cdot \frac{P_1 + P_2}{Q_1 + Q_2} \qquad (2-8)$$

公式（2-8）也被称为需求价格弧弹性的中点公式。

根据中点公式，假定某商品的价格从 4 元上升到 5 元，使消费者 A 的购买量从 800 个减少为 400 个，需求价格弧弹性为

$$e_d = \frac{400}{1} \times \frac{4 + 5}{800 + 400} = 3$$

由此可见，需求价格弧弹性的计算可以有三种情况，它们分别是计算涨价、降价和按中点公式计算的弹性系数，至于究竟用哪一种计算方法，这要视具体情况和需要而定。

②需求价格点弹性。当需求曲线上两点之间的变化量趋于无穷小时，需求价格弹性要用点弹性来表示。也就是说，它表示需求曲线上某一点上的需求量变动对于价格变动的反应程度，其公式为

$$e_d = \lim_{\Delta P \to 0} -\frac{\Delta Q}{\Delta P} \cdot \frac{P}{Q} = -\frac{\mathrm{d}Q}{\mathrm{d}P} \cdot \frac{P}{Q} \qquad (2-9)$$

利用公式（2-9）可以计算需求曲线上某一点的弹性。

需要注意的是，在考察需求价格弹性问题时，需求曲线的斜率和需求价格弹性是两个紧密联系又不相同的概念，必须严格加以区分。

首先，经济学使用弹性而不是曲线的斜率来衡量因变量对自变量变化的敏感程度，由于弹性没有度量单位，所以弹性之间大小的比较方便。不同的是，斜率是有度量单位的，例如，面粉价格的变化（以人民币元计）所引起的面粉需求量的变化（以斤计）等。此外，不同的物品往往又会使用不同的计量单位，所以为了比较不同商品需求量变化对价格变化的敏感程度，度量单位的消除是必要的。其次，需求曲线在某一点的斜率为 dP/dQ，而根据需求价格点弹性的计算公式，需求价格点弹性不仅取决于需求曲线在该点的斜率的倒数值 dQ/dP，还取决于相应的价格-需求量的比值 P/Q，所以这两个概念虽有联系，但区别也是很明显的。

由此可见，直接把需求曲线的斜率和需求价格弹性等同起来是错误的。严格区分这两个概念，不仅对于线性需求曲线的点弹性，而且对于任何形状的需求曲线的弧弹性和点弹性来说都是有必要的。

（2）需求价格弹性的五种类型

需求价格弹性可以分为五种类型。

①需求价格弹性系数 $e_d > l$ 的情况，被称为富有弹性，它表示需求量的变动率大于价格的变动率。

②需求价格弹性系数 $e_d < l$ 的情况，被称为缺乏弹性，它表示需求量的变动率小于价格的变动率。

③需求价格弹性系数 $e_d = l$ 的情况，被称为单位弹性，它表示需求量的变动率等于价格的变动率。

④水平的需求曲线表示在既定的价格水平下需求量是无限的。从需求弹性的角度看，对于水平的需求曲线来说，只要价格有一个微小的变化，就会使无穷大的需求量减少为零。也就是说，相对于无穷小的价格变化率，需求量的变化率是无穷大的，即 $e_d = \infty$ 这种情况被称为完全弹性。

⑤垂直的需求曲线表示在任何价格水平下需求量都是固定不变的。从需求弹性的角度看，对于垂直的需求曲线来说，无论价格如何变化，需求量都不发生变化，需求量的变化率总是为零，即 $e_d = 0$，这种情况被称为完全无弹性。

（3）影响需求价格弹性的因素

①商品对消费者的重要程度。一般来说，生活必需品的需求价格弹性较小，非必需品、奢侈品的需求价格弹性较大。例如，粮食的需求价格弹性小，电影票的需求价格弹性较大。

②商品的可替代程度。一般来说，一种商品的可替代品越多，则该商品的需求价格弹性就越大；反之，该商品的需求价格弹性就越小。例如，对于食盐来说，没有很好的替代品，食盐价格的变化所引起的需求量的变化几乎等于零，所以它的需求价格弹性是极其小的；而消费者对乘飞机旅游的需求往往是富有弹性的，主要是因为有汽车旅行、火车旅行等可替代。

③商品的消费支出在消费者总支出中所占的比重。消费者在某商品上的消费支出在总支出中所占的比重越大，该商品的需求价格弹性可能就越大；反之，则越小。例如，牙刷的需求价格弹性比电脑的需求价格弹性要小。这是因为牙刷在消费者的总支出中只占很小的份额，消费者对它的价格变化不会很敏感，因此，牙刷的需求价格弹性较小。电脑支出占消费者总支出的很大一部分，消费者对其价格变动会比较敏感，因而其需求价格弹性较大。

④商品用途的广泛性。一般来说，一种商品的用途越是广泛，需求价格弹性就可能越大；反之，用途越少，需求价格弹性就可能越小。如果一种商品具有多种用途，当它价格较高时，消费者只购买较少的数量用于最重要的用途上，当它的价格逐步下降时，消费者

的购买量就会逐渐增加，将商品越来越多地用于其他的用途上。

⑤所考察的消费者调节需求量的时间。一般来说，所考察的调节时间越长，则需求价格弹性就可能越大。因为消费者决定减少或停止对价格上升的某种商品的购买之前，他一般需要花费时间去寻找和了解该商品的替代品。例如，当石油价格上升时，消费者在短期内通常不会较大幅度地减少需求量。但在长期内，消费者可能找到替代品，因此，石油价格上升会导致石油的需求量较大幅度地下降。

需要指出的是，一种商品需求价格弹性的大小是多种影响因素综合作用的结果，所以在分析一种商品的需求价格弹性的大小时，要根据具体情况进行全面的综合分析。

2. 需求价格弹性的应用

在实际的经济生活中会发生这样一些现象：有的厂商降低自己的产品价格，能使自己的销售收入得到提高，而有的厂商降低自己的产品价格，却反而使自己的销售收入降低了。这意味着以降价促销来增加销售收入的做法对有的产品适用，而对有的产品却不适用。如何解释这些现象呢？这便涉及商品的需求价格弹性的大小和厂商的销售收入两者之间的相互关系。

某种商品的价格变动时，它的需求价格弹性的大小与出售该商品所能得到的总收益是密切相关的。总收益也称总收入，是指厂商出售一定量商品所得到的全部收入，也就是销售量与价格的乘积。在此假定厂商的商品销售量等于市场上对其商品的需求量。因此，厂商的销售收入就可以表示为商品的价格乘以商品的需求量，其公式为

$$TR = P \cdot Q$$

式中，TR 为总收益；Q 为与需求量或销售量；P 为价格。

从总收益的计算公式可以看出，总收益取决于价格和需求量。由于不同商品的需求价格弹性不一样，对总收益的影响势必不相同。

（三）需求的其他弹性

1. 需求收入弹性

需求收入弹性是指一定时期内，消费者对某种商品的需求数量的相对变动对于消费者收入的相对变动的反应程度，这也是一个在经济学中被广泛运用的弹性概念。需求收入弹性系数的一般公式为

$$需求收入弹性系数 = \frac{需求量的变动比率}{消费者收入量的变动比率}$$

假定某商品的需求量 Q 是消费者收入水平 M 的函数，即 $Q = f(M)$，则该商品的需求

收入弹性系数的公式为

$$e_M = \frac{\dfrac{\Delta Q}{Q}}{\dfrac{\Delta M}{M}} = \frac{\Delta Q}{\Delta M} \cdot \frac{M}{Q} \tag{2-10}$$

需求收入弹性系数可正可负，并可据此来判断该商品是正常品还是劣等品。

如果某种商品的需求收入弹性系数是正值，即 $e_M > 0$，则表示随着收入水平的提高，消费者对此种商品的需求量也随之增加，该商品即为正常品。正常品又可划分为必需品和奢侈品。当收入增加时，尽管消费者对必需品和奢侈品的需求量都会有所增加，但必需品的需求量增加是有限的，或者是缺乏弹性的，因此 $0 < e_M < 1$。对奢侈品的需求量增加较多，因此 $e_M > 1$。如果某种商品的需求收入弹性系数是负值，即 $e_M < 0$，则表示随着收入水平的提高，消费者对此种商品的需求量反而下降，该商品即为低档品。

2. 需求交叉弹性

需求交叉弹性是指在一定时期内一种商品的需求量的相对变动对于它的相关商品的价格相对变动的反应程度。需求交叉弹性系数是某商品的需求量的变动率和它的相关商品价格的变动率的比值。其表示为

$$需求交叉弹性系数 = \frac{一种商品的需求量的变动比率}{相关商品的价格的变动比率}$$

假定商品 X 的需求量 Q_x 是它的相关产品 Y 的价格 P_Y 的函数，即 $Q_X = f(P_Y)$，则商品 X 的需求交叉弹性系数公式为

$$e_{XY} = \frac{\dfrac{\Delta Q_X}{Q_X}}{\dfrac{\Delta P_Y}{P_Y}} = \frac{\Delta Q_X}{\Delta P_Y} \cdot \frac{P_Y}{Q_X} \tag{2-11}$$

需求交叉弹性系数的符号取决于所考察的两种商品的相关关系。

① $e_{XY} > 0$，替代品。若两种商品之间存在着替代关系，则一种商品的需求量与它的替代品的价格之间呈同方向的变动，相应的需求的交叉弹性系数为正值。例如，当梨的替代品苹果价格上升时，苹果的需求量减少，而梨的需求量会上升，所以梨的需求交叉弹性系数为正。

② $e_{XY} < O$，互补品。若两种商品之间存在着互补关系，则一种商品的需求量与它的互补品的价格之间呈反方向的变动，相应的需求的交叉弹性系数为负值。例如，当汽油的互补品汽车价格上升时，汽车的需求量减少，而汽油的需求量也会减少，所以汽油的需求交

叉弹性为负。

③ $e_{XY} = 0$，无关系。如果两种商品不存在相关关系，即一种商品的价格变化不影响另一种商品的需求量，则其需求交叉弹性系数为0。

（四）供给弹性

在供给弹性中，主要分析的是供给价格弹性。供给价格弹性简称供给弹性，表示在一定时期内一种商品的供给量的变动对于该商品的价格变动的反应程度。供给价格弹性系数表示在一定时期内当一种商品的价格变化一个百分点时会引起该商品的供给量变化几个百分点，它是商品的供给量变动率与价格变动率的比值，即

$$供给价格弹性系数 = \frac{供给量的变动比率}{价格的变动比率}$$

1. 供给价格弹性的计算

与需求价格弹性一样，供给价格弹性也分为弧弹性和点弹性。供给价格弧弹性表示某商品供给曲线上两点之间的弹性。供给价格点弹性表示某商品供给曲线上某一点的弹性。假定供给函数为 $Q = f(P)$，以 e_s 表示供给价格弹性系数，则其公式为

$$e_s = \frac{\frac{\Delta Q}{Q}}{\frac{\Delta P}{P}} = \frac{\Delta Q}{\Delta P} \cdot \frac{P}{Q} \qquad (2-12)$$

供给价格点弹性的公式为

$$e_S = \frac{\frac{\mathrm{d}Q}{Q}}{\frac{\mathrm{d}P}{P}} = \frac{\mathrm{d}Q}{\mathrm{d}P} \cdot \frac{P}{Q} \qquad (2-13)$$

在通常情况下，商品的供给量和商品的价格是呈同方向变动的，供给量的变化量和价格的变化量的符号是相同的，所以在上面两个公式中，$\frac{\Delta Q}{\Delta P}$ 和 $\frac{\mathrm{d}Q}{\mathrm{d}P}$ 两项均大于零，作为计算结果的 e_s 为正值。

2. 供给价格弹性的分类

根据供给价格弹性系数的大小，供给价格弹性可分为五种类型。

①若 $e_s > 1$，表示富有弹性。

②若 $e_s < 1$，表示缺乏弹性。

③若 $e_s = 1$，表示单一弹性。

④若 $e_s = \infty$，表示完全弹性。

⑤若 $e_s = 0$，表示完全无弹性。

3．影响供给价格弹性的因素

①生产的难易程度。一般来说，产量易于调整的产品，供给弹性大；产量难于调整的产品，供给弹性小。例如，农业由于受自然力的影响大，难于调整，因而供给缺乏弹性；部分轻工业受自然力的影响小，相对易于调整，因而供给较富有弹性。

②生产成本的变化。如果产量增加时，生产者需要增加的成本很小，那么价格上涨后就会有更多的企业进行生产，从而供给量增加就多，供给就越有弹性；反之，供给则越缺乏弹性。

③产品的生产周期。生产周期较短的产品，可以根据价格变化及时调整产量，供给弹性较大；反之，供给弹性较小。

④时间因素。当商品的价格发生变化时，厂商对产量的调整需要一定的时间。就短期而言，因为生产规模不能调整，所以产量增加比较有限，供给缺乏弹性；在长期内，生产者可以通过调整生产规模改变产量，供给弹性很大。

第二节　效用理论

一、效用理论概述

（一）效用的概念

效用是指商品满足人的欲望的能力，或者说，效用是指消费者在消费商品时所感受到的满足程度。

效用这一概念与人的欲望是联系在一起的，是消费者对商品满足自己欲望的能力的一种主观心理评价，没有客观的标准。消费者如果从消费商品中获得的满足程度高，那么效用就大，如果获得的满足程度低，效用就小。当然，如果消费者从消费某种商品中感受到痛苦了，则是负效用。例如，香烟对于吸烟者来说效用很大，而对于不吸烟的人没有效用，甚至为负效用。

效用函数表示某一商品组合给消费者所带来的效用水平。假定消费者只消费两种商品，则其效用函数为

$$U = f(X_1, X_2) \tag{2-14}$$

式中，X_1 和 X_2 分别为两种商品的数量；U 为效用水平。

（二）基数效用与序数效用

既然效用表示消费者在消费商品时所感受到的满足程度，那么就产生了满足程度及效用大小的度量问题。对于这一问题，经济学家先后提出了基数效用和序数效用的概念，并在此基础上形成了分析消费者行为的两种方法，即基数效用论者的边际效用分析法和序数效用论者的无差异曲线分析方法。

1. 基数效用

19 世纪和 20 世纪初期，西方经济学家普遍使用基数效用的概念。基数效用论者认为，效用如同长度、重量等概念一样，可以具体衡量，用基数（1，2，3，……）来表示，并可以加总求和。表示效用大小的计量单位被称为"效用单位"。例如，某消费者看一场电影是 8 效用单位，吃一顿西餐是 10 效用单位，那么，消费这两种商品的效用总和就等于18 效用单位，消费西餐的效用比看电影的效用多出 2 个效用单位，即可以用具体数字来研究消费者效用最大化的问题。基数效用论采用的分析方法是边际效用分析法。

2. 序数效用

20 世纪 30 年代之后，序数效用的概念被大多数西方经济学家所使用。序数效用论者认为效用是一种主观的满意度，很难用客观的具体数字来衡量与表示，只能根据消费者个人的喜好程度排列出大小先后的顺序，即按序数（第一、第二、第三，……）来反映效用的等级，而不可以具体计量也不能加总求和。例如，在选择消费多种饮料时，某消费者的选择是牛奶第一、果汁第二、可乐第三，这意味着他认为消费牛奶带来的效用大于消费果汁所带来的效用，而消费果汁带来的效用又大于消费可乐所带来的效用。序数效用论采用的分析方法是无差异曲线分析法。

二、基数效用论

（一）总效用与边际效用

基数效用论者将效用区分为总效用和边际效用：

1. 总效用（Total Utility）是指消费者在一定时间内消费一定量某种商品或商品组合所得到的效用量的总和。总效用的大小取决于所消费的商品数量的多少，因此它是所消费商

品数量的函数。假定消费者对一种商品的消费数量为 Q，则总效用函数为

$$TU = f(Q) \tag{2-15}$$

2. 边际效用（Marginal Utility）是指消费者在一定时间内增加一单位某种商品的消费所带来的效用量的增加量，也就是指增加一单位某种商品的消费所引起的总效用的增加量。相应的边际效用函数为

$$MU = \frac{\Delta TU(Q)}{\Delta Q} \tag{2-16}$$

当商品的增加量趋于无穷小，即当 $\triangle Q \rightarrow 0$ 时有

$$MU = \lim_{\Delta Q \to 0} \frac{\Delta TU(Q)}{\Delta Q} = \frac{dTU(Q)}{dQ} \tag{2-17}$$

TU 曲线随着 MU 的变动而呈现先上升后下降的变动特点。总效用曲线和边际效用曲线的关系总结如下：

①当 $MU>0$ 时，TU 曲线上升。

②当 $MU<0$ 时，TU 曲线下降。

③当 $MU=O$ 时，TU 曲线达到最高点。

从数学意义上讲，如果效用曲线是连续的，则每一消费量上的边际效用值就是总效用曲线上相应的点的斜率。

（二）边际效用递减规律

边际效用递减规律是指在一定时间内，在其他物品的消费数量保持不变的条件下，随着消费者对某种商品消费量的增加，消费者从该物品连续增加的每一个消费单位中所得到的效用增量，即边际效用是递减的。边际效用递减的原因如下：

1. 生理或心理上的原因。随着同一种物品消费数量的连续增加，消费者从每一单位物品消费中所感受到的满足程度和对重复刺激的反应程度是降低的。

2. 物品本身用途多样性。由于一种商品在具有多种用途时，消费者总是将第一单位的消费品用在最重要的用途上，第二单位的消费品用在此重要的用途上，如此等等。因此消费品的边际效用便随着消费品的用途重要性的下降而递减。

（三）货币的边际效用

基数效用论者认为，货币如同商品一样，也具有效用。消费者用货币购买商品，就是用货币的边际效用去交换商品的边际效用。商品的边际效用递减规律对于货币也同样适用。

通常，对于一个消费者来说，随着货币收入量的不断增加，货币的边际效用是递减的。这就是说，随着某消费者货币收入的逐步增加，每增加一元钱给该消费者所带来的边际效用一般是越来越小的。但由于货币的边际效用递减速度相当慢，在分析消费者行为时，又通常假定货币的边际效用是不变的，用常数λ来表示。

（四）消费者均衡

消费者均衡是研究消费者如何把全部的货币收入分配在购买各种商品中以获得最大的效用。也可以说，它是研究单个消费者在既定收入下实现效用最大化的均衡条件。此时的均衡是消费者既不想再增加也不想再减少任何商品购买数量的一种相对静止的状态。

在研究消费者均衡时，有以下假定：第一，消费者的收入是既定的；第二，商品的市场价格是既定的；第三，消费者对各种商品的总效用与边际效用的评价是既定的。

消费者实现效用最大化的均衡条件是：如果消费者的货币收入固定不变，消费者应该使自己所购买的各种商品的边际效用与价格之比相等。或者说，消费者应使自己花费在每一种商品上的最后一元钱所带来的边际效用相等。

（五）消费者剩余

基数效用论者认为，消费者在购买商品时，他对每一单位商品所愿意支付的最高价格取决于这一单位商品的边际效用，而边际效用是随着消费商品的数量增加而递减的，故消费者对商品愿意支付的价格也是逐步下降的。但在现实生活中，消费者都是按照市场价格购买商品的，于是在消费者愿意支付的价格和实际的市场价格之间就产生了一个差额，这个差额便构成了消费者剩余。

消费者剩余（Consumer Surplus）是消费者对某商品愿意支付的价格与实际支付的价格之间的差额。例如，果汁的市场价格为 2 元，某消费者在购买第一瓶果汁时，他认为值得付 7 元去购买这瓶果汁，即他愿意支付的最高价格为 7 元，因此当这个消费者以市场价格 2 元购买这瓶果汁时，就创造了额外的 5 元的剩余。在以后的购买中，随着果汁的边际效用递减，他为购买第二瓶、第三瓶、第四瓶、第五瓶果汁所愿意支付的最高价格分别递减为 6 元、5 元、4 元、3 元。于是，他购买 5 瓶果汁所愿意支付的最高总金额为 7+6+5+4+3＝25 元，但他实际按市场价格支付的总金额为 2×5＝10 元。这两者之间的差额就是消费者剩余，即为 25-10＝15 元。

需要说明的是，消费者剩余不是消费者从市场上获得的实际收入，而是一种主观评价，它并不是消费者实际货币收入的增加，仅仅是一种心理上的满足感。购买了消费者剩余为负的商品的感觉也不是金钱的实际损失，无非就是心理上挨宰的感觉而已，就是对所购买的东西值不值的含义。消费者剩余的概念常常被用来研究消费者福利状况的变化，以及评价政府的公共支出与税收政策等。

三、序数效用论

（一）消费者偏好

序数效用论认为，商品给消费者带来的效用大小虽然不能计量，但可以进行比较，可以用顺序或等级来表示，因此序数效用论者提出了消费者偏好的概念。偏好是消费者对消费的各种商品组合的喜爱程度。序数效用论者认为，对于各种不同的商品组合，消费者的偏好程度是有差别的，正是这种偏好程度的差别，反映了消费者对这些不同的商品组合的效用水平的评价。

序数效用论者提出了关于消费者偏好的三个基本假定：

1. 可比较性。偏好的可比较性是指消费者总是能够把自己的偏好评价准确地表达出来，并且可以比较和排列所给出的不同商品组合。换言之，对于任何两个商品组合 A 和 B，消费者总是可以做出，而且也只能做出三种判断中的一种：对 A 的偏好大于对 B 的偏好；对 A 的偏好小于对 B 的偏好；对 A 和 B 的偏好相同。

2. 可传递性。可传递性是指对于任何三个商品组合 A、B 和 C，如果 A 的偏好大于 B，对 B 的偏好大于 C，那么在 A、C 这两个组合中，消费者必定有对 A 的偏好大于 C。偏好的可传递性假定保证了消费者偏好的一致性，因而也是理性的。

3. 非饱和性。非饱和性是指如果两个商品组合中的区别仅在于一种商品组合中的数量不同，那么消费者总是偏好于商品数量较多的那个商品组合，即多的总比少的好。

（二）无差异曲线

1. 无差异曲线的含义

为了简化分析，假定消费者只消费两种商品。无差异曲线（Indifference Curve）表示给消费者带来同等程度满足的两种商品的不同数量组合的点的轨迹。无差异曲线能够很好地描述消费者的偏好，序数效用论的主要分析工具就是建立在消费者偏好基础上的无差异曲线，对消费者行为的序数效用分析也被称为无差异曲线分析。

2. 无差异曲线的特征

①在同一坐标平面上有无数条无差异曲线，同一条曲线代表的效用水平相同，不同的

曲线代表不同的效用水平，而且离原点越远的无差异曲线代表的效用水平越高。

②在同一坐标平面上，任意两条不同的无差异曲线不能相交。基于偏好的可比较性和可传递性，同一坐标平面上任何两条无差异曲线都不会相交。

③无差异曲线是一条由左上方向右下方倾斜的曲线，其斜率为负数。这表明，为了得到相同的总效用，消费者在增加一种商品消费的同时，必须减少对另外一种商品的消费。

④无差异曲线是一条凸向坐标原点的曲线，这是由边际替代率递减规律决定的。

（三）商品的边际替代率

1. 商品的边际替代率的含义

由以上内容可知，无差异曲线是一条向右下方倾斜的曲线。这表明在维持效用水平不变的前提下，消费者在增加一种商品的消费数量的同时，必然会放弃一部分另一种商品的消费数量，即两种商品的消费数量之间存在着替代关系，因此经济学家建立了商品的边际替代率的概念。在维持效用水平不变的前提下，消费者增加一单位某种商品的消费数量时所需要放弃的另一种商品的消费数量，被称为商品的边际替代率。

商品 1 对商品 2 的边际替代率的定义公式为

$$\mathrm{MRS}_{12} = -\frac{\Delta X_2}{\Delta X_1} \tag{2-18}$$

式中，ΔX_1 和 ΔX_2 分别为商品 1 和商品 2 的变化量。由于 ΔX_1 是增加量，ΔX_2 是减少量，两者的符号肯定是相反的，所以为了使 MRS_{12} 的计算结果是正值，就在公式中加了一个负号。

当商品数量的变化趋于无穷小时，商品的边际替代率公式为

$$\mathrm{MRS}_{12} = \lim_{\Delta X_1 \to 0} -\frac{\Delta X_2}{\Delta X_1} = -\frac{\mathrm{d}X_2}{\mathrm{d}X_1} \tag{2-19}$$

显然，无差异曲线上某一点的边际替代率就是无差异曲线在该点的斜率的绝对值。

2. 商品的边际替代率递减规律

商品的边际替代率递减规律是指在维持效用水平不变的前提下，随着一种商品的消费数量的连续增加，消费者为得到每一单位的这种商品所需要放弃的另一种商品的消费数量是递减的。之所以会普遍发生商品的边际替代率递减的现象，其原因在于随着一种商品的消费数量的逐步增加，消费者想要获得更多的这种商品的愿望就会递减，因此为了多获得一个单位的这种商品而愿意放弃的另一种商品的数量就会越来越少。

商品的边际替代率呈现递减的规律，这就意味着无差异曲线的斜率的绝对值是越来越

小的，因此无差异曲线是凸向原点的。

3. 无差异曲线的特殊形状

无差异曲线表明在维持效用水平不变的前提下，一种商品对另一种商品的替代程度。由边际替代率递减规律决定的无差异曲线的形状是凸向原点的，这是一般的情况。下面介绍两个极端的情况，相应的无差异曲线有特殊的形状。

（1）完全替代品（Perfect Substitutes）

完全替代品是指两种商品之间的替代比例是固定不变的。因此，在完全替代的情况下，两种商品之间的边际替代率是一个常数，相应的无差异曲线是一条斜率不变的直线。

（2）完全互补品（Perfect Complements）

完全互补品是指两种商品必须按固定不变的比例同时被使用的情况。因此，在完全互补的情况下，相应的无差异曲线为直角形状。

（四）预算线

无差异曲线只表示消费者主观上对两种商品不同组合的偏好，实际上消费者在购买商品时，还要受自己的收入水平和市场上商品价格的限制，这就是预算约束。预算约束可以用预算线来说明。

1. 预算线的含义

预算线（Budget Line）又称为预算约束线、消费可能性曲线或价格线，表明在消费者收入与商品价格既定的条件下，消费者用全部收入所能购买到的两种商品数量最大组合的曲线。

如果用 I（Income）表示消费者的收入，P_1、P_2 分别表示商品 1 和商品 2 的价格，X_1、X_2 分别表示两种商品的数量，则预算线一般表示为

$$P_1 X_1 + P_2 X_2 = I \tag{2-20}$$

该式表示消费者购买商品 1 和商品 2 的总支出等于他的全部收入，而且可以用 I/P_1 和 I/P_2 分别表示全部收入仅购买商品 1 和商品 2 的数量，它们分别表示预算线的横截距和纵截距。此外，预算线的一般表示式还可以改写为

$$X_2 = -\frac{P_1}{P_2} X_1 + \frac{I}{P_2} \tag{2-21}$$

由上式可以看出，预算线的斜率为 $-P_1/P_2$，即为商品 1 和商品 2 的价格之比。预算线的纵截距为 I/P_2，即全部收入只用来购买商品 2 的数量。

2. 预算线的变动

预算线是在消费者的收入 I 与两种商品的价格 P_1 和 P_2 既定条件下做出的，因此如果消费者的收入 I、商品价格 P_1 和 P_2 这三个量中有一个量发生变化，则原有的预算线就会发生移动。预算线的变动可以归纳为以下四种情况：

①两种商品价格不变，消费者的收入发生变化，预算线平行移动。由于价格 P_1 和 P_2 不变，意味着预算线的斜率 $-P_1/P_2$ 保持不变。于是，收入 I 的变化只能使预算线的横、纵截距 I/P_1、I/P_2 发生变化。收入增加，预算线会向右移；收入减少，预算线就向左移。

②消费者收入不变，两种商品的价格 P_1 和 P_2 同比例、同方向变化，预算线的位置也会发生平移。由于预算线的斜率为 $-P_1/P_2$，如果 P_1、P_2 同比例变化，就不会影响其比值，只会影响其预算线的位置。如果 P_1、P_2 同比例上升，预算线就会向左移动；如果 P_1、P_2 同比例下降，预算线就会向右移动。

③消费者收入不变，一种商品的价格不变，另一种商品的价格发生变化，则会使预算线发生旋转。若 P_2 不变，P_1 下降，则在不改变商品 2 的购买量的同时，可以增加商品 1 的购买量，消费者的预算线逆时针旋转，在保持商品 2 的购买量不变时，商品 1 的购买量会减少，预算线会顺时针旋转。

④如果收入和两种商品的价格都同方向、同比例变化时，预算线不变，因为此时预算线的斜率没变，截距也没变。

（五）消费者均衡

消费者均衡是指在收入及商品价格既定的情况下，消费者实现效用最大化的购买行为。序数效用论把无差异曲线和预算线结合在一起来分析消费者追求效用最大化的购买行为，并认为只有既定的预算线与其中一条无差异曲线的相切点上，才是消费者获得效用最大的均衡点。

第三章 生产与成本理论

第一节　生产理论

一、企业概述

在经济学中，生产者为厂商或企业，生产理论所讨论的是企业的行为，企业是能够做出统一的生产决策的单个经济单位。在讨论生产者行为之前，先简要介绍企业的性质、企业的类别与企业的目标。

（一）企业的概念及性质

1. 企业的概念

企业，一般是指根据社会需要来组织和安排某种商品生产、流通或者服务等活动，进行自主经营、自负盈亏、承担风险、实行独立核算、具有法人资格的基本经济单位。

对企业概念的基本理解：

①企业是在社会化大生产条件下存在的，是商品生产与商品交换的产物。

②企业是从事生产、流通与服务等基本经济活动的经济组织。

③就企业的本质而言，它属于追求盈利的营利性组织。

2. 企业的性质

传统的微观经济学理论把厂商的生产过程看成是一个"黑匣子"，即企业被抽象成一个由投入到产出的追求利润最大化的"黑匣子"。至于企业本身的性质是什么，则是一个被忽视的问题。关于企业性质问题，西方经济学家具有不同的观点，相互之间也存在一些争论，在此介绍的是其中具有代表性的一种主要观点。

1937 年科斯发表开创性论著《企业的性质》，创造性地利用交易成本分析了企业与市场的关系，阐述了企业存在的原因。那么，什么是交易成本呢？简言之，交易成本是为了交换活动而耗费的成本，即为了达成契约或完成交易所要耗费的经济资源。根据科斯等人的观点，一类交易成本产生于签约时交易双方面临的偶然因素所带来的损失。这些偶然因素或者是由于事先不可能被预见而未写进契约，或者虽然能被预见，但由于因素太多而无法写进契约。另一类交易成本是签订契约，以及监督和执行契约所花费的成本。科斯指出，企业本质是一种资源配置的机制，企业与市场是两种可以互相替代的资源配置方式。

（二）企业的类别

在我国，企业的类别主要有以下三种：

1. 个体业主制企业

个体业主制企业是指单个人独资经营的企业组织，是最原始的企业组织形式。个体业主制企业只有一个产权所有者，业主直接经营，享有全部经营所得，并对企业的一切债务负有无限责任。个体业主制企业一般结构简单，规模较小，其优点是决策简便，经营灵活，责任与权益明确，其缺点是资金有限，获得贷款和偿债能力较差，抗风险能力较弱，规模难以迅速扩张，企业的运营在很大程度上取决于业主的个体状况。从法律上看，个体业主制企业不是法人，是一个自然人。

2. 合伙制企业

合伙制企业是指有两个或两个以上具有无限责任的所有者组成的企业。合伙人对企业合作经营，分享企业所得，共同承担债务责任。合伙制企业的经营规模和贷款、偿债能力都优于个体业主制，分工和专业化得到加强。合伙人在法律上对合伙制企业的所有债务负责（以合伙人的财产为限），是一种共同无限责任制。另外，由于企业属于多人所有并都参与管理决策，不利于协调和统一。合伙协议如果得不到保证，合伙制就面临解体的危险。

3. 公司制企业

通过发行股票方式集资兴办的企业叫作公司。公司是一个法人。它可以根据自己的利益从事法律许可的一切经济活动，如借钱、签订合同、购买、生产并销售商品等，当然也要承担相应的责任和义务。

公司的最大优点是享有"有限责任"的权利，即每一个公司所有者对公司承担的责任严格地限于其出资的数量。这个优点使公司能够比较容易地筹集大量的资金，满足大规模生产的需要。公司筹集资本的主要方法，除了发行股票以外，还有出售债券、向银行贷款等。

公司的所有权与控制权存在一定程度的分离。公司的所有权属于那些掌握了普通股票的股东，从原则上讲，股东控制公司。股东按照他们所拥有的股票量来分取红利，并选举董事会成员，对许多重要问题进行投票表决。但实际上，大公司的股东们并不能真正控制公司，因为他们太分散，不能左右由董事会聘请的拥有经营权的经理们。公司的经理和董事会拥有制定公司决策的合法权利，他们决定生产什么和如何生产，与工会进行谈判，并当其他公司想要接管公司时，决定是否出售公司。

公司承担有限责任和拥有一个有效率的管理体制，能够吸收大量的私人资本供给，大规模地生产多种相关的产品并分担风险，因而成为最有效的企业组织形式。公司也有缺点，其中最主要的是对公司的利润进行征税。对于非公司形式的企业来说，超出成本的任何收入都作为个人收入纳税。而公司所得到的超出成本以外的收入要交纳两次税收：首先缴纳企业所得税，然后再交纳以红利形式体现的个人所得税。

公司的另一个缺点就是公司的经理人员与股东在追求目标方面潜伏着三大冲突（委托—代理问题）：

①经理们可能极力为自己谋取很高的薪金、花销、奖金与退休金，所有这些费用最终都是由股东承担的。

②经理们总是倾向于将公司利润保留下来用于扩大公司的规模，而不是以股息、红利的形式将公司利润分掉。在有些时候经理们又将用于扩大公司规模的利润转投到公司以外的领域，以获取更多的利润，从而给股东带来额外的高风险。

③在某些情况下，同意与其他公司合并或出售公司，可能使股东减少损失或增加利益。但几乎没有一个经理人乐意接受这种使自己失去职位的结局。

（三）企业的目标

在经济社会中，企业的数目很多，并且又具有不同的组织形式，因而企业目标就有一定的差异，但企业经营的基本目标都是盈利。企业向市场提供消费者需要的产品或劳务并非出自本能，而是为了在销售一定数量的商品之后获得尽可能多的剩余。利润是企业的总收入减去总成本之后的余额。为了达到利润最大化的目的，企业必须做出三个基本的决策：产出多少（产量）、如何生产（使用什么样的生产技术）、投入多少（投入多少生产要素）。

经济学中假定企业的目标是利润最大化，但在实际经营活动中，企业的目标却可能不是利润最大化。例如，企业可能只追求一个满意的利润，也可能是为了获取最大限度的销售收入等。当现代公司中主要经营者与企业的所有者（股东）实现分离时，或许更有理由相信，在很大程度上控制企业日常经营的公司经营者并不是以利润最大化为目标。尽管如此，不能否认利润是一个企业长期生存与发展的必要条件，因此在微观经济学中，一般总是假定厂商的目标是追求利润最大化。这一基本假定是理性经济人的假定在生产理论中的具体体现。

二、生产与生产函数

（一）生产要素

生产是指一切能够创造或增加效用的人类活动，不仅包括物质资料的生产，还包括各种劳务的生产。经济学中通常把生产过程中的投入称为生产要素，因此生产是对各种生产要素进行组合以制成产品的行为。

生产要素是指生产活动中所使用的各种经济资源。生产要素一般分为劳动、资本、土地和企业家才能，即生产四要素。

劳动（L）是指人类在生产过程中所提供的劳务，包括体力劳动与脑力劳动。资本（K）是指生产中所使用的资金，表现为实物形态和货币形态。资本的实物形态又称为资本品或投资品，包括厂房、设备、原材料等；资本的货币形态通常称为货币资本。经济学中的土地（N）是一个广义的概念，是指生产中所使用的各种自然资源，不仅包括土地本身，还包括山川、河流、森林、矿藏等一切自然资源。企业家才能（E）是指企业家对生产过程的组织和管理，包含经营企业的组织能力、管理能力和创新能力。企业家才能是马歇尔在《经济学原理》一书中特别增加和强调的一种生产要素。

（二）生产函数

1. 生产函数的概念

生产函数是指在一定时期内，在技术水平不变的情况下，生产要素的数量与某一种组合同它所能生产的最大产量之间依存关系的函数。用 Q 表示某种产品最大产出量，用 L、K、N、E 分别表示生产要素劳动、资本、土地、企业家才能的投入量，则生产函数的方程式为

$$Q = f(L,\ K,\ N,\ E) \tag{3-1}$$

在分析生产要素与产量的关系时，一般把土地作为固定的，而企业家才能属于无形资产，难以准确计量，因此生产函数又可以写为

$$Q = f(L,\ K) \tag{3-2}$$

公式（3-2）表明，在一定时期一定技术水平下，一定数量的劳动 L 与资本 K 的组合所能产出的最大的产品产量 Q。

2. 生产函数的类型

不同行业生产不同的产品时，各种生产要素的配合比例是不同的。生产一定量某种产品所需要的各种生产要素的配合比例称为技术系数。

（1）固定投入比例的生产函数

固定投入比例的生产函数是指在每一个产量水平上任何一对要素投入量之间的比例都是固定的生产函数。假定生产时只使用劳动（L）和资本（K）两种生产要素，则固定投入比例的生产函数通常写为

$$Q = \min\left(\frac{L}{U}, \ \frac{K}{V}\right) \tag{3-3}$$

式中，Q 表示一种产品的产量；U 和 V 分别为固定的劳动和资本的生产技术系数，各表示生产一单位产品所需的固定的劳动的投入量和资本的投入量。该生产函数表示：产量 Q 取决于 L/U 和 K/V 这两个比值中较小的一个。这是因为 Q 的生产被假定为必须按照 L 和 K 之间的固定比例，当一种生产要素数量固定时，另一种生产要素数量再多，也不能增加产量。该生产函数一般又假定劳动（L）和资本（K）两种生产要素都满足最小的要素投入组合的要求，则有

$$Q = \frac{L}{U} = \frac{K}{V}, \quad 即 \ \frac{K}{L} = \frac{V}{U}$$

上式表示两种生产要素的固定投入比例等于两种生产要素的固定生产技术系数之比。就固定投入比例生产函数而言，当产量发生变化时，各要素的投入量以相同的比例发生变化，故各要素的投入量之间的比例维持不变。

（2）可变投入比例的生产函数

若生产某种产品所需要的各种生产要素的配合比例可以改变，就是可变技术系数，相应的生产函数则称为可变投入比例的生产函数。可变投入比例的生产函数中的各种生产要素之间可以互相替代，如果多用某种生产要素，就可以少用另一种生产要素。一般情况下，技术系数是可变的。例如，生产同样产量，可采用劳动密集型（多用劳动少用资本），也可采用资本密集型（多用资本少用劳动）。

（3）柯布–道格拉斯生产函数

柯布–道格拉斯生产函数是由数学家柯布（C. W. Cobb）和经济学家道格拉斯（P. H. Douglas）于20世纪30年代提出来的。柯布–道格拉斯生产函数被认为是一种很有用的

生产函数，函数的通常形式为

$$Q = AL^{\alpha}K^{\beta} \tag{3-4}$$

其中，A、α、β 为三个参数，并且 $A>0$，$0<\alpha<1$，$0<\beta<1$。参数 α 和 β 的经济含义是：当 $\alpha+\beta=1$ 时，α 和 β 分别表示劳动和资本在生产过程中的相对重要性，α 为劳动所得在总产量中所占的份额，β 为资本所得在总产量中所占的份额。

（三）短期生产函数和长期生产函数

短期和长期的划分是以生产者能否变动全部要素投入数量作为标准。短期指生产者来不及调整全部生产要素投入数量，至少有一种生产要素投入数量是固定不变的时间周期。在短期内，生产要素投入分为不变要素投入（如厂房、机器设备等）和可变要素投入（如劳动、原材料等）。长期是指生产者可以调整全部生产要素投入数量的时间周期。在长期内，所有生产要素投入都是可变要素投入。例如，企业根据它要达到的产量，可以缩小或扩大生产规模，也可以进入或退出一个行业。

显然，短期和长期的划分是以企业能否变动全部生产要素的投入量为标准的。不同的行业，短期和长期的时间长度不同。例如，变动一个大型炼钢厂的规模可能需要五年，则短期和长期的划分以五年为界，而变动一家面包屋的规模可能只需要一个月，则短期和长期的划分仅为一个月。

短期生产函数研究在其他要素的投入不变时，一种生产要素的投入量和产量之间的关系，以及这种可变要素的最优投入量。例如，假设资本投入量不变，劳动投入量可变，则生产函数可表示为：$Q = f(L)$，这就是短期生产函数，它采用的是一种可变要素投入变动的生产函数的形式。短期生产函数反映了既定资本投入量下，一种劳动要素投入量与所能生产的最大产量之间的相互关系。

长期生产函数研究多种要素投入组合和产量之间的关系，即考察企业如何把既定的成本用于多种生产要素的购买，以实现利润最大化。在生产理论中，通常以两种生产要素的生产函数来考察长期生产问题。假定企业使用的劳动和资本都是可变的，则生产函数可以表示为：$Q = f(L, K)$，这就是长期生产函数，它表示在技术水平既定的条件下，由两种生产要素的投入组合所能生产的最大产量。

三、短期生产函数

（一）短期生产函数的概念

经济学中通常以一种可变生产要素的生产函数考察短期生产理论，以两种可变生产要素的生产函数考察长期生产理论。

根据生产函数 $Q = f(L, K)$，假定资本投入量是固定的，用 $\bar{K}$ 来表示；劳动投入量是可变的，用 L 表示，则生产函数可以写为

$$Q = f(L, \bar{K}) = f(L) \tag{3-5}$$

（二）总产量、平均产量、边际产量

根据短期生产函数，可以得到劳动的总产量、劳动的平均产量和劳动的边际产量的概念。

劳动的总产量（TP_L）是指与一定的可变要素劳动的投入量相对应的最大产量，可写为

$$TP_L = f(L, \bar{K}) = f(L) \tag{3-6}$$

劳动的平均产量（AP_L）是指总产量与所使用的可变要素劳动的投入量之比，可写为

$$AP_L = \frac{TP_L}{L} = \frac{f(L, \bar{K})}{L} \tag{3-7}$$

劳动的边际产量（MP_L）是指增加一单位可变要素劳动的投入量所增加的产量，其表达式为

$$MP_L = \frac{\Delta TP_L}{\Delta L} \text{ 或 } MP_L = \lim_{\Delta L \to 0} \frac{\Delta TP_L}{\Delta L} = \frac{dTP_L}{?\ dL} \tag{3-8}$$

（三）总产量曲线、平均产量曲线和边际产量曲线

表3-1是在资本投入不变，劳动投入量增加的情况下生产的总产量、平均产量和边际产量关系表。

表 3-1　总产量、平均产量和边际产量

资本投入量 （K）	劳动投入量 （L）	劳动投入增量 （$\triangle L$）	总产量 （TP）	平均产量 （$\triangle P$）	边际产量 （MP）
(1)	(2)	(3)	(4)	(5)	(6)
				(4)／(2)	$\triangle TP$／(3)
10	0	0	0	0	0
10	1	1	4	4	4
10	2	1	10	5	6
10	3	1	18	6	8
10	4	1	24	6	6

续表

资本投入量 （K）	劳动投入量 （L）	劳动投入增量 （△L）	总产量 （TP）	平均产量 （△P）	边际产量 （MP）
10	5	1	28	5.6	4
10	6	1	30	5	2
10	7	1	30	4.3	0
10	8	1	29	3.6	−1

根据表 3-1，可以作出图 3-1。图中的横轴表示可变要素（劳动）的投入数量 L，纵轴 TP、AP、MP 代表总产量、平均产量与边际产量。TP 为总产量曲线，AP 为平均产量曲线，MP 为边际产量曲线。三条曲线都是从原点出发，先上升，达到各自的最大值后，再下降。

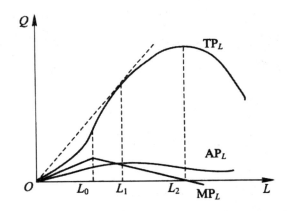

图 3-1　劳动的总产量曲线、平均产量曲线、边际产量曲线

1. 总产量曲线和平均产量曲线之间的关系

由于 $AP = TP/L$，所以平均产量曲线是总产量曲线上的点与原点连续的斜率值的轨迹，因此当 AP 曲线达到最高点时，在 TP 曲线上必然存在相应的一点，该点与原点的连线是 TP 曲线上所有的点与原点连线中最陡的。

2. 边际产量和总产量之间的关系

因为 $MP = \Delta TP/\Delta L = dTP/dL$，所以在每一产量上的边际产量值就是 TP 曲线的斜率。只要边际产量为正值，总产量总是增加的；只要边际产量为负值，总产量总是减少的。在图 3-1 中，当边际产量为正值时，TP 曲线上升，TP 曲线的斜率随着 MP 曲线的上升而递增；当边际产量为零时，TP 曲线的斜率为零，TP 曲线达到最大值时，TP 曲线出现拐点；当边际产量为负值时，TP 曲线下降，TP 曲线的斜率随着 MP 曲线的下降而递减。因此，边际产量 MP 与总产量 TP 之间的关系是：边际产量 MP>0，总产量曲线 TP 递增；边际产量 MP=0，总产量曲线 TP 有最大值；边际产量 MP<0，总产量曲线 MP 递减。

3. 边际产量和平均产量之间的关系

在图 3-1 中，边际产量和平均产量之间的关系是：MP 与 AP 相交于 AP 的最高点，在交点的左边，边际产量大于平均产量，边际产量会把平均产量向上拉，平均产量是递增的；在交点右边，边际产量小于平均产量，边际产量会把平均产量向下拉，平均产量是递减的；在相交时，边际产量等于平均产量，平均产量达到最大。

（四）边际收益（产量）递减规律

边际收益递减规律又称为边际产量递减规律。短期生产函数一般都遵循边际收益递减规律。边际收益递减规律是短期生产的一条基本规律，是消费者行为理论中边际效用递减规律在生产理论中的应用或转化形态。它的基本内容是：在技术水平和其他生产条件不变的前提下，当把一种可变的生产要素投入到一种或几种不变的生产要素中时，最初这种生产要素的增加会使产量增加，但当它的增加超过一定限度时，增加的产量将会递减，最终还会使产量绝对减少。

在理解边际收益递减规律时，要注意以下几点：

1. 这一规律发生作用的前提是技术水平不变。技术水平不变是指生产中所使用的技术没有发生重大变革。现在，技术进步的速度很快，但并不是每时每刻都有重大的技术突破，技术进步总是间歇式进行的，只有经过一定时期的准备之后才会有重大的突破。短期内无论是农业还是工业，一种技术水平一旦形成，总会有一个相对稳定的时期，这一时期就称为技术水平不变时期。

2. 这一规律所指的是生产中使用的生产要素分为可变的与不变的两类。边际产量递减规律研究的是把不断增加的一种可变生产要素，增加到其他不变的生产要素上时对产量所产生的影响，这种情况也是普遍存在的。在农业中，当土地等生产要素不变时，增加施肥量，在工业中，当厂房、设备等生产要素不变时，增加劳动力都属于这种情况。

3. 在其他生产要素不变时，一种生产要素增加所引起的产量或收益的变动可分为三个阶段：第一阶段表现为产量递增，即这种可变生产要素的增加使产量或收益增加；第二阶段表现为边际产量递减，即这种可变生产要素的增加仍可使总产量增加，但增加的比率（增加的每一单位生产要素的边际产量）是递减的；第三阶段表现为产量绝对减少，即这种可变生产要素的增加会使总产量减少。

边际产量递减规律是从科学实验和生产实践中得出来的，在农业中的作用最为明显。

早在 1771 年，英国农学家 A. 杨格就用在若干块相同的地上施以不同量肥料的实验，证明了肥料施用量与产量增加之间存在着这种边际产量递减的关系。以后，国内外学者又以大量事实证明了这一规律，这一规律同样存在于其他部门。工业部门中劳动力增加过多，会使生产率下降。行政部门中机构过多，人员过多也会降低行政办事效率，造成官僚主义。俗语称"一个和尚担水吃，两个和尚抬水吃，三个和尚没水吃"，正是对边际产量递减规律的形象表述。

（五）短期生产的三个阶段与生产要素的合理投入区域

1. 短期生产的三个阶段

根据总产量曲线、平均产量曲线和边际产量曲线之间的关系，将短期生产分为三个阶段，如图 3-2 所示的 Ⅰ 、Ⅱ 、Ⅲ 。

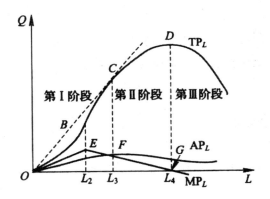

图 3-2　短期内企业生产的三个阶段

第 Ⅰ 阶段是从原点到平均产量最高点（F 点）。在第 Ⅰ 阶段，随着生产要素投入不断增加，平均产量不断增加，边际产量大于平均产量。在这一阶段，由于可变生产要素相对于固定生产要素而言，投入量太少，一部分固定生产要素没有被充分利用，所以相对于可变生产要素而言，每份投入换来的产量总是增加的，故在这一阶段不应停止投入。虽然对特定的一份生产要素来说，收益最好时应是边际产量最大时，但对全部投入的生产要素而言，收益最好时应是平均产量最大时，所以生产要素在 F 点以前不应停止投入。

第 Ⅱ 阶段是从平均产量最高点到总产量最大点（CD 段）。在第 Ⅱ 阶段，边际产量与平均产量都随着生产要素投入的增加而逐步递减，也就是说，每份生产要素换来的产量越来越少，直至为零，总产量达到最大。

第 m 阶段是边际产量为 O 以后的阶段（G 点后）。在第 m 阶段，边际产量为负值，总产量因生产要素的不断投入而逐步减少，说明在这一阶段，相对于固定的投入，可变生产要素投入过多，因而增加可变要素的投入不但没有带来总产量的增加，反而引起总产量的减少。

2. 生产要素的合理投入区域

对生产函数三个阶段的分析可知，对于理性的生产者而言，第 I 、II 阶段都是不合理的生产阶段。因为在第 I 阶段，只要增加生产要素的投入，就可以增加产出，所以生产要素的投入不应停留在这一阶段；而在第 II 阶段则因为随着生产要素投入的增加，产出不仅没有增加，反而减少，所以生产要素的投入也不能达到第 II 阶段。只有生产的第 II 阶段，才是生产要素投入的合理阶段，而生产要素投入量究竟在这一阶段的哪一点，还要引入生产要素与产品的价格，结合成本与收益进行综合分析。

四、长期生产函数

在长期内，所有的生产要素都是可变的，经济学中通常以两种可变生产要素的生产函数来考察长期生产函数。在生产函数 $F = f(L, K)$ 中，劳动投入量（L）和资本投入量（K）都是可变的，这个函数是通常采用的两种可变生产要素的生产函数形式，也被称为长期生产函数。

对于一个生产者来说，在利用两种生产要素生产一种产品时，就应该实现生产要素的最佳配置，也即生产者均衡。长期生产理论要研究的问题是在两种生产要素可以变动的情况下，这两种生产要素按照什么比例配合可以实现生产者均衡，这就是以下要研究的问题。

（一）等产量曲线

1. 等产量曲线的含义

等产量曲线是在技术水平不变的条件下生产一种商品在一定产量下的两种生产要素投入量的各种不同组合的轨迹，在这条曲线上的各点代表投入要素的各种组合比例，其中的每一种组合比例所能生产的产量都是相等的。

以 Q 表示既定的产量水平，则与等产量曲线相对应的生产函数为

$$Q = f(L, K) = Q^0 \tag{3-9}$$

式中，Q^0 为常数，表示既定的产量水平，这一函数是一个两种可变要素的生产函数。

等产量曲线与无差异曲线的几何性质和经济分析十分相似，不同的是，无差异曲线表达的是效用，等产量曲线表达的是产量。

2. 等产量曲线的特征

根据等产量曲线的含义，等产量曲线具有以下四个重要特征：

①等产量曲线是一条自左上方向右下方倾斜的曲线，其斜率为负值。在生产者的资源和生产要素价格既定的条件下，生产者为了达到相同的产量，在生产要素可以相互替代的阶段，如果生产者在增加一种生产要素的投入时，就必须减少另一种生产要素的投入，两种生产要素不能同时增加或减少。

②在同一平面上可以有无数条等产量线。同一条等产量曲线代表相同的产量，不同的等产量曲线代表不同的产量水平。离原点越远（或处于较高位置）的等产量曲线代表产量越高，离原点越近（或处于较低位置）的等产量曲线代表产量越低。

③在同一平面上的任意两条等产量曲线不可能相交。如果两条等产量曲线有交点，则表示相交的两条等产量曲线代表相同的产量水平，这与等产量曲线的第二个特征相矛盾，所以在同一平面上的任意两条等产量曲线不可能相交。

④等产量曲线凸向原点。这就表明，尽管一种要素可以替代另外一种要素，但随着其投入量的增加，另外一种要素越来越不容易被替代。为了说明这个特征，需要研究边际技术替代率这一问题，在下面进行详细介绍。

（二）边际技术替代率

1. 边际技术替代率的概念

一条等产量曲线表示不同的生产要素投入组合能够得到的等量产品，即为了生产等量产品，生产者既可以采用多用劳动（L）、少用资本（K）的生产方法，也可以采用少用劳动、多用资本的生产方法，劳动与资本之间存在着相互替代的关系。边际技术替代率（$MRTS$）是指在维持产量不变的条件下，增加一单位某种生产要素投入量时所减少的另一种生产要素的投入数量。劳动对资本的边际技术替代率写作 $MRTS_{LK}$，ΔL 代表劳动的增加量，ΔK 代表资本的减少量，则有

$$MRTS_{LK} = \frac{\Delta L}{\Delta K} \tag{3-10}$$

增加一种生产要素就必须减少另一种生产要素，边际技术替代率应该是负值。为了方便，一般用其绝对值，因此通常省去负号。

2. 边际技术替代率递减规律

在两种生产要素相互替代的过程中，在维持产量不变的前提下，当一种生产要素的投

入量不断增加时，每一单位的这种生产要素所能替代的另一种生产要素的数量是递减的，这一现象被称为边际技术替代率递减规律。

边际技术替代率之所以递减，是边际收益递减规律作用的原因。在劳动投入方面，随着劳动投入量的增加，劳动的边际产量递减；在资本投入方面，随着资本投入量的减少，资本的边际产量递增；如果反过来用资本替代劳动，情况也相同。因此，在一条等产量曲线上，当一种生产要素不断地替代另一种生产要素时，其边际技术替代率是递减的。

3. 边际技术替代率与边际产量的关系

以劳动和资本为例，边际替代率与两个生产要素的边际生产量有这样的关系：以劳动替代资本的边际技术替代率，等于劳动的边际产量与资本的边际产量之比，公式为

$$MRTS_{LK} = \frac{\mathrm{MP}_L}{\mathrm{MP}_K} = -\frac{\mathrm{d}K}{\mathrm{d}L} \qquad (3-11)$$

上述关系表明：要维持产量不变，增加劳动所造成的生产量的增加，必须等于减少资本所造成的生产量的减少。

上述等式可以用数学的方法证明：以 TP 代表某一条等产量曲线的固定产量，其生产函数为 $\mathrm{TP} = f(K, L)$，全微分结果为

$$\frac{\mathrm{dTP}}{\mathrm{d}K} \cdot \mathrm{d}K + \frac{\mathrm{dTP}}{\mathrm{d}L} \cdot \mathrm{d}L = 0$$

即

$$\mathrm{MP}_K \cdot \mathrm{d}K + \mathrm{MP}_L \cdot \mathrm{d}L = 0$$

所以

$$-\frac{\mathrm{d}K}{\mathrm{d}L} = \frac{\mathrm{MP}_L}{\mathrm{MP}_K} = \mathrm{MRTS}_{LK}$$

由于边际收益递减规律，当厂商不断地用劳动替代资本时，随着劳动投入的增加，劳动的边际产量日益减少；随着资本投入的减少，资本的边际产量日益增加，因此，边际技术替代率具有递减的趋势。

（三）等成本线

等产量曲线上任何一点都代表生产一定产量的两种生产要素的组合，但企业在生产过程中不可能选择在等产量曲线上的任意一种组合。选择一种最好的生产要素组合取决于企业生产这些产量的总成本，因此要讨论生产要素的最优组合，需要引入等成本线这一概念。等成本线是企业进行生产的限制条件。

等成本线就是指在要素价格既定的条件下，厂商花费一定成本所能购买的两种要素的最大数量组合的轨迹。

假设既定的成本为 C，已知劳动（L）的价格，即工资率为 W，资本（K）的价格，即利息率为 r，据此可以得到等成本线

$$C = w \cdot L + r \cdot K \tag{3-12}$$

等成本线也可以写成

$$K = \frac{C}{r} - \frac{w}{r}L \tag{3-13}$$

等成本线的斜率为两种要素的价格之比。等成本线的斜率表示两种生产要素交换比率，即在既定的要素价格与成本约束下，厂商在市场上为增加一单位劳动的购买必须减少资本的购买量。

等成本线类似于消费者的预算线，在几何性质和经济分析上十分类似，有的学者也把等成本线称为企业预算线。

由于等成本线斜率的绝对值等于两种生产要素价格之比，只要两种生产要素的价格不随购买量的变动而变动时，等成本线必定是一条直线。在生产要素价格既定的条件下，生产者购买生产要素总成本费用的变动将导致等成本线平行移动。等成本线向右移动表示生产者的总成本费用增加，能够购买到更多数量的生产要素；等成本线向左移动表示总费用减少，能够购买的生产要素数量减少。如果生产要素的价格发生变化，则等成本线的斜率发生变化。

（四）生产者均衡：生产要素的最优组合

生产要素的最优组合是指在既定产量下达到成本最小的生产要素的组合，或者在总成本既定时，实现产量最大的生产要素的组合。它被称为生产者均衡，因为实现了生产要素的最优组合，也就实现了利润最大化。

等产量线表达了生产任一给定产量所需两种要素的各种可能组合，等成本线描述了任一给定总成本可能买进的两种要素的各种可能组合。厂商理性的决策就是确定一个他所购买的两种要素数量的组合，以实现在产品数量既定下总成本最低，或者在总成本既定下总产量最大。

1. 既定产量条件下成本最小的要素组合

由于产量既定，所以某一固定数量产品的等产量线就是已知的。假设生产要素的价格也为已知，那么，虽然表示每一个总成本的等成本线是未知的，但等成本线的斜率是已知

的，即为两种生产要素的价格之比：$-w/r$。为了生产出一定量产品所费总成本最小，厂商使用的两种生产要素应各为多少？

如图 3-3 所示，横坐标 OL 表示劳动投入量，纵坐标 OK 表示资本投入量，根据上述已知条件，在众多的等成本线中必有一条，而且也只有一条等成本线与既定的等产量线相切。

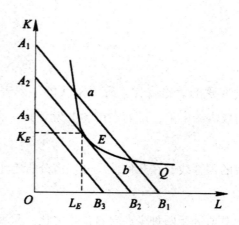

图 3-3　既定产量下的最优组合

在图 3-3 中，等成本线 A_2B_2 与既定的等产量线相切于 E 点，于是 E 点所代表的资本量 K_E 和劳动量 L_E 乘以各自的价格相加就是既定产量所费的最小成本，从而产量既定下所费成本最小的要素合理投入量为 K_E 和 L_E。

由于等产量线上任一点的边际技术替代率实际上就是该点对等产量线所做切线斜率的负数值，同时，边际技术替代率还可用劳动与资本的边际产量来表示。因此，在上述 E 点就有

$$MRTS_{LK} = -\frac{\mathrm{d}K}{\mathrm{d}L} = -\left(-\frac{w}{r}\right) = \frac{w}{r}$$

同时，又有

$$MRTS_{LK} = \frac{\mathrm{MP}_L}{\mathrm{MP}_K}$$

所以

$$\frac{w}{r} = \frac{\mathrm{MP}_L}{\mathrm{MP}_K} \tag{3-14}$$

因此，厂商耗费最小成本生产一定量产品的厂商均衡条件是：厂商买进的劳动和资本的数量应是等产量线上的 E 点，在 E 点劳动与资本的边际产量之比等于它们的价格之比。

上述厂商均衡条件可以说明：在等成本线 A_2B_2 上除 E 点以外其他任何一点代表资本

量与劳动量所花费的总成本，它们同 E 点所花费的总成本比较虽然并未增加，但不能生产出既定等产量线要求的产量水平。

对于既定等产量线上除 E 点以外任何一点所对应的劳动量与资本量而言，如果劳动的边际产量与劳动的价格之比大于资本的边际产量与资本的价格之比，那么这意味着多花一元钱买进劳动所能增加的产量，大于少花一元钱使用资本所减少的产量。也就是说，为了补偿少花一元钱买进资本所损失的产量，所需要增加使用的劳动所费将小于一元钱，因而增加劳动使用量而同时减少资本使用量将使总成本减少。同样的道理，如果劳动的边际产量与劳动的价格之比小于资本的边际产量与资本的价格之比，那么要维持产量不变，这时需要减少劳动使用量而增加资本使用量，从而使所费总成本减少。因此，只有劳动与资本的边际产量之比等于劳动的价格与资本的价格之比，才能使所花费总成本为最小的点，满足这个条件的只有 E 点，即在 E 点花费每一元购买的两种生产要素所得的边际产量都相等。这就是说，在生产者货币成本与生产要素既定的条件下，OL_E 的劳动与 OK_E 的资本组合能实现利润最大化，即既定产量条件下成本最小。

2. 既定成本条件下产量最大的要素组合

假设生产要素价格已知，而这时所花费的总成本既定，从而等成本线 AB 是既定的。如图 3-4 所示，横坐标 OL 表示劳动投入量，纵坐标 OK 表示资本投入量。根据上述已知条件，符合生产技术要求的等产量线有 Q_1、Q_2、Q_3 等，为了使花费一定量总成本获得的产量为最大，均衡点将是既定的等成本线 AB 与等产量线 Q_2 相切的点 E。因为等产量线 Q_3 所代表的产量虽然大于等产量线 Q_2，但所需总成本大于既定的总成本，等产量线 Q_1 与既定的等成本线 AB 有交点，且总成本也不增加，但其产量小于等产量线 Q_2 的产量。

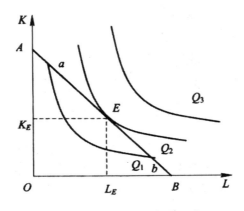

图 3-4　既定成本下的最优组合

因此，同上述均衡条件一样，花费既定成本所能获得的最大产量是等产量线 Q_2 所代表的产量水平。为了生产出这个产量，在生产要素价格既定的条件下，厂商采用的两种生产要素的组合比例是等产量线 Q_2 与既定的等成本线 AB 的切点 E 所对应的两种要素的数量。于是，E 点所代表的资本量 K_E 与劳动量 L_E 是成本既定下所得产量最大的要素合理投入量。而且在 E 点劳动与资本的边际产量之比正好等于劳动与资本价格之比。

把等产量线与等成本线结合在一个图上，那么，等成本线必定与无数条等产量线中的一条切于一点。在这个切点上就实现了生产要素的最佳组合，如图 3-4 所示。

在图 3-4 中，三条等产量线的产量大小的顺序为 $Q_1 < Q_2 < Q_3$。等成本线 AB 与 Q_2 相切于 E 点，这时实现了生产要素的最佳组合。

（五）生产扩展线

在其他条件不变的情况下，当生产的产量或成本发生变化时，企业会重新选择最优的生产要素组合，在成本变化了的条件下实现产量最大化，或在产量变化了的条件下实现成本最小化，这就涉及扩展线。

如果生产者货币成本增加，则等成本线向右上方平行移动，不同的等成本线与不同的等产量线相切，形成不同的生产要素最佳组合点，将这些点连接在一起，就得出扩展线，如图 3-5 所示。当生产者沿着这条线扩大生产时可以始终实现生产要素的最佳组合，从而使生产规模沿着最有利的方向扩大。

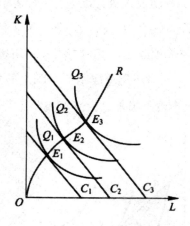

图 3-5　生产扩展线

生产扩展线是在生产要素价格不变的情况下，厂商扩大生产规模的最优路线。如图 3-5 所示，当某个生产厂商总成本为 C_1，它的利润最大化产量为 Q_1，这时等产量线为 Q_1，等成本线为 C_1，厂商的均衡点为 E_1；如果该厂商要把产量调整为 Q_2 水平，在生产要素价格不变的情况下，它的总成本需要增加到 C_2 的水平，这时等产量线为 Q_2，等成本线为 Q_2，厂商均衡点为 E_2；如果该厂商要把产量调整为 Q_3 水平，在生产要素价格不变的情况下，它的总成本需要增加到 C_3 的水平，这时等产量线为 Q_3，等成本线为 C_3，厂商均衡点

为 E_3……将均衡点 E_1、E_2、E_3……连接起来，就是该厂商最合理地扩大生产规模的扩展线。但厂商究竟把生产推进到扩展线的哪一点，单凭生产扩展线是不能确定的，还需要结合企业的内部情况和市场的需求情况而定。

五、规模经济

在长期生产中，所有投入要素都是可变的，相应的产量也会随投入量的变化而变化，产量的变化会引起规模的变化。在生产理论中，通常以全部生产要素都按照相同比例发生变化来定义企业的生产规模的变化。因生产规模的变动而引起产量变动的情况属于规模报酬的问题，规模报酬也称为规模经济。规模经济是指企业采用一定的生产规模而获得的经济利益，规模经济也是以技术的基本不变为前提的。

当所有生产要素的投入量都同比例增加时，投入量的增加与产出的关系存在三种可能情况。

（一）规模经济

1. 规模收益递增

产量增长的比例大于各种生产要素投入增长的比例，称为规模收益递增，也就是当所有投入要素增加 1%，产量的增加超过 1%。产生规模收益递增的主要原因是企业生产规模扩大所带来的生产效率的提高。它表现为：生产规模扩大以后，企业通过利用更先进的技术和机器设备等生产要素来提高生产效率，而较小规模的企业可能无法利用这样的技术和设备等生产要素来达到提高生产效率的目的。随着对较多的人力和机器的使用，企业内部的生产分工能够更合理和专业化。此外，人数较多的技术培训和具有一定规模的生产经营管理也都可以节省成本。

假设生产函数 $Q = f(K，L)$，对于 $\lambda > 1$（投入生产要素），如 $f(\lambda K，\lambda L) > \lambda f(K，L)$，则为规模收益递增。

2. 规模收益不变

若产量增长率等于各种生产要素投入增长率，则称该生产函数为规模收益不变。例如，当全部生产要素劳动和资本都增加 1% 时，产量也增加 1%。一般可以预计两个相同的工人使用两台相同的机器所生产的产量是一个这样的工人使用一台这样的机器所生产的产量的两倍，这就是规模报酬不变的情况。

假设生产函数 $Q = f(K，L)$，对于 $\lambda > 1$（投入生产要素），如 $f(\lambda K，\lambda L) = \lambda f(K，$

L），则为规模收益不变。

3．规模收益递减

若产量增长率慢于各种生产要素投入增长率，则称该生产函数为规模收益递减。例如，当全部生产要素劳动和资本部增加1％时，产量的增加小于1％。产生规模报酬递减的主要原因是企业生产规模过大使得生产的各个方面难以得到协调，从而降低了生产效率。它表现为企业内部合理分工的破坏，生产有效运行的障碍，获取生产决策所需的各种信息的不等。

假设生产函数 $Q = f(K, L)$，对于 $\lambda > 1$（投入生产要素），如 $f(\lambda K, \lambda L) < \lambda f(K, L)$，则为规模收益递减。

规模收益变化的不同情况要由内在经济和外在经济来解释。生产规模扩大会引起产量及收益的变动，其原因就在于内在经济与内在不经济及外在经济与外在不经济。

（二）内在经济与外在经济

1．内在经济与内在不经济

（1）内在经济

内在经济是指一个厂商从自身工厂规模扩大中获得递增的规模收益。引起内在经济的因素或原因主要有：

①技术。生产规模扩大可以购置和使用更加先进的机器设备，可以提高专业化程度，提高生产效率，还有利于实现资源的综合开发利用，使生产要素效率得到充分发挥。

②管理。巨大的工厂规模能使厂商内部管理系统高度专门化，使各个部门管理者容易成为某一方面的专家，从而提高管理水平和工作效率。

③购销。大厂商从大宗产品的销售和原材料购买中获得更大的好处。订购大批原料可获得各种优惠条件，大宗产品的销售能节约销售成本。

④金融。在为企业扩展筹措资金时，大厂商具备一切有利条件。它容易获得银行贷款，因为它可以提供更大的财产担保。它能比小厂商以更低的费用发行股票和债券来筹集资金，因为它更能取得投资者的信任。

由此可见，工厂规模的扩大可以使厂商从很多方面获得内在经济，从而获得递增的经济效益。

（2）内在不经济

如果一个厂商不断地扩大工厂规模，达到了一定程度，则会由自身内部问题引起产量的减少，这就是内在不经济。企业生产规模过大会使管理越来越复杂，管理效率下降。因增加生产要素供给和产品销售困难，使生产要素价格与销售费用上涨，从而规模收益将会出现递减的趋势。

影响企业产量和收益的因素，除了厂商自身内部因素外，还与整个行业生产规模大小有关，即外在经济和外在不经济。

2. 外在经济与外在不经济

（1）外在经济

外在经济是指生产规模的扩大和产量的增加给个别厂商带来产量与收益的增加。引起外在经济的因素或原因有：行业规模的扩大可以设立专业技术学校来培养熟练劳动力和工程技术人员，提高整个待业的劳动力素质；可以建立共同的服务组织，如市场推销机构、信息机构和科研机构等，从而提高整个行业的经济效益；可以建立较便利的交通运输和通信网络。此外，行业规模的扩大如同厂商规模扩大一样，能够在行业内部实行更好的专业化协作，提高各个厂商的生产效率。

（2）外在不经济

外在不经济是指由于整个行业生产规模扩大和产量增加而引起个别企业成本增加和收益减少。首先，行业规模过大，厂商之间互相争购原料和劳动力，从而导致要素价格上升，成本增加。其次，行业规模过大，也会加重环境污染，交通紧张，个别厂商要为此承担更高的代价，因此，行业规模过大将会导致外在不经济，使厂商的规模收益递减。

（三）适度规模

由以上分析可知，一个厂商和一个行业的生产规模不能过小，也不能过大，即要实现适度规模。对一个厂商来说，就是两种生产要素的增加应该适度。

适度规模就是使各种生产要素的增加，即生产规模的扩大正好使收益递增达到最大。

当收益递增达到最大时就不再增加生产要素，并使这一生产规模维持下去。对于不同行业的厂商来说，适度规模的大小是不同的，并没有一个统一的标准。在确定适度规模时应该考虑的因素主要是：

①本行业的技术特点。一般来说，需要的投资多，所用的设备复杂先进的行业，适度规模也就应该大。相反，需要的投资少，所用的设备比较简单的行业，适度规模也小。

②市场条件。一般来说，生产市场需求量大，而且标准化程度高的产品的厂商，适度规模也就应该大。相反，生产市场需求量小，而且标准化程度低的产品的厂商，适度规模也应该小。

③自然资源状况。例如，矿山储藏量的大小、水力发电站的水资源的丰裕程度等。

在确定适度规模时要考虑的因素还有很多。各国、各地，由于经济发展水平、资源、市场等条件的差异，即使同一行业，规模经济的大小也不完全相同。但对一些重要行业，国际有通行的规模经济标准。我国大多数企业都没有达到规模经济的要求。随着技术的进步，许多行业规模经济的生产规模尚有扩大的趋势，因此，对我国来说，适当扩大企业规模是我国许多企业提高规模经济效益的客观需要。

第二节　成本理论

一、成本

（一）成本的含义

成本又称为生产费用，是指生产过程中企业对所购买的各种生产要素的货币支出。为了更好地理解成本的含义，需要对以下概念有所了解。

1. 机会成本

西方经济学家认为，经济学是要研究一个经济社会如何对稀缺的经济资源进行合理配置的问题。从经济资源的稀缺性这一前提出发，当一个社会或一个企业用一定的经济资源生产一定数量的一种或者几种产品时，这些经济资源就不能同时被使用在其他的生产用途方面。也就是说，这个社会或这个企业在获得一定数量的产品收入时，是以放弃用同样的经济资源来生产其他产品时所能获得的最高收入作为代价的，由此便产生了机会成本的概念。

例如，当一个厂商决定利用自己所拥有的经济资源生产一辆汽车时，这就意味着该厂商不可能再利用相同的经济资源来生产 200 辆自行车。因此可以说，生产一辆汽车的机会成本是放弃生产 200 辆自行车的价值。如果用货币数量来代替对实物商品数量的表述，且假定 200 辆自行车的价值为 10 万元，则可以说，一辆汽车的机会成本是价值为 10 万元的其他商品。一般地，生产一单位的某种商品的机会成本是指生产者所放弃的使用相同的生产要素在其他生产用途中所能得到的最高收入。在西方经济学中，企业的生产成本应该从机会成本的角度来理解。

2. 生产成本——显性成本和隐性成本

企业的生产成本可以分为显性成本与隐性成本两个部分。

①企业生产的显性成本是指厂商在生产要素市场上购买或租用他人所拥有的生产要素的实际支出，从机会成本角度讲，这笔支出的总价格必须等于这些生产要素的所有者将相同的生产要素使用在其他用途时所能得到的最高收入；否则，这个企业就不能购买或租用这些生产要素，并保持对它们的使用权。例如，某厂商雇用了一定数量的工人，从银行取得了一定数量的贷款，并租用了一定数量的土地，为此，这个厂商就需要向工人支付工资，向银行支付利息，向土地出租者支付地租，这些支出便构成了该厂商生产的显性成本。

②企业生产的隐性成本是指厂商自己拥有的且被用于该企业生产过程的那些生产要素的总价格。隐性成本也必须从机会成本的角度按照企业自有生产要素在其他用途中所能得到的最高收入来支付；否则，厂商会把自有生产要素转移出本企业，以获得更高的报酬。例如，为了进行生产，一个厂商除了雇用一定数量的工人，从银行取得一定数量的贷款和租用一定数量的土地之外（这些均属于显性成本支出），还动用了自己的资金和土地，并亲自管理企业。经济学家指出，既然借用了他人的资本须付利息，租用了他人的土地须付地租，聘用他人来管理企业须付薪金，那么同样的道理，当厂商使用了自有生产要素时，也应该得到报酬，所不同的是，现在厂商是自己向自己支付利息、地租和薪金，所以这笔价值就应该计入成本之中。由于这笔成本不如显性成本那么明显，故被称为隐性成本。

③显性成本和隐性成本之间的关系。在一般情况下，把经济成本超过会计成本的那部分称为正常利润，也是厂商投入经营活动的各项资源的机会成本超过会计成本的部分，它是机会成本的一部分。在经济分析中，经济学家是把正常利润看作成本项目而计入产品的生产成本之内。正常利润是隐性成本的一个组成部分，它之所以要作为产品的一项成本，是因为从长期看，这笔报酬是使得厂商继续留在该行业的必要条件。由此可见，在经济学分析中，生产成本是显性成本和隐性成本的总和，而会计成本只包括显性成本。

（二）会计利润与经济利润

前面已经讨论了生产成本或经济成本的概念，下面可以进一步了解经济利润的概念。

一般而言，厂商的利润等于收益减成本，收益等于产量与价格的乘积，但由于成本概念不同，使得在不同的成本概念下得到了不同的利润概念，可以利用下列公式表示不同利润之间的关系：

$$会计成本 = 显性成本$$

$$经济成本 = 机会成本$$

$$机会成本 = 隐性成本 + 显性成本$$

$$会计利润 = 收益 - 会计成本（或显性成本）$$

$$经济利润 = 收益 - 经济成本（或生产成本，或机会成本） = 会计利润 - 隐性成本$$

从上面的分析可知，由于经济成本比会计成本要大，所以经济利润就比会计利润要小。

如前所述，正常利润是企业生产成本的一部分，是作为隐性成本计入成本的。当厂商的会计利润恰好等于正常利润时，其经济利润等于零，因此，厂商的利润为零，并不是说厂商没有盈利，而是它处在一种正常的经营状况之中。所以，当厂商的会计利润超过正常利润时，其经济利润为当时厂商获得的超额利润；当厂商的会计利润低于正常利润时，这一厂商在经济学意义上就是亏损的。

总之，财务成本是实际支出成本，经济成本是应有支出成本。财务成本是厂商已发生的成本，经济成本主要用于厂商经营决策。在进行决策分析时，企业必须同时做出财务分析和经济分析。如果财务分析通过，而经济分析通不过，政府一般不会批准该决策；如果财务分析通不过而经济分析通过，政府可能会采取一些措施改善财务状况，批准该项决策。因此，经济分析合理是决策成立的必要条件，财务分析合理是决策成立的充分条件。

二、短期成本分析

（一）成本的基本分析方法

在微观经济学中，把经济分析的时期区分为短期和长期。短期和长期的划分，不是就时间的长短，而是就生产要素是否全部可变而言。所谓短期，是指厂商不能根据它所达到的产量调整全部的生产要素的时间周期。在短期内，厂商只能调整部分的生产要素。生产要素投入可分为固定投入要素和可变投入要素。例如，在短期内厂商可调整原材料、燃料及生产工人的数量，而不能调整机器设备、厂房、管理人员的数量。所谓长期，是指厂商可以调整全部生产要素的数量的时间周期。例如，可以调整原料、燃料和工人的数量，还可以调整厂房、设备及管理人员的数量，以改变企业的生产规模。但是，不同行业、不同厂商，短期与长期的时间长短是不同的，所以短期成本有固定成本和可变成本之分，长期成本没有固定成本和可变成本之分。

生产理论分为短期生产理论和长期生产理论，因为成本理论是建立在生产理论的基础之上；相应地，成本理论也分为短期成本理论和长期成本理论，则成本分析也相应地分为两类：短期成本分析和长期成本分析。本节主要讨论建立在短期生产理论基础上的短期成本分析。

（二）短期成本的几个相关概念

短期成本是在短期内厂商用于支付投入生产中的各种生产要素的费用。短期内，厂商的成本主要有总不变成本、总可变成本、短期总成本、平均不变成本、平均可变成本、短期平均成本和短期边际成本。它们的英文缩写顺序为：TFC、TVC、TC、AFC、AVC、AC、MC。

1. 总不变成本（TFC）

总不变成本是指厂商在短期内为生产一定量的产品对不变生产要素所支付的费用。例如，建筑物和资本设备的折旧费、地租、利息、财产税、广告费、保险费等。由于短期内不管企业的产量为多少，这部分不变要素的投入量都是不变的，所以总不变成本是一个常数，它不随产量的变化而变化，即使企业生产量为零，其成本仍然存在。

2. 总可变成本（TVC）

总可变成本是指厂商在短期内为生产一定量的产品对可变生产要素所支付的总费用。例如，厂商对原材料、燃料动力和工人工资的支付等。总可变成本随产量的变化而变化，可表示为

$$TVC = f(Q) \qquad (3-15)$$

总可变成本曲线是一条由原点出发向右上方倾斜的曲线。

TVC 曲线表示：由于在短期内厂商是根据产量的变化不断地调整可变要素的投入量，所以总可变成本随产量的变动而变动。当产量为零时，总可变成本也为零。在这之后，总可变成本随产量的增加而增加。

3. 总成本（TC）

总成本是指厂商在短期内生产一定数量的产品对全部生产要素所支付的总费用，等于总固定成本和总可变成本之和，用公式可表示为

$$TC = TFC + TVC = A + f(Q) \qquad (3-16)$$

公式（3-16）说明，短期总成本是产量的函数。其中，只有可变成本随产量的变动而发生改变，固定成本始终保持不变。总成本曲线是从纵轴上相当于总固定成本 TFC 高度的点出发的一条向右上方倾斜的曲线。TC 曲线表示：在每一个产量上的总成本由总固定成本和总可变成本共同构成。

4. 平均不变成本（AFC）

平均不变成本是指厂商在短期内平均每生产一单位产品所消耗的不变成本，用公式可表示为

$$AFC = \frac{TFC}{Q} \tag{3-17}$$

平均不变成本 AFC 曲线是一条向两轴渐近的双曲线。AFC 曲线表示：在总不变成本固定的前提下，随着产量的增加，平均不变成本是越来越小的。

5. 平均可变成本（AVC）、平均总成本（AC）、边际成本（MC）

平均可变成本（AVC）是指企业在短期内生产平均每一单位产品所消耗的总变动成本，公式为

$$AVC = \frac{TVC}{Q} \tag{3-18}$$

平均总成本是指厂商在短期内平均生产每一单位产品所消耗的全部成本。它是平均不变成本和平均可变成本之和，用公式可表示为

$$AC = \frac{TC}{Q} = AFC + AVC \tag{3-19}$$

边际成本是指厂商在短期内增加一单位产品时所增加的总成本，用公式可表示为

$$MC = \frac{\Delta TC}{\Delta Q} \tag{3-20}$$

当 TC 是 Q 的连续可导函数，$A\Delta Q \to 0$ 时，有

$$MC = \lim_{\Delta Q \to 0} \frac{\Delta TC}{\Delta Q} = \frac{dTC}{dQ} \tag{3-21}$$

由以上可知，在每一个产量水平下的边际成本 MC 的值就是相应的总成本 TC 曲线在该点的切线的斜率。

由公式（3-21）可知，在每一个产量水平上的边际成本 MC 的值就是相应的总成本 TC 曲线的斜率。

平均可变成本 AVC 曲线、平均总成本 AC 曲线和边际成本 MC 曲线都呈现出 U 形的特征。它们表示：随着产量的增加，平均可变成本、平均总成本和边际成本都是先递减，各自达到本身的最低点之后再递增。最后，需要指出的是，从以上各种短期成本的定义公式中可知，由一定产量水平上的总成本（包括 TFC、TVC 和 TC）出发，是可以得到相应的平均成本（包括 AFC、AVC 和 AC）和边际成本（MC）的。

（三）短期成本变动的决定因素：边际报酬递减规律

1. 边际报酬递减规律的含义

所谓边际报酬递减规律，是指在技术水平和其他要素投入量不变的条件下，连续增加一种可变生产要素的投入量，当这种可变生产要素的投入量小于某一特定数值时，增加该要素的投入量所带来的边际产量是递增的；当这种可变要素投入量连续增加并超过这一特定值时，增加该要素投入所带来的边际产量是递减的。

边际报酬递减规律是短期生产的一条基本规律，是消费者选择理论中边际效用递减法则在生产理论中的应用或转化形态。边际报酬递减规律成立的原因在于在任何产品的生产过程中，可变生产要素与不变生产要素之间在数量上都存在一个最佳配合比例。开始时由于可变生产要素投入量小于最佳配合比例所需要的数量，随着可变生产要素投入量的逐渐增加，可变生产要素和不变生产要素的配合比例越来越接近最佳配合比例，所以可变生产要素的边际产量是呈递增的趋势。当达到最佳配合比例后，再增加可变要素的投入，可变生产要素的边际产量就呈递减趋势。

关于边际报酬递减规律，有以下几点需要注意：

①边际报酬递减规律是一个经验性的总结，但现实生活中的绝大多数生产函数似乎都符合这个规律。

②这一规律的前提之一是假定技术水平不变，故它不能预示技术情况发生变化时，增加一单位可变生产要素对产出的影响。

③这一规律的另一前提是至少有一种生产要素的数量是维持不变的，所以这个规律不适用于所有生产要素同时变动的情况，即不适用于长期生产函数。

④改变各种生产要素的配合比例是完全可能的，即可变技术系数。

2. 边际报酬递减规律下的短期边际产量和短期边际成本之间的对应关系

在短期生产中，由于边际报酬呈递减规律，边际产量的递增阶段对应的是边际成本的递减阶段，边际产量的递减阶段对应的是边际成本的递增阶段，与边际产量的最大值相对应的是边际成本的最小值，所以决定了 *MC* 曲线呈 *U* 形特征。

3. 边际报酬递减规律在短期成本函数中的体现

（1）关于 *MC* 曲线的形状

短期生产开始时，由于边际报酬递增的作用，增加一单位可变投入所生产的边际产量是递增的，反过来，这一阶段增加一单位产量所需的边际成本是递减的。随着变动投入的增加，当超过一定界限后，边际报酬递减规律发生作用，增加一单位可变投入所生产的边际产量是递减的，反过来，这一阶段每增加一单位产量所需要的边际成本是递增的。因此，在边际报酬递减规律的作用下，MC 曲线随可变投入的增加先递减，然后再增加，最终形成一条 U 形的曲线。

（2）关于 TC 曲线和 TVC 曲线的形状

由于在每一个产量水平上的 MC 值就是相应的 TC 曲线的斜率，又由于在每一产量上的 TC 曲线和 TVC 曲线的斜率是相等的，故在图 3-6 中的 TC 曲线、TVC 曲线和 MC 曲线之间表现出这样的相互关系：与边际报酬递减规律作用的 MC 曲线的先降后升的特征相对应，TC 曲线和 TVC 曲线的斜率也由递减变为递增，并且 MC 曲线的最低点 A 与 TC 曲线的拐点 B 和 TVC 曲线的拐点 C 相对应。

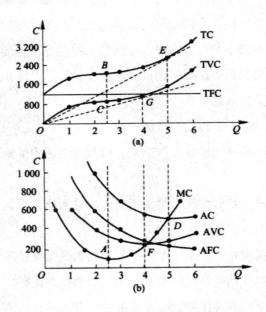

图 3-6　短期成本曲线汇总

（3）关于 AC 曲线、AVC 曲线的形状

对于任何一对边际量和平均量而言，只要边际量小于平均量，边际量就把平均量拉下；只要边际量大于平均量，边际量就把平均量拉上；当边际量等于平均量时，平均量必达本身的极值点。将这种关系具体到 AC 曲线、AVC 曲线和 MC 曲线的相互关系上，可以推知，在边际报酬递减规律作用下的 MC 曲线有先降后升的 U 形特征，所以 AC 曲线和 AVC 曲线也必定是先降后升的 U 形特征，而且 MC 曲线必定会分别与 AC 曲线相交于 AC 曲线的最低点，与 AVC 曲线相交于 AVC 曲线的最低点。如图 3-6 所示，U 形的 MC 曲线分别与 U 形的 AC 曲线相交于 AC 曲线的最低点 D，与 U 形的 AVC 曲线相交于 AVC 曲线的最低

点 F。在 AC 曲线的下降段，MC 曲线低于 AC 曲线；在 AC 曲线的上升段，MC 曲线高于 AC 曲线。类似地，在 AVC 曲线的下降段，MC 曲线低于 AVC 曲线；在 AVC 曲线的上升段，MC 曲线高于 AVC 曲线。

此外，对于产量变化的反应，边际成本 MC 要比平均成本 AC 和平均可变成本 AVC 敏感得多。不管是下降还是上升，MC 曲线的变动都快于 AC 曲线和 AVC 曲线。

最后，比较 AC 曲线和 MC 曲线的交点 D 与 AVC 曲线和 MC 曲线的交点 F，可以发现，前者的出现慢于后者，并且前者的位置高于后者。也就是说，AVC 曲线降到最低点 F 时，AC 曲线还没有降到最低点。而且 AC 曲线的最小值大于 AVC 曲线的最小值。这是因为在平均总成本中不仅包括平均可变成本，还包括平均不变成本。正是由于平均不变成本的作用，才使 AC 曲线的最低点 D 既慢于又高于 AVC 曲线的最低点 F。

（四）短期产量曲线与短期成本曲线的关系

1. 由短期生产函数引出其反函数

由厂商短期生产函数出发，可以得到相应的短期成本函数，并且由厂商的短期总产量曲线出发，也可以得到相应的短期总成本曲线。

假定厂商在短期内使用劳动和资本这两种要素生产一种产品，其中劳动投入量是可变的，资本投入量是固定的，则短期生产函数为

$$Q = f(L, \bar{k}) \tag{3-22}$$

该式表示在资本投入量固定的前提下，可变要素投入量 L 和 Q 之间存在着相互依存的对应的函数关系，厂商可以通过劳动投入量的调整来实现不同的产量水平。也可以理解为厂商根据不同的产量水平的要求来确定相应的劳动投入量。根据后一种理解，且假定要素市场上劳动的价格 w 和资本的价格 r 是给定的，则厂商在每一产量水平上的短期总成本可表示为

$$STC = TFC + TVC = w \cdot L(Q) + r \cdot \bar{k} \tag{3-23}$$

2. 由短期总产量曲线推导出短期总成本曲线

①短期总可变成本曲线的推导：在短期总产量曲线 TP_L 上，找到与每一产量水平相应的可变要素的投入量 L，再用所得到的 L 乘以已知的劳动价格 W，便可得到每一产量水平上的可变成本 $w \cdot L(Q)$。将这种产量与可变成本的对应关系描绘在相应的平面坐标图中，即可得到短期可变成本曲线。

②短期总成本曲线的推导：将短期可变成本曲线往上垂直平移 $r \cdot \bar{k}$ 单位，即可得到短

期总可变成本曲线。

3. 短期成本函数与短期产量函数之间的关系

（1）平均产量与平均可变成本

$$AVC = \frac{TVC}{Q} = \frac{w \cdot L(Q)}{Q} = w \cdot \frac{1}{\dfrac{Q}{L(Q)}}$$

$$AVC = w \cdot \frac{1}{AP_L} \qquad\qquad (3\text{-}24)$$

由此可得以下两点结论：

① AP_L 与 AVC 成反比。当 AP_L 递减时，AVC 递增；当 AP_L 递增时，AVC 递减；当 AP_L 达到最大值时，AVC 最小，因此 APl 曲线的顶点对应 AVC 曲线的最低点，如图3-7所示。

② MC 曲线与 AVC 曲线相交于 AVC 的最低点。由于产量曲线中 MP_L 曲线与 AP_L 曲线在 AP_L 曲线的顶点相交，所以 MC 曲线在 AVC 曲线的最低点与其相交，如图3-7所示。

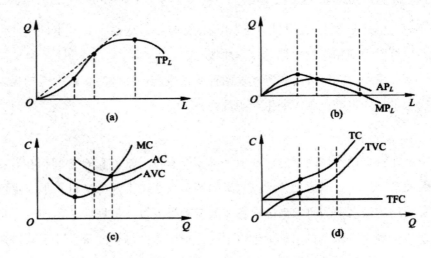

图3-7　短期生产成本和短期成本函数之间的对应关系

（2）边际产量与边际成本

由 MC 的定义得

$$MC = \frac{dTC}{dQ} = \frac{d(w \cdot L(Q) + r \cdot \bar{k})}{dQ} = w \cdot \frac{dL(Q)}{dQ} + 0$$

又因为

$$MP_L = \frac{dQ}{dL(Q)}$$

所以

$$MC = w \cdot \frac{1}{MP_L} \tag{3-25}$$

由此可得以下两点结论：

①公式（3-25）表明边际成本 MC 与边际产量 MP_L 两者的变动方向是相反的。具体地讲，由于边际报酬递减规律的作用，可变要素的边际产量 MPl 是先上升，达到一个最高点以后再下降，所以边际成本 MC 是先下降，达到一个最低点以后再上升，这种对应关系如图3-7所示。在图中，MP_L 曲线的上升段对应 MC 曲线的下降段；MP_L 曲线的下降段对应 MC 曲线的上升段；MP_L 曲线的最高点对应 MC 曲线的最低点。

②由以上的边际产量和边际成本的对应关系可以推知，总产量和总成本之间也存在着对应关系。当总产量 TP_L 曲线下凸时，总成本 TC 曲线和总可变成本 TVC 曲线是下凹的；当总产量 TP_L 曲线下凹时，总成本 TC 曲线和总可变成本 TVC 曲线是下凸的；当总产量 TP_L 曲线存在一个拐点时，总成本 TC 曲线和总可变成本 TVC 曲线也各存在一个拐点。

三、长期成本分析

就长期而言，由于企业的全部投入要素均是可以调整的，所以总成本不再分为固定成本与变动成本。厂商的长期成本可以分为长期总成本、长期平均成本和长期边际成本，它们的英文缩写顺次为 LTC、LAC 和 LMC。

为了区别短期成本和长期成本，从本节开始，在短期总成本、短期平均成本和短期边际成本前都加"S"，短期总成本、短期平均成本和短期边际成本的英语缩写顺次为 STC、SAC 和 SMC。

（一）长期总成本函数和长期总成本曲线

厂商在长期对全部要素投入量的调整意味着对企业生产规模的调整。也就是说，从长期看，厂商总是可以在每一个产量水平上选择最优的生产规模进行生产。长期总成本 LTC 是指厂商在长期中在每一个产量水平上通过选择最优的生产规模所能达到的最低总成本。相应地，长期总成本函数写为

$$LTC = LTC(Q) \tag{3-26}$$

根据对长期总成本函数的规定，可由短期总成本曲线推导出长期总成本曲线。在图3-8中，有三条短期总成本曲线 STC_1、STC_2 和 STC_3，它们分别代表三个不同的生产规模。由于短期总成本曲线的纵截距表示相应的总不变成本 TFC 的数量，因此从图中三条短期总成本曲线的纵截距可知，STC_1 曲线所表示的总不变成本小于 STC_2 曲线，STC_2 曲线所

表示的总不变成本又小于 STC_3 曲线，而总不变成本的多少（如厂房、机器设备等）往往表示生产规模的大小，故从图 3-8 最优生产规模的选择条短期总成本曲线所代表的生产规模来看，STC_1 曲线最小，STC_2 曲线居中，STC_3 曲线最大。

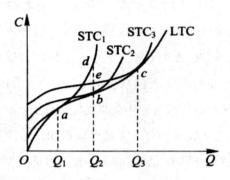

图 3-8　最优生产规模的选择和长期总成本曲线

假定厂商生产的产量为 Q_2，那么厂商应该如何调整生产要素的投入量以降低总成本呢？在短期内，厂商可能面临 STC_1 曲线所代表的过小的生产规模或 STC_3 曲线所代表的过大的生产规模，因此厂商只能按较高的总成本来生产产量 Q_2，即在 STC_1 曲线上的 d 点或 STC_3 曲线上的 e 点进行生产。但在长期内，情况就会发生变化。厂商在长期内可以变动全部的要素投入量，选择最优的生产规模，因此厂商必然会选择 STC_2 曲线所代表的生产规模进行生产，从而将总成本降低到所能达到的最低水平，即厂商是在 STC_3 曲线上的 b 点进行生产的。类似地，厂商会选择 STC_1 曲线所代表的生产规模在 a 点上生产 Q_1 的产量；选择 STC_3 曲线所代表的生产规模在 c 点上生产 Q_3 的产量，这样厂商就在每一个既定的产量水平实现了最低的总成本。

虽然在图中只有三条短期总成本线，但在理论分析上可以假定有无数条短期总成本曲线。这样厂商可以在任何一个产量水平上都能找到相应的一个最优的生产规模，都可以把总成本降到最低水平。也就是说，可以找到无数个类似于 a、b 和 c 的点，这些点的轨迹就形成了图中的长期总成本 LTC 曲线。显然，长期总成本曲线是无数条短期总成本曲线的包络线。在这条包络线上，在连续变化的每一个产量水平上都存在着 LTC 曲线和一条 STC 曲线的相切点，该 STC 曲线代表的生产规模就是生产该产量的最优生产规模，该切点对应的总成本就是生产该产量的最低总成本，所以 LTC 曲线表示长期内厂商在每一个产量水平上由最优生产规模所带来的最小生产总成本。

长期总成本 LTC 曲线是从原点出发向右上方倾斜的。它表示当产量为零时，长期总成本为零，以后随着产量的增加，长期总成本是增加的。而且长期总成本 LTC 曲线的斜率先递减，经拐点之后又变为递增。

（二）长期平均成本函数和长期平均成本曲线

长期平均成本 LAC 表示厂商在长期内按产量平均计算所得的最低总成本。长期平均成本函数可以写为

$$LAC = \frac{LTC}{Q} \tag{3-27}$$

1. 长期平均成本曲线推导

在分析长期总成本曲线时强调指出，厂商在长期内是可以实现每一个产量水平上的最小总成本的，因此根据公式（3-27）便可以推知：厂商在长期内实现每一个产量水平的最小总成本的同时，必然也就实现了相应的最小平均成本。所以长期平均成本曲线可以根据公式（3-27）由长期总成本曲线画出。具体的做法是：把长期总成本 LTC 曲线上每一点的长期总成本值除以相应的产量，便得到这一产量上的长期平均成本值。再把每一个产量和相应的长期平均成本值描绘在产量和成本的平面坐标图中，便可得到长期平均成本 LAC 曲线。此外，长期平均成本曲线也可以根据短期平均成本曲线求得。

2. 长期平均成本曲线的形状

图 3-9 中的长期平均成本曲线呈先降后升的 U 形，长期平均成本 U 形特征是由长期生产中内在的规模经济与不经济决定的。

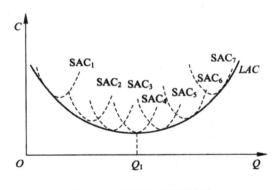

图 3-9　长期平均成本曲线

规模经济是指在企业生产扩张的开始阶段，厂商扩大生产规模而使经济效益得到提高，此时产量增加倍数大于成本增加倍数。规模不经济是指当生产扩张到一定的规模后，厂商继续扩大生产规模，就会使经济效益下降。此时，产量增加倍数小于成本增加倍数。由于规模经济和规模不经济都是由厂商变动自己的企业生产规模引起的，所以也被称作内在经济和内在不经济。规模经济和规模不经济与生产理论中提到的规模报酬不同，二者区别在于前者表示在扩大生产规模时成本变化的情况，而且各种要素投入数量增加的比例可

能相同也可能不同；而后者表示在扩大生产规模时产量变化情况，并假定多种要素投入数量增加的比例是相同的。但一般说来，规模报酬递增时，对应的是规模经济阶段，规模报酬递减时，对应的是规模不经济的阶段。一般在企业生产规模由小到大扩张的过程中，先出现规模经济，产量增加倍数大于成本增加倍数，因而 LAC 下降；然后再出现规模不经济，产量增加倍数小于成本增加倍数，LAC 上升。由于规模经济与规模不经济的作用，LAC 曲线呈 U 形。

3. 影响长期平均成本曲线变化的因素

①规模经济与规模不经济。规模经济是指由于生产规模扩大而导致长期平均成本下降的情况。规模不经济是指由于企业规模扩大使得管理无效而导致长期成本上升的情况。

②外在经济与外在不经济。外在经济是由于厂商的生产活动所依赖的外界环境改善而产生的。外在不经济是指企业生产所依赖的外界环境日益恶化。

③学习效应。学习效应是指在长期的生产过程中，企业的工人、技术人员、经理人员等积累的产品生产、产品技术设计，以及管理人员方面的经验，从而导致长期平均成本的下降。

④范围经济。范围经济是指在相同的投入下，由一个单一的企业生产联产品比多个不同的企业分别生产这些联产品中每一个单一产品的产出水平要高。因为这种方式可以通过使多种产品共同分享生产设备或其他投入物而获得产出或成本方面的好处。

第四章　分配与市场理论

第一节　分配理论

一、生产要素的需求、供给与价格

（一）生产要素的需求

厂商在生产过程中投入的各种经济资源就是生产要素。生产要素的需求指厂商在一定时期内，在每一价格水平下愿意并且能够购买的生产要素的数量。

1. 生产要素需求的性质

（1）生产要素的需求是一种派生需求

企业之所以需要生产要素是为了用它生产出各种产品，实现利润最大化。也就是说，是由于对产品的需求而引起了对生产要素的需求。

（2）生产要素的需求也是一种联合需求或相互依存的需求

这就是说，任何生产行为所需要的都不是一种生产要素，而是多种生产要素，这样各种生产要素之间是互补的。如果只增加一种生产要素而不增加另一种，就会出现边际收益递减现象。而且，在一定的范围内各种生产要素也可以互相代替。生产要素相互之间的这种关系说明它的需求之间是相关的。

2. 影响生产要素需求的因素

（1）生产技术状况

如果技术是劳动密集型的，则对劳动的需求大；如果技术是资本密集型的，则对资本的需求大。生产的技术决定了对某种生产要素需求的大小。

（2）生产要素的价格

各种生产要素之间有一定程度的替代性，企业一般要用价格低的生产要素替代价格高的生产要素。

（3）市场对产品的需求及产品的价格

这两个因素影响产品的生产与企业的利润，从而也就要影响生产要素的需求。一般而言，市场对某种产品的需求越大，该产品的价格越高，则生产这种产品所用的各种生产要素的需求也就越大；反之就越小。

3. 生产要素的需求曲线

为了更好地说明生产要素的需求曲线，这里引入了边际生产力的概念。

所谓边际生产力，是指在其他条件不变的情况下，增加最后一单位某种生产要素的使用所增加的产量或带来的收益。边际生产力的反映指标有两类，即实物指标和价值指标。边际生产力的概念是由美国经济学家约翰·贝茨·克拉克于19世纪末首先提出来的。

（1）实物指标

实物指标指增加一单位某种生产要素投入量所带来的总产量的增加量，用边际物质产品（MPP）表示，其公式如下（把劳动 L 作为生产要素的代表，下面几个公式都是如此）：

$$MPP_L = \frac{\Delta Q}{\Delta L} \tag{4-1}$$

（2）价值指标

价值指标有两个，分别是边际收益产品（MRP）和边际产品价值（VMP）。

生产者增加一单位生产要素所带来的收益就是边际收益产品，它等于边际物质产品与边际收益的积，其公式如下：

$$MRP_L = \frac{\Delta TR}{\Delta L} = \frac{\Delta TR}{\Delta Q} \cdot \frac{\Delta L}{\Delta L} = MR \cdot MPP_L \tag{4-2}$$

每增加一单位要素投入所增加的产值就是边际产品价值，它等于边际物质产品产量与产品价格的乘积，其公式如下：

$$VMP_L = P \cdot \frac{\Delta Q}{\Delta L} = P \cdot MPP_L \tag{4-3}$$

实际上，我们可以把边际产品价值看作是边际收益产品在完全竞争产品市场上的特例。在完全竞争的产品市场上有 $MR = P$，也就是说，在完全竞争的市场上边际收益产品和边际产品价值是相等的。而在不完全竞争的产品市场上有 MRVP，因此边际收益产品是小于边际产品价值的。在完全竞争的产品市场上，边际收益产品曲线和边际产品价值曲线是重合的，在不完全竞争的产品市场上，对应同一产量，边际收益产品曲线是低于边际产品价值曲线的。

边际生产力递减规律是指随着要素投入量的增加，边际生产力是递减的。边际生产力的递减规律是指在其他生产要素投入不变的条件下，随着某一生产要素投入量的增加，其边际生产力递减，即边际物质产品、边际收益产品或边际产品价值均递减。

对生产要素的需求，取决于它的边际生产力，而边际生产力又是递减的，即增加一单位生产要素投入能够给厂商带来的收益是越来越少的。

（二） 生产要素的供给

生产要素的所有者在一定时期内，在每一价格水平下愿意并且能够提供的生产要素的数量，就是生产要素的供给。

个人或家庭在消费理论中是消费者，在要素价格理论中是生产要素所有者。就要素的供给来看，它不是来自厂商，而是来自个人或家庭。个人或家庭拥有并向厂商提供各种生产要素。

在不同的报酬下，生产要素市场上所提供的要素数量，就是生产要素的供给。生产要素的供给价格是生产要素所有者对提供一定数量生产要素所愿意接受的最低价格。一般来说，如果某种生产要素的价格降低，这种生产要素的供给就会减少，其供给数量与价格呈同方向变化；如果某种生产要素的价格提高，这种生产要素的供给就会增多。所以，生产要素的供给曲线表现为一条向右上方倾斜的曲线。在完全竞争的要素市场上，由于要素的需求者和供给者人数众多，单个卖者和买者的要素供给量与需求量变化不影响要素价格。所以，在完全竞争的要素市场上，生产要素的供给曲线是一条与横轴平行的直线。

（三） 生产要素的均衡决定

为了更好地说明生产要素的供给曲线，这里引入了边际要素成本的概念。

厂商增加一单位要素投入量所带来的总成本的增加值，就是边际要素成本（MFC），其公式如下

$$MFC = \frac{\Delta TC}{\Delta L} \tag{4-4}$$

生产要素的均衡价格和均衡数量也是由生产要素的需求和供给共同决定的，这同商品的均衡价格和均衡数量是由商品的供给和需求共同决定是相同的。但由于厂商对要素的需求取决于人们对商品的需求，而商品的供求与要素的供求关系存在着如上所说的相互依存和相互制约的关系，所以对要素需求的分析要比对商品需求的分析复杂一些。

不论是在完全竞争的要素市场上，还是在不完全竞争的要素市场上，只要生产要素的

供给与需求相等时，生产要素市场就达到了均衡。生产要素的均衡也可以用 $MRP = MFC$ 来表示。

二、劳动、资本、土地和企业家才能的价格决定

（一）劳动的价格——工资的决定

1. 劳动供给曲线

研究劳动供给要从劳动者对既定时间资源的分配开始，因为劳动的供给不仅取决于劳动的价格——工资，而且取决于既定时间资源的分配，或闲暇时间的多少。每一天可供个人支配的时间是一个固定的量，即 24 小时，但任何人都不可能把全部时间提供给劳动市场，总需要花费一定的时间去休息、娱乐和做家务等。在经济学中，通常将这种用于非劳动的时间称为闲暇。

劳动和闲暇都能给人们带来效用，因为提供劳动获得工资报酬，以此购买商品和劳务，便能够满足需要，给劳动者带来一定效用，而休息、学习、娱乐、家庭活动等，也能够满足劳动者的享受需要。

人们经常要在劳动与闲暇之间进行选择，支配属于自己的时间，其选择的原则是效用。小时工资率是劳动者享受闲暇的代价，它代表享受 1 小时闲暇必须牺牲 1 小时工资所能买到的商品和劳务的最低值。小时工资率越低，即闲暇的机会成本越低，劳动者会少选择劳动，多选择闲暇；反之，小时工资率越高，即闲暇的机会成本越高，劳动者就会多选择劳动，少选择闲暇。劳动与闲暇时间的最优选择，即理想的均衡就是 1 小时闲暇的边际效用等于 1 小时劳动所能购买的商品和劳务的边际效用。

从上面的分析可知，劳动供给曲线的影响因素包括以下两个：

①闲暇。闲暇效用越大，则劳动供给越少；反之，则劳动供给越多。

②工资水平。工资越高，劳动供给越大；反之，则劳动供给越少。

由于工资水平和闲暇这两个影响因素的存在，因此，劳动的供给曲线并不是向右上方倾斜的，而是一条向后弯曲的曲线。

工资率提高带来上述两种效应，而这两种效应的相对程度又决定着单个劳动者提供劳动量的状况。当收入效应大于替代效应时，劳动供给量随劳动价格的提高而减少，劳动供给曲线为负斜率，向左上方弯曲。当工资率较高，工资收入足以满足一般生活需要时，人们渴望闲暇的欲望变得强烈起来，这就会引起劳动供给量与工资呈反向变化，单个劳动者的劳动供给曲线便会由向右上方倾斜转而向左上方弯曲。当替代效应大于收入效应时，劳

动供给量随劳动价格的提高而增加，劳动供给曲线为正斜率，向右上方倾斜。在工资率相当低时，常常出现这种情形。此时，多提供劳动从而获得的收入给劳动者带来的满足较大，因此，劳动供给量随工资率提高而同向变化。把各个劳动者的劳动供给曲线加总，便可得到市场的劳动供给曲线。

2. 劳动的需求曲线

随着劳动投入量的增加，劳动的边际收益产品（MRP）递减，因为劳动的市场需求取决于劳动边际生产力。因此，劳动的需求曲线是一条向右下方倾斜的曲线，表示劳动的需求量与工资呈反向变动关系。

3. 工资的决定

劳动的供给和需求共同决定了劳动的工资水平。在供给曲线和需求曲线的交点处就实现了均衡，决定了均衡的工资水平和均衡的劳动量。

在劳动的供给和需求不变的情况下，均衡工资水平和均衡劳动力数量也保持不变。当劳动的供给和需求发生变化时，其均衡工资水平和均衡劳动力数量也会发生相应变化。当然，劳动作为一种要素，也是符合供求定理的，即劳动供给的变动引起均衡工资水平异方向变动，引起均衡劳动力数量同方向变动；而劳动需求的变动引起均衡工资水平和均衡劳动力数量同方向变动。

（二）资本的价格——利率的决定

1. 资本需求曲线

厂商用借到的资金进行投资并获得利润，到一定期限须归还本金，并向资金提供者支付一定利息。利息是资本的报酬，由资本市场的供求双方决定。在资本市场上，对资本的需求来自厂商，即投资需求。厂商为了进行生产，需要筹集资金，用来建造厂房、购置机器设备等实物资本，由此产生对资金的需求。

利率是指利息占借贷资本的比重，又称利息率，是影响厂商对资本的需求量的重要因素。利息率越低，资本需求量就越大；反之，利息率越高，资本需求量越小。

就单个厂商而言，其愿意支付的利率水平，即对资本的需求价格，取决于资本的边际生产力。由于边际生产力递减规律的存在，资本的边际生产力也是不断递减的。同时，资本的需求曲线与其边际收益产品 MRP 曲线是重合的，是一条向右下方倾斜的曲线。

2. 资本供给曲线

在一个时点上，一国所具有的全部资本在短期内，其数量不会改变，是一个固定的数量。因此资本的短期供给曲线是一条垂直线。因为资本供给会随储蓄的增加而增长，储蓄增加的根源在于人们减少部分现期消费，以等待未来消费。对这种减少或等待所给予的补偿（报酬）就是利息。因此，从长期来看，资本供给和利率呈同方向变化。

3. 资本市场均衡及均衡利率的决定

利率水平取决于资本市场的供求均衡状况，在短时期内，垂直的供给曲线 S_{SK} 和向右下方倾斜的需求曲线 D_K，相交于 E_1 点，该点所确定的短期利率为 i_1，资本量为 K_1，在长时期内，向右上方倾斜的供给曲线 S_{SK} 和向右下方倾斜的需求曲线 D_K 相交于 E_1 点，该点所确定的长期利率为 i_2，资本量为 K_2。

（三）土地的价格——地租的决定

源泉价格和服务价格是土地的价格的两种分类。买卖一亩土地的价格叫源泉价格，而使用一亩土地一年的价格叫服务价格，即地租。经济学中的土地价格一般是指地租。

1. 土地供给曲线

土地不能增加，原有土地也不会减少。经济学上的土地泛指一切自然资源，具体讲包括地面、矿藏和水域等。从上述分析中可看出土地不同于其他生产要素的最重要特点：土地供给量是固定的，完全无弹性。因此，土地供给曲线是一条垂直于横轴的直线。

2. 土地需求曲线

根据生产要素需求原理，厂商使用土地所愿意支付的价格取决于土地的边际生产力。由于土地供给无弹性，所以对土地需求成为决定地租的唯一力量。如前所述，土地的边际生产力是递减的，所以，土地的需求曲线是一条由左上方向右下方倾斜的曲线。

3. 地租的决定

向右下方倾斜的土地需求曲线 D_{Nl} 和垂直的土地供给曲线 S_N 交于点 E_1，E_1 就是土地市场的均衡点，它决定的土地均衡价格即均衡地租为对土地需求增加，地租上涨；对土地需求下降，地租下降。因为土地供给量为既定常数，与地租水平的高低无关，因此土地这一生产要素的价格只取决于土地需求曲线，即地租与土地需求同方向变化。一般来说，随着经济的不断发展，人口数量的增加，对土地的需求也不断增加，即土地需求曲线发生位移，因此，地租土地具有上升趋势。

上述分析是以一国的所有土地为对象的，因此，它涵盖被用于一切用途的土地，供给曲线呈垂直状。如果就某一行业分析，则土地的供给可能是有弹性的，供给曲线亦呈一般供给曲线形状，即向右上方倾斜，表明用于某一行业的土地数量由该行业土地的价格——

地租决定。提高地租，土地的供给就会增加，其原因在于较高的地租产生了一种吸引力，使原来用于其他途径的土地向该行业转移。

4. 租金、准租金和经济租金

（1）租金

地租是土地价格，具体些说是土地供给固定时的土地价格。可见，地租的特点与土地固定有关。在现实经济生活中，还有一些资源也像土地一样，其供给也是固定的，如有一定天赋的人。一般把这些固定不变资源的价格称为租金，因此，可以说地租是土地资源的租金，而租金是一般化的地租。

（2）准租金

上述的地租或租金都是指资源供给是固定的，即无论长期或短期都是不变的。但在现实经济生活中，有些生产要素在长期中是可变的，但在短期内是固定的。比如，厂商的生产规模在短期内是固定不变的，即生产要素是固定的。但长期看是可变的，因为厂商可通过投资扩大生产规模。一般把这种长期可变的短期固定的生产要素的价格称为准租金。

准租金只在短时期内存在，而在长时期内，所有的要素都是变化的，其准租金就不存在了。

（3）经济租金

经济租金也叫生产者剩余，它类似于消费者剩余，但消费者剩余只是一种心理感觉，而生产者剩余是生产要素供给者得到的一种额外的实在的收入。经济租金是指生产要素的所有者得到的实际收入高于他们期望得到的收入，超过的这部分收入被称为经济租金。如果从该要素的全部收入中减去经济租金部分，并不会影响要素的供给。

如果要素的供给曲线越陡峭，则经济租金就越大。租金实际上是经济租金的特例。当供给曲线垂直于横轴时，全部要素收入均变为经济租金，也就是前面我们所说的租金。当然，当供给曲线平行于横轴时，经济租金就完全消失。

（四）企业家才能的价格——正常利润

正常利润与经济利润是西方经济学中利润的一般划分，这两种利润的性质和利润都不相同。

1. 正常利润

企业家才能的价格即正常利润，也是企业家才能这种生产要素所得到的收入。它包括在成本之中，其性质与工资类似，也是由企业家才能的需求与供给所决定的。

由于企业家才能的供给很少，而社会上对企业家才能的需求又是很大的。同时，培养企业家才能所耗费的成本也是高的，决定了企业家才能的收入，也就是正常利润是很高的。可以说，正常利润是一种特殊的工资，其特殊性就在于其数额远远高于一般劳动所得到的工资。

2. 经济利润

超过正常利润的那部分利润，称为经济利润，又称为纯粹利润或超额利润。根据经济利润的来源和性质的不同，可以分为：

（1）创新与经济利润

经济学家熊彼特指出，创新是指企业家对生产要素实行新的组合，它包括以下五种情况：

①开辟一个新市场。

②引入一种新产品。

③获得一种原料的新来源。

④采用一种新的生产方法。

⑤采用一种新的企业组织形式。

这五种形式的创新都可以产生经济利润。创新是社会进步的动力，能够提高生产效率，促进经济增长。因此，由创新所获得的经济利润是合理的，是对创新者给予的鼓励和补偿。

（2）垄断与经济利润

由垄断而产生的经济利润，又称为垄断利润。垄断的形式可以分为两种：买方垄断与卖方垄断。买方垄断也称专买，指对某种产品或生产要素购买权的垄断。在这种情况下，垄断者可以压低收购价格，以损害生产者或生产要素供给者的利益而获得经济利润。卖方垄断也称垄断或专卖，指对某种产品出售权的垄断；垄断者可以抬高销售价格以损害消费者的利益而获得经济利润。在市场结构理论中分析的垄断竞争、寡头垄断、完全垄断厂商短期与长期均衡中的经济利润，就是通过垄断地位获得的。

（3）风险与经济利润

由于未来具有不确定性，人们对未来的预测有可能发生错误，风险的存在就是普遍的。风险是从事某项事业时失败的可能性。在生产中，由于供求关系发生难以预料的变动，自然灾害、政治动乱以及其他偶然事件的影响，都存在着风险，而且并不是所有的风险都可以用保险的方法加以弥补。这样，从事具有风险的生产就应该以超额利润的形式得到补偿。

三、社会收入分配

（一）洛伦兹曲线和基尼系数

1907 年，美国统计学家洛伦兹，为了研究国民收入在国民之间的分配问题，提出了著名的洛伦兹曲线[①]。他先将一国人口按收入由低到高排列，然后考虑收入最低的任意百分比人口所得到的收入百分比。将这样的人口累计百分比和收入累计百分比的对应关系描绘在图形上，即得到洛伦兹曲线。

洛伦兹曲线用以比较和分析一个国家在不同时期或者不同国家在同一时期的财富不平等，该曲线作为一个总结收入和财富分配信息的便利的图形方法被广泛应用。

洛伦兹曲线的弯曲程度反映了收入分配的不平等程度。弯曲程度越大，收入分配越不平等；反之亦然。如果所有收入都集中在一人手中，而其余人口均一无所获时，收入分配就达到完全不平等，洛伦兹曲线成为折线 OPL；另外，若任一人口百分比均等于其收入百分比，从而人口累计百分比等于收入累计百分比，则收入分配是完全平等的，洛伦兹曲线成为通过原点的 45°线。

一般来说，一个国家的收入分配，既不是完全不平等，也不是完全平等，而是介于两者之间。相应的洛伦兹曲线，既不是折线 QPL，也不是 45°线 OL，而是像图 4-1 中这样向横轴凸出的弧线 OL，尽管凸出的程度有所不同。

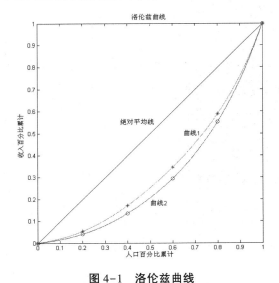

图 4-1 洛伦兹曲线

---

① 田小花. 洛伦兹曲线的原理与应用 [J]. 中国化工贸易，2016，（第 8 期）.

根据洛伦兹曲线计算出的反映收入分配平等程度的指标，就是基尼系数。

1912 年，意大利经济学家基尼提出了基尼系数，定量测定收入分配差异程度①。基尼系数是国际上用来综合考察居民内部收入分配差异状况的一个重要分析指标。

如果我们把洛伦兹曲线与 45°线之间的面积用 A 来表示，把洛伦兹曲线与绝对不平均线之间的面积用 B 来表示，则计算基尼系数的公式为：

$$基尼系数 = \frac{A}{A + B} \tag{4-5}$$

当 $A = 0$ 时，基尼系数等于 0，这时收入绝对平均；当 $B = 0$ 时，基尼系数等于 1，这时收入绝对不平均。实际基尼系数总是大于 0 而小于 1。基尼系数越大，收入分配越不平均；基尼系数越小，收入分配越平均。联合国有关组织规定，基尼系数若低于 0.2 表示收入绝对平均；在 0.2~0.3 表示比较平均；0.3~0.4 表示相对合理；0.4~0.5 表示收入差距较大；0.6 以上表示收入悬殊。同时，国际上通常把 0.4 作为收入分配差距的"警戒线"。

用基尼系数分析居民收入的差异，是一种比较普遍的方法，其特点如下：

第一，基尼系数反映收入分配的差异程度精确、灵敏，可以反映差异程度细微的、连续的变化。

第二，基尼系数在国际上应用广泛，便于在实际工作中加强横向联系比较，学习和借鉴其他国家和地区的经验。

第三，方法本身具有科学性，基尼系数的计算是将社会经济现象数学化，能从整体上反映居民或家庭收入分配的差异程度。

第四，在经济工作中可以作为一个综合经济参数纳入国家的宏观调控之中。

目前，国际上用来分析和反映居民收入分配差距的方法和指标很多。基尼系数由于给出了反映居民之间贫富差异程度的数量界线，可以比较客观、直观地反映和监测居民之间的贫富差距，预报、预警和防止居民之间出现贫富两极分化，因此得到世界各国的广泛认同和普遍采用。

（二）引起收入分配不平等的原因

收入不平等是现实生活中的客观事实，引起收入不平等的原因主要有以下几方面：

1. 收入分配不平等的状况与一个社会的经济发展状况相关

美国经济学家库兹涅茨认为，一个社会收入分配状况变动的规律是，在经济开始发展

---

① 李春仙. 基尼系数 [J]. 现代营销（经营版），2019，（第 9 期）.

时，收入分配不平等随经济发展而加剧，只有发展到一定程度之后，收入分配才会随经济发展而较为平等①。

2. 由要素报酬率的不平等造成

这是由于在现实经济生活中，大致相同的各种生产要素的相对供给最健全的市场体制和要素安全自由流动等条件，很难在现实中得到满足。例如，各种要素之间的相对稀缺性和市场竞争的不完全性会阻止生产要素获得自己边际生产力的价值，导致要素报酬的不平等，从而引起收入分配的不平等。政府的最低工资法和工会的集体谈判可能会使已就业工人的工资高于由完全竞争市场决定的均衡工资；地理上或专业上的固定性，会阻碍生产要素转移到可能获得更高收入的经济部门等。此外，种族、性别或年龄上的歧视也会严重阻碍许多工人得到自己的全部边际价值产品。而经济衰退和失业会使许多劳动者根本无任何收入。

3. 来自劳动力的差异，即能力（智能和体能）的不同，决定了具有不同能力的劳动者的收入差距

一个人赚钱的能力要由身高、体重、力量这类体力因素和记忆力、数学与逻辑思维能力、语言能力等智力因素决定。此外，特殊行业和危险部门具有较高的报酬率，甚至运气也有收益。例如，劳动者找到一项适合的能够充分发挥能力的工作，这些因素也是造成收入不平等的原因。

4. 由历史原因所决定的初始财产分配状态的不平等

财产的集中，一般是通过以往的高收入的积蓄、持有普通股票或不动产取得的投机收入、大量的天然资源的发现、新产品和新工艺的发明等来实现的。由于财产的拥有具有无限性和可继承性，因而使得财产的拥有量成为决定收入不平等的重要因素。例如，家庭越富裕，越倾向于多储蓄和多留遗产，这样可以把家庭的财产传给下几代。

第二节　市场理论

一、市场概述

什么是市场呢？举例来说：菜市场就是进行蔬菜等农产品交易的场所；旧货市场，就

---

① 李翀. 西蒙·库兹涅茨的经济思想研究 [M]. 广州：中山大学出版社，1996.

是从事二手商品交易的场所。简单来讲，市场就是商品交易的场所。伴随着现代通信技术的不断发展，市场的定义又有了新的变化。例如，B2B（Business to Business）、B2C（Business to Customer）市场等（大家所熟知的淘宝商城属于典型的 B2C 电子市场），这些市场是虚拟的、无形的，并不能准确地定位它们的地理位置。因此，市场可以是实体的，也可以是虚拟的。所以，从本质上来说，市场是商品买卖双方决定其交易价格及交易数量的形式或者制度安排。

从市场决定商品交易价格的用途出发，西方经济学将不同类型的市场按照其在价格决定中的作用来区分为不同的市场结构。由于不同的组织和构成特点，市场结构的不同将会影响企业的行为。在通常情况下，西方经济学中按照竞争和垄断的程度将市场结构分为完全竞争市场、完全垄断市场、垄断竞争市场和寡头垄断市场四种类型。四种不同的市场结构在厂商数目、产品差异程度、厂商对价格的控制程度及厂商进入市场的难易程度等方面有不同的特征。各种市场结构的特征，如表 4-1 所示。

表 4-1　四种市场的特征

市场结构	厂商数目	产品差别程度	对价格的控制程度	进入或退出行业难易程度	生活中行业实例
完全竞争	很多	无差别、同质	没有	完全自由	农产品
垄断竞争	很多	有差别	有一些	比较容易	餐饮
寡头垄断	几个	有差别或无差别	比较大	比较困难	钢铁、汽车
完全垄断	一个	唯一、无可替代	很大	不可能	自来水

厂商的目标是通过制定最优的产量和价格来实现企业利润的最大化，不同的市场结构中，厂商的行为是不同的。将市场划分为四种不同的市场结构是为了研究厂商的行为。在不同的市场结构中，竞争水平或者垄断水平均不同，厂商要实现利润最大化的行为也会不同。

二、完全竞争市场

（一）完全竞争市场的特征

在完全竞争市场结构中，价格是由整个市场的供给和需求决定的，各个厂商是价格的被动接受者，并不能通过增加或者减少自身的产量来影响市场价格。实际上，完全竞争市场是一种没有垄断的市场结构，这种市场结构中竞争不受任何阻碍和干扰。这样的市场结构要求厂商的数目是很多的，并且各个厂商的规模相对较小，同时，各个厂商由于规模限制无法对价格进行控制。

需要注意的是，完全竞争市场上的价格并不是一成不变的，如果大部分厂商都增加了产量，则完全竞争市场上的供给增加，如果需求不变，则根据供求关系，产品价格就会下降。如果大部分厂商都减少了产量，则完全竞争市场上的供给减少；如果需求不变，则根据供求关系，产品价格就会上升。完全竞争市场最重要的特征是厂商进入或者退出没有限制，产品无差别、同质，这两个重要特征保证了没有垄断的存在。具体来说，完全竞争市场通常具备以下四个特征：

1. 自由进出行业

这意味着生产要素能在不同行业之间自由流动，厂商进入、退出某个行业时，不存在障碍。如果新厂商发现这个行业有利可图，它也可以轻易地进入这个行业。同时，如果厂商发现自己在这个行业出现了亏损，它也可以轻易地退出这个行业。

2. 很多的小规模买方和卖方

也就是说，每个买方想购买的产品数量在市场总量中所占的比例也是很微小的，每个卖方可能提供的产品数量在市场总量中所占的比例是很微小的。每一个买方增加（或减少）其需求对于整个市场需求而言也是微乎其微的，市场的价格也不会因此发生变化；每一个卖方增加（或减少）其供给对于整个市场供给而言也是微乎其微的，市场的价格也不会因此发生变化。因此，每一个卖方和买方只能被动地接受市场自发形成的价格，而无法通过自身的行为影响市场价格。在完全竞争市场上，买方和卖方也被称为价格接受者。

3. 产品同质、无差异

厂商所生产出来的产品是完全相同的，不存在品牌、性能、服务等方面的差异，称为产品同质。产品同质意味着不同厂商生产出来的产品对于消费者来说是一样的，不同厂商的产品是可以完全替代的。这就意味着如果厂商提高自身产品的价格，由于产品是同质的，可以完全替代，消费者就会购买其他厂商的产品。产品同质保证了完全竞争市场的价格均一性。

4. 信息是完全的

信息是完全的，意味着在完全竞争市场中，买方和卖方都具有充分的市场信息和关于商品的知识。买方和卖方都可以根据完全的信息做出理性的行为，买方不会产生高于市场价格的购买行为，卖方不会产生低于市场价格的销售行为。

在现实生活中，农产品市场已经相当接近于完全竞争市场的要求。但是，严格意义上的完全竞争市场是不存在的，那只是经济学中的理想情况。虽然完全竞争市场过于理论化，但是它在资源配置方面是最有效率的，同时也是与其他市场结构资源配置效率对比的基础。因此，完全竞争市场是市场结构中很重要的一部分。

（二）完全竞争市场条件下厂商的短期均衡

1. 完全竞争市场上的需求曲线与收益曲线

每个厂商的产量在完全竞争市场上整个行业产量中的比重微乎其微。因此，整个行业和单个厂商所面对的需求曲线是不同的。

对整个行业来说，供给曲线是一条向右上方倾斜的曲线，需求曲线是一条向右下方倾斜的曲线。整个行业的需求曲线为 D，供给曲线为 S，两条曲线相交于点 E，形成均衡价格为 P_0，即完全竞争市场上的均衡价格为 P_0。

对单个厂商来说，作为价格的接受者，无法通过调整供给产量来影响市场价格，因此，单个厂商面对的需求曲线是无限弹性的，是一条平行于横轴的直线。

需要注意的是，完全竞争市场上，厂商需求曲线的位置是由行业均衡价格所决定的。

厂商的总收益（TR）可以表示为产品价格（P）乘以销售量（Q），用公式表示为：

$$TR = P \cdot Q \tag{4-6}$$

可以得到平均收益的公式：

$$AR = TR/Q = (P \cdot Q)/Q = P \tag{4-7}$$

即厂商的平均收益等于产品价格。因为产品的价格是不变的，所以，平均收益一定等于产品价格。因此，平均收益曲线也就是厂商的需求曲线。

边际收益的数学表达式为：

$$MR = \Delta TR/\Delta Q = P \tag{4-8}$$

即厂商的边际收益等于产品价格。边际收益表示厂商每销售一单位产品所带来的收益的增加，因为产品的价格是不变的，所以厂商的边际收益一定等于产品的价格。所以在完全竞争市场上，厂商的平均收益和边际收益都等于产品价格。均收益曲线、边际收益曲线与厂商需求曲线是重合的。

2. 完全竞争市场上的短期均衡

厂商不能调整固定生产要素的投入规模，厂商无法根据需求调整生产规模，即所谓的短期。同时，从整个行业来看，短期内由于不能调整固定生产要素的投入规模，不存在新进入行业的厂商，即整个行业的供给量也无法根据需求来调整。因此，短期内行业的供给和需求可能会不平衡。如果行业需求小于供给，则市场价格低；如果行业需求大于供给，则市场价格会高。

厂商是否有经济利润取决于市场价格和厂商的平均成本的大小关系，不同的大小关系对应着不同的情况。在短期内，厂商可以实现利润最大化，但是这并不意味着厂商一定能够获得经济利润。

3. 完全竞争市场上的短期供给曲线

供给曲线是表示在不同的价格水平下，厂商愿意生产并且能够提供的产品数量变化的曲线，实际上表示的是不同价格水平下，厂商利润最大化时的产量的变化。

（三）完全竞争市场条件下厂商的长期均衡

在长时期内，厂商可以调整所有生产要素的投入规模，可以根据市场上的价格来调整产量，可以选择进入或者退出这个行业。这是其与短时期的不同之处。

完全竞争市场下，厂商在长时期内可以有以下两种调整方式：

第一，进入或者退出某个行业。

第二，根据市场上的价格水平调整所有要素的投入规模，进而调整产量。

从整个行业的角度来说，长期内可能出现的调整主要有：

第一，行业内的供给变动（厂商生产规模变化叠加所致）。

第二，行业内厂商的数量（部分厂商选择进入或者退出所致）。

在长时期内，这些变化会导致市场价格发生变化，进而影响厂商的利润情况。例如，某个行业的供给大于需求，那么市场决定的均衡价格偏低，会使厂商的平均成本高于平均收益，部分厂商会出现亏损。在长时期内，就会使厂商退出这个行业，也会使厂商为了减少损失，缩小生产规模，降低产量。这样整个行业的产量就会减少，供给减少，如果市场总需求不变，导致均衡价格上升。反之，假如某个行业的供给小于需求，那么短期内市场决定的均衡价格偏高，会使厂商的平均成本低于平均收益，厂商获得超额利润。在长时期内，就会吸引潜在的厂商进入这个行业，也会使厂商为了增加利润，扩大生产规模，提高产量。这样整个行业的产量就会增加，从而供给增加，如果市场总需求不变，导致均衡价格下降。

在完全竞争市场上，长期均衡意味着市场价格在一个合适的水平，厂商经济利润为零（不存在超额利润，也不存在亏损），同时也没有厂商进入或者退出该行业。

在长时期内，厂商仍然是按照利润最大化的条件来确定产量，即 $LMC = MR$ 。假设市场上的供给小于需求，市场价格为 dd_1 ，这时厂商根据 $LMC = MR$ 要求，确定 dd_1 曲线与 LMC 曲线交点处的产量，导致平均收益大于平均成本（ $AR_1 > LAC$ ），厂商获得超额利润。这样会导致潜在的厂商进入该行业或者厂商扩大生产规模，从而使供给增加，市场价格从 dd_1 向 dd 方向移动。反之，如果市场上的供给大于需求，市场价格为 dd_2，这时厂商根据 $LMC = MR$ 要求，确定 dd_2 曲线与 LMC 曲线的交点处的产量，导致平均收益小于平均成本（$AR_2 < LAC$），厂商亏损。这样会导致部分厂商退出该行业或者厂商缩小生产规模，从而使供给减少，市场价格从 dd_2 向 dd 方向移动。最终，当市场价格为 dd 时，厂商获得的经济利润为零，既无亏损也无超额利润，厂商不再调整产量，从而达到长期均衡，即在 E 点处达到长期均衡。

综上所述，可以得出，厂商长期均衡的条件为：

$$LMC = MR = LAC = AR \qquad (4-9)$$

三、完全垄断市场

（一）完全垄断市场的特征

完全垄断市场中行业内只有唯一的厂商提供产品，厂商完全控制市场上的产品供给，是与完全竞争市场完全不同的市场结构。完全垄断市场具有以下特征：

1. 完全垄断厂商的产品没有替代品

完全垄断市场中厂商的产品是没有替代品的，其需求交叉弹性系数为零，即不存在潜在的竞争威胁；否则，厂商不可能成为完全垄断市场中的唯一企业。

2. 厂商是市场价格的制定者

完全垄断市场中厂商决定了整个行业的供给，因此厂商是市场价格的制定者，而不是市场价格的接受者。厂商可以通过价格歧视等定价策略，获取更多的利润。

3. 厂商就是行业

完全垄断市场中只存在一个厂商，厂商的供给就是整个行业的供给，厂商的需求也是整个行业的需求，所以厂商和行业是一致的，厂商就是行业。

4. 存在进入障碍

完全垄断市场中，生产要素难以自由流动，其他任何厂商进入该行业都极为困难或者不可能。

可以看出，完全竞争市场是极度自由的市场，生产要素可以自由流动。而完全垄断市场是没有竞争的，生产要素不可以自由流动。完全垄断市场的特征与完全竞争市场的特征是截然对立的。

通常情况下，形成完全垄断的原因可以理解为行业进入存在很大的障碍，潜在的竞争者无法进入该行业。具体来说，形成垄断的原因可以归结为以下几种：

①自然垄断。有些行业，自然因素等原因，需要大量的固定资产投入才能取得生产上的规模经济，以至于整个行业只有由一个厂商来生产时才有可能达到这样的生产规模，并且在产能上也可以满足整个行业的需求，这样就形成自然垄断，如铁路运输及自来水等。

②政府的特许。政府有时候会以颁发执照的方式限制进入某一行业的企业数量，这种由政府特许而形成的垄断称为行政垄断。如果某厂商获得政府颁发的执照，可以排他性地生产某种产品，从而就形成了对行业的垄断。通常情况下，这些行业是与公共福利或者政府财政收入密切相关的，如邮政等。

③对生产资源的控制。如果厂商控制了生产产品所必需的某种关键性资源，使潜在的进入者就无法获取相关资源来生产产品，该厂商就成为行业的垄断者。

④对专利权的控制。专利权保护禁止其他厂商在未经专利持有者允许时，使用某种专利进行生产，是政府和法律允许的一种垄断形式。因此，如果厂商拥有生产某种产品的专利权，可以成为某种产品的垄断者。需要注意的是，此种情况下，垄断是短暂性的，因为专利权是有法律时效的。专利保护期过后，潜在的进入者就可以进入该行业。

完全垄断市场主要存在于公共事业相关的产业中，在现实生活中的例子也较少，主要是各国政府为了防止厂商获取暴利，操控市场价格，都进行了相关的管制。同时，由于科学技术的发展，完全不可替代性的产品几乎不可能存在。

（二）完全垄断市场条件下厂商的短期均衡

1. 完全垄断市场上的需求曲线与收益曲线

完全垄断市场上的厂商需求曲线和行业需求曲线是相同的，都是一条向右下方倾斜的需求曲线。因为在完全垄断市场中，由于只存在一个厂商，厂商即是行业，行业的产品需求就是厂商的产品需求。这就意味着，厂商可以通过控制产量来达到控制产品市场价格的目的，厂商可以通过提高产品产量来降低产品的市场价格，也可以通过减少产品产量的方法来提高产品的市场价格。

下面我们来看垄断厂商的收益。垄断厂商的总收益（TR）可以表示为产品价格（P）乘以产品销量（Q），用公式表示为 $TR = P \cdot Q$。根据在前面项目中学习过的平均收益（AR）及边际收益（MR）的定义，可以推导出相应的计算公式：

$$AR = TR/Q = (P \cdot Q)/Q = P \qquad (4-10)$$

即垄断厂商的平均收益等于产品价格。因为产品的价格是不变的，所以，平均收益一定等于产品价格。需要注意的是，$AR = P$ 在完全竞争市场下也是成立的。实际上，只要市场价格不变，$AR = P$，在任何市场结构下都成立。因此，平均收益曲线也就是垄断厂商的需求曲线。完全垄断市场中垄断厂商的平均收益曲线是一条向右下方倾斜的曲线，这是它与完全竞争市场的不同之处。

因为边际收益 $MR = \Delta TR / \Delta Q$，在完全竞争市场中，因为产品的价格是不变的，所以厂商的边际收益一定等于产品的价格，即平均收益等于边际收益。但是，在完全垄断的市场结构中，厂商的需求曲线是向右下方倾斜的。当产品销量增加的时候，产品的价格会下降，因此，增加销售一单位产品带来的收益会不断减少，即边际收益是减少的。这样，边际收益就不等于平均收益，边际收益是小于平均收益的。

2. 完全垄断市场上的短期均衡

在短期内，厂商只能改变可变生产要素的投入量，而无法调整某些固定生产要素（如厂房和生产设备等）的投入量，因此，厂商的产量调整受到限制。虽然在完全垄断市场中，厂商即行业，厂商可以通过控制产品产量来控制产品市场价格，但是，厂商的产量决策是受到产品需求的限制，依然会遵照利润最大化的原则（即边际收益等于边际成本）。

3. 完全垄断市场上的供给曲线

在完全竞争市场结构下，从厂商的短期边际成本曲线可以推导出完全竞争厂商的短期供给曲线，并进一步得到行业的短期供给曲线。从供给曲线的定义来看，供给曲线表示的是产量和价格之间的一一对应关系，表示在每一个价格水平下厂商愿意而且能够提供的产品数量。在完全竞争市场条件下，每一个厂商都无法控制市场价格，都是在每一个既定的市场价格水平，根据 $SMC = MR = P$ 的均衡条件来确定唯一的能够带来利润最大化的产量。这种价格和产量之间一一对应的关系，是构建完全竞争厂商和行业的短期供给曲线的基础。

在完全垄断的市场结构下，厂商即行业，行业的需求也是厂商的需求；厂商可以通过产量来影响市场价格，与完全竞争下的情况截然不同。因此，在完全垄断市场条件下并不存在具有规律性的厂商的供给曲线。垄断厂商实际上是通过对产量的调整，继而影响产品价格，最终来实现 $MR = SMC$ 的原则的。随着厂商所面临的向右下方倾斜的需求曲线的位置移动，厂商的价格和产量之间不再必然存在如同完全竞争条件下的那种一一对应的关系，而是有可能出现一个价格水平对应几个不同的产量水平，或一个产量水平对应几个不同的价格水平的情形。

（三）完全垄断市场条件下厂商的长期均衡

与完全竞争厂商不同，如果垄断厂商在短期内获得超额利润，那么，它的超额利润在长时期内也不会因为新厂商的加入而消失。在长时期内，厂商可以调整所有生产要素的投入量，从而实现利润最大化。完全垄断市场中排除了其他厂商加入的可能性，因此，垄断厂商在长时期内是可以保持超额利润的。

如果垄断厂商在短期内只能获得正常利润或存在亏损，在长时期内，厂商则可以通过调整生产规模来获得超额利润或者消除亏损。

垄断厂商长期均衡时，由 $LMC = MR$ 来确定产量，因此，完全垄断市场中，厂商的长期均衡条件为：

$$LMC = MR = SMC \qquad\qquad (4-11)$$

需要注意的是，在完全垄断市场结构中，垄断厂商达到均衡时的产量也就是行业的产品供给量。因为完全垄断市场结构中的厂商即行业，垄断厂商所面临的需求曲线就是行业的需求曲线。

（四）垄断企业的定价策略

在完全垄断的市场中，厂商即行业，厂商是市场中唯一的产品提供者，可以控制价格。在完全竞争市场中，厂商是价格的接受者，无法影响市场价格，只能按照边际成本等于价格（边际收益）的原则进行生产。下面我们介绍垄断厂商的两种不同的定价策略。

1. 统一定价

统一定价是指垄断企业对卖给不同消费者的相同产品制定相同的价格，或称为单一定价。

在完全垄断市场中，垄断厂商可以通过控制产量来影响产品价格，由于产品的需求曲线是一条向右下方倾斜的曲线，高价意味着需求较低，而低价意味着需求较高。因此，当厂商采用统一定价法则时，必须考虑的问题是采取高价策略还是低价策略。通常情况下，这和产品的需求弹性存在关系。当某种产品的需求富有弹性的时候，意味着价格的变化对需求影响较大，所以，厂商会采取低价的策略，这也是我们通常所说的"薄利多销"。当某种产品的需求缺乏弹性的时候，意味着价格的变化对需求影响较小，所以，厂商会采取高价的策略。

2. 价格歧视

厂商对销售给不同消费者的相同产品制定不同的价格，称为歧视定价，这也是现实生活中常见的一种定价策略。厂商的这种歧视定价行为也被称为价格歧视。

实行价格歧视是需要条件的：

①消费者需要有不同的偏好，并且这些偏好是可以区分开的，这样消费者才能对相同的产品有不同的支付意愿，厂商才能对消费者购买的相同产品收取不同的价格。

②市场的分离性。不同的消费者群体或不同的销售市场是相互隔离的。这样就排除了中间商由低价处买进商品，转手又在高价处出售商品而从中获利的情况。

因此，并不是任何厂商都可以实施价格歧视的，完全竞争市场中就不存在价格歧视。

为了便于分析，通常把价格歧视分为三种类型，分别为：一级价格歧视、二级价格歧视和三级价格歧视。

厂商实施价格歧视是为了赚取更多的利润，但是出于实际原因，一级价格歧视比较罕见，常见的是二级价格歧视和三级价格歧视。

四、垄断竞争市场

在现实生活中，完全竞争市场结构和完全垄断市场结构是两种比较极端的市场组织形式，较为少见。农产品市场接近完全竞争市场，自来水市场则接近完全垄断市场。绝大部分情况下，是既存在竞争又存在垄断的市场结构。下面我们来分析垄断竞争市场下厂商的均衡。

（一）垄断竞争市场的特征

垄断竞争市场是垄断与竞争相结合的市场，是一种既有垄断又有竞争的市场。但是又不同于完全竞争和完全垄断的市场结构，与完全竞争市场相同的是，有大量的厂商生产产品；与完全竞争市场不同的是，厂商生产的产品是有差异的，这就意味着在消费者看来厂商生产的产品是不能够完全替代的，也意味着厂商生产的有差异的产品具有一定的垄断力量。垄断竞争的市场结构是现实生活中最常见的，这种市场结构普遍存在于零售业当中，比如餐饮、药品等行业。

垄断竞争市场的特征，主要有以下几种：

1. 厂商数目众多

垄断竞争市场下，存在很多的生产同类产品的厂商，每个厂商的产品都是其他厂商产品的替代品。而每个厂商都认为自己的影响很小，不会引起竞争对手的注意和反应，因而自己也不会受到竞争对手任何报复措施的影响。

2. 产品存在差异

产品差别不仅指同种产品在质量、外观、销售服务条件等方面的差别，还包括品牌、广告方面的差别。垄断竞争市场下，厂商生产的是存在差异的同一类产品，不同厂商生产出来的产品是非常接近的替代品，产品之间存在着很大的替代性。与完全竞争市场下，厂商生产完全同质的产品不同，在垄断竞争市场下，存在差异的产品使得厂商既存在垄断性又存在竞争性。一方面，厂商生产的都是同类产品，虽然有差别，但是不同产品之间存在替代性，每种产品都会遇到大量的其他厂商的相似产品的竞争，因此，市场中也有竞争的因素。这样，便构成了垄断因素和竞争因素同时存在的垄断竞争市场的特征。

3. 厂商进入或退出行业比较容易

垄断竞争市场中，由于厂商数目众多，个别厂商进入或者退出该行业不会产生太大的影响。同时，由于厂商的规模不是很大，不需要大量的生产要素的投入，因此进入或者退出该行业都比较容易。

总之，由于厂商生产的是有差别的同类产品，使垄断竞争市场中既存在竞争又存在垄断，是介于完全竞争市场和完全垄断市场之间的一种市场结构。下面我们来分析垄断竞争市场中的厂商均衡。

（二）垄断竞争市场条件下厂商的短期均衡

1. 垄断竞争市场中厂商的需求曲线与收益曲线

在垄断竞争市场中，垄断竞争厂商可以通过改变自己生产的有差别的产品的数量来影响产品的价格，所以，厂商可以在一定程度上控制自己产品的价格。如同垄断厂商一样，竞争厂商所面临的需求曲线也是向右下方倾斜的。但是，与完全垄断市场有所不同的是，垄断竞争市场中，由于各厂商生产的产品是有差异的同类产品，有一定的替代性，使得垄断竞争厂商的需求曲线具有较大的价格弹性。因此，垄断竞争厂商向右下方倾斜的需求曲线是比较平坦的。

垄断竞争厂商所面临的需求曲线有两种，它们通常被区分为 d 需求曲线（主观需求曲线）和 D 需求曲线（实际需求曲线）。D 需求曲线表示的是在垄断竞争市场中的某个厂商改变产品价格，假设其他厂商的产品价格都发生相同方向的变化（即其他厂商对该厂商的改变价格的行为做出同样的价格反应）时，该厂商的产品价格和销售量之间的关系。d 需求曲线表示的是在垄断竞争市场中的某个厂商改变产品价格，假设其他厂商的产品价格都保持不变时（即其他厂商对该厂商的改变价格的行为不做出价格反应），该厂商的产品价格和销售量之间的关系。

需求曲线 d 和需求曲线 D 的关系可以概括为：

①当垄断竞争市场中的所有厂商都以相同方式改变产品价格时，整个市场价格的变化会使得单个垄断竞争厂商的需求曲线 d 的位置沿着需求曲线 D 发生平行移动。

②需求曲线的价格弹性不同，需求曲线 d 的弹性大于需求曲线 D 的，即前者较之于后者更平坦一些。

③需求曲线 d 表示单个垄断竞争厂商单独改变价格时所预期的产品销售量，需求曲线 D 表示每个垄断竞争厂商在每一市场价格水平实际所面临的市场需求量。

厂商的边际收益（MR）曲线与完全垄断市场中的情况类似，是处于厂商需求曲线下方，但比需求曲线更加陡峭。

2. 垄断竞争市场中厂商的短期均衡

在垄断竞争的市场结构下，厂商依然要按照利润最大化的原则来确定产量，即必须满足条件 $MR = SMC$。在短期内，厂商无法调整生产规模，只能在现有的生产规模下调整产量。

（三）垄断竞争市场条件下厂商的长期均衡

在长时期内，厂商可以调整生产规模，可以调整所有生产要素的投入数量，也可以选择进入或者退出该行业。因此，当垄断竞争厂商在短期内出现亏损的时候，部分厂商会选择退出该行业，而竞争的结果就是产品的价格不断上升，同时伴随着厂商的亏损不断减少。同样，当垄断竞争厂商在短期内有超额利润的时候，在长时期内会有潜在的厂商进入该行业进行竞争，而竞争的结果就是产品的价格不断下降，同时伴随着厂商的超额利润不断减少。这就是说，在长时期内，垄断竞争市场中，厂商的利润必然为零，这是与完全竞争市场中厂商长期均衡的利润情况相同的。这也就要求，在长时期内，平均收益等于平均成本，即 AR 曲线（厂商的主观需求曲线）与 LAC 曲线相切。

垄断竞争市场中，厂商的长期均衡条件是：

$$MR = LMC$$
$$LAC = AR$$

五、寡头垄断市场

寡头垄断市场是更接近于完全垄断市场的一种市场结构。寡头垄断市场是指少数几个厂商控制整个市场的市场结构，又称为寡头市场。在实际生活中，寡头垄断市场是普遍存在的，许多行业表现出寡头垄断市场的特征，比如汽车、钢铁、石油行业及民用航空运输业等。

（一）寡头垄断市场的特征

除了在程度上有所差别，寡头垄断市场形成的原因与完全垄断市场相似，即由于行业进入障碍而导致的，形成寡头垄断市场的原因主要有：

第一，行业中厂商对生产所需的基本生产资源的供给的控制，比如石油行业。

第二，政府的扶持和支持。

第三，规模经济，这是形成寡头垄断市场的最重要因素。

某些产品的生产必须在厂商具有相当大的生产规模时，才能达到最好的经济效益。同时，由于整个市场的需求量的限制，市场只能允许少数几个厂商的生存和盈利。如果潜在厂商以较大规模进入该行业，会导致激烈的竞争，同时因为产品供给过大，产品价格降低，会导致潜在的厂商无利可图。

由此可见，寡头垄断市场的成因和完全垄断市场的成因是很相似的。

寡头垄断市场的特征，可以归结为如下几点：

1. 产品同质或者异质

在寡头垄断市场中，厂商生产的产品可能是同质的，也可能是有差异的同类产品。比如，在钢铁行业中，厂商生产的都是没有差别的产品。而在汽车行业中，厂商生产的是有差别的同类产品，虽然都是汽车，但是各个厂商的工艺、发动机及安全技术等都不尽相同。

2. 厂商数目很少

在寡头垄断市场中，只存在少数几个厂商。每个厂商在市场中都占据很重要的地位，对其产品价格有一定的影响力。如果只存在两个厂商则称为双头垄断（Duopoly）。

3. 厂商行为不确定

在寡头垄断市场中，厂商数目很少，厂商之间可能存在共同串谋等行为，也可能存在激烈的竞争。因此，在寡头垄断市场中，厂商的行为是不确定的。

4. 厂商行为具有相互依赖性

在完全竞争和垄断竞争市场中，由于厂商数目众多，而且规模较小，单个厂商的行为不会对其他厂商造成很大的影响。在完全垄断市场中，厂商即行业，不存在竞争对手，也不必考虑厂商行为对其他厂商的影响。但是，在寡头垄断市场中，每个厂商都有很重要的地位，每个寡头垄断厂商在决策时都必须考虑其他厂商对其决策的反应。所以，在寡头垄断中，厂商的决策行为具有相互依赖性。这是寡头垄断市场的最重要特征，与完全竞争市场、完全垄断市场及垄断竞争市场都不同。

按照不同的方式可以对寡头垄断市场进行分类。根据产品的差异性，可以分为纯粹寡头垄断和差别寡头垄断两类。在纯粹寡头垄断中，厂商生产的产品没有差别，可以将钢铁、水泥等行业看成是纯粹寡头垄断。在差别寡头垄断中，厂商生产的产品是有差别的，可以将汽车、造船等行业看成是差别寡头垄断。

（二）寡头垄断理论介绍

在寡头垄断市场中，每个厂商的产量在整个行业的总产量中占很大的份额，如果某个厂商的产量或者价格发生变化，都会对其他的厂商乃至整个行业的产量和价格产生很大的影响。所以，寡头垄断市场中，每个寡头垄断厂商在采取某项行动之前，必须推测这一行动对其他厂商的影响及其他厂商对此行动可能做出的反应，然后，在此基础上采取最有利的行动。由于寡头垄断厂商的行为具有相互依赖性以及不确定性，因此，在寡头垄断市场中，寡头垄断厂商的产品价格和产量的决定是一个很复杂的问题。实际上，寡头垄断厂商的利润受到整个行业中所有厂商行动的相互作用的影响。正因为寡头垄断厂商的行为之间存在着这种复杂的关系，使得寡头垄断理论非常复杂。

（三）现代寡头垄断理论：博弈论

博弈论（Game Theory）起源于 20 世纪初，又称对策论，诺依曼和摩根斯坦恩在 1944 年出版的他们合著的《博弈论和经济行为》一书，奠定了博弈论的理论基础。

博弈论思想古已有之，最初主要用于研究象棋、桥牌、赌博中的胜负问题，人们对博弈局势的把握只停留在经验上，没有向理论化发展。我国古代的《孙子兵法》不仅是一部军事著作，而且算是最早的一部博弈论专著。自 20 世纪 80 年代以来，博弈论在经济学中得到了广泛的应用，对寡头垄断理论、信息经济学等方面的发展做出了重要的贡献。博弈论在经济学中扮演着越来越重要的角色。

合作博弈和非合作博弈，是研究决策主体的行为发生直接相互作用时的决策以及这种决策的均衡问题的理论。博弈论中的基本要素主要包括：参与人，博弈论中选择行动以最大化自己（期望）效用的决策主体；战略，参与人选择行动的规则；信息，参与人在博弈中的知识，特别是有关其他参与人的特征和行动的知识；行动，参与人的决策变量；支付，参与人从博弈中获得的收益；均衡，所有参与人的最优战略的组合。

第五章 国民收入核算与收入决定理论

第一节 国民收入核算理论

一、国内生产总值及相关概念

宏观经济学把社会总体的经济活动作为研究对象，它所研究的是经济中的总量。衡量一个社会经济活动的基本尺度是国内生产总值（Gross Domestic Product，GDP），因此阐明国内生产总值及其有关总量衡量的规定及技术的国民收入核算理论是宏观经济学的前提。正如托宾所说，"如果没有国民收入核算和近 40 年来其他方面统计的革新和改进，当前的经验宏观经济学便是不可想象的"。

（一）国内生产总值（GDP）

国内生产总值是指在一定时期内（一个季度或一年），一个国家或地区运用生产要素所生产出的全部最终产品和劳务的市场价值。理解这个定义，要从以下几方面考虑：

1. GDP 是衡量某一既定时期内生产所创造的价值。通常这个时期是一年或者一个季度或者一个月。

2. GDP 衡量的生产价值是在一个国家的地理范围之内。在这个范围内的所有经济主体（包括外国的企业和外国人）生产的产品和劳务的价值都在核算范围内，即所谓的"地域原则"。

3. GDP 是对一国经济活动的全面衡量，包括在该经济中生产并在市场上出售的所有产品和劳务。

4. GDP 包括现期生产的产品和劳务，但是不包括不是现期生产的产品，如现期发生的二手货交易价值就不计入 GDP。

5. GDP 只计算最终产品（Final Products）的价值，而不包括中间产品（Intermediate

Goods），目的是避免对中间产品的重复计算。最终产品是指最后使用者购买的产品和劳务，包括用来生产的资本品和用来消费的消费品。中间产品是指作为生产要素继续投入生产过程中的产品和劳务。

6. GDP 核算的是产品和劳务的市场价值，即通过市场交换实现的产品和劳务价值。现期生产的最终产品和劳务，如果它们没有进入市场，就不计入 GDP，如家务劳动和自给自足的产品。

（二）名义 GDP 和实际 GDP

由于 GDP 是用货币来计算的，因此，一个国家 GDP 的变动由两个因素造成：一是所生产的物品和劳务的数量变动；二是物品和劳务的价格变动。但通常两者会同时变动。为弄清国内生产总值变动究竟是由产量还是由价格变动引起的，就需要区分名义国内生产总值和实际国内生产总值。

考虑到不同时期价格水平的变化，如果每一年的 GDP 都按照当年的价格分别计算，实际上它们之间是没有可比性的。产品和劳务按照当年市场价格测算的 GDP 称为名义 GDP（Nominal GDP）。GDP 核算的目的是计算一个国家一定时期内的经济产出量。如果各个年份的 GDP 不可比，就无法反映真实的经济发展状况。如果每一个年份计算 GDP 时都使用某一年（基年）的价格，则核算出的 GDP 就具备可比性，因为这时 GDP 反映的是不同时期产品和劳务数量的变化。按照基年的价格（称为不变价格）计算的 GDP 称为实际 GDP（Real GDP）。

统计学上，一般将价格的基准年称为基期年或基年，如上例中的 2006 年便属于基年。

由于 GDP 有名义 GDP 和实际 GDP 之分，为了反映两者之间的内在联系，就必须去除价格变动的影响，由此引出 GDP 缩减指数（或 GDP 折算指数），用公式表示为

$$CDP\ 缩减指数 = \frac{名义\ GDP}{实际\ GDP} \times 100$$

GDP 缩减指数是一种反映经济社会各类商品总体价格水平的价格指数，它可以用来衡量一个国家经济在不同时期内所生产的最终产品价格总水平的变化程度。如果计算出了 GDP 缩减指数，就可以将名义 GDP 折算为实际 GDP。

（三）国民收入的其他衡量指标

1. 国民生产总值（GNP）

国民生产总值（Gross National Product）是指一个国家国民拥有的生产要素在一定时

期内所创造的最终产品和劳务的市场价值的总和。GDP 和 GNP 的差别在于它们使用了不同的统计原则，GDP 使用了"地域原则"，而 GNP 使用了"国籍原则"。地域原则是指凡是在本国国土上新创造的产品和劳务都是本国的国民收入，而国籍原则是指凡是本国国民拥有的生产要素创造的产品和劳务都是本国的国民收入。

根据"本国生产要素在本国创造的收入＝GDP－其他国家的生产要素在本国获得的收入＝GNP－本国生产要素在国外获得的收入"，可知 GDP＝GNP－国外要素支付净额。

鉴于一般情况下 GDP 和 GNP 差别不大，在以后的宏观经济分析中不考虑它们的细微差别，并主要使用 GDP 的概念。

2. 国内生产净值（NDP）

国内生产净值（Net Domestic Product）是指国内生产总值扣除折旧之后的国民收入。之所以建立这个指标，主要是考虑折旧并没有成为新的收入，没有成为一个社会新的消费对象，也没有形成新的资本，而只是资本消耗的补偿，因此 NDP 实际上更加能够反映一个国家一定时期内新创造产品和劳务的数量和价值。

3. 国民收入（NI）

国民收入（National Income）是指一个国家在一定时期内用于生产的各种生产要素得到的全部收入总和，即工资、利息、租金、利润和企业留利的总和。应该注意的是，这里的国民收入是一个狭义的概念，与使用 GDP、GNP 等多种指标表示的广义国民收入概念不同。

4. 个人收入（PI）

个人收入（Personal Income）是指居民个人从各种来源得到的收入总和，是国民收入分配给个人的部分，即国民收入中扣除企业留利和企业直接税（如企业所得税、社会保险税）后的剩余部分。

5. 个人可支配收入（DPI）

个人可支配收入（Disposable Personal Income）是指居民个人实际使用的全部收入，它等于个人收入中进行各项社会性扣除之后（如个人所得税、养老保险等）的剩余部分，加上居民收入从政府得到的转移支付，即人们可用来消费或储蓄的收入。

二、国民收入的核算方法

我们可以从三个不同角度或者以三种不同的方式来计算国内生产总值：

第一，从生产的角度出发。我们可以把一个国家在一定时期内所生产的所有产品和劳务的价值总和减去生产过程中所使用的中间产品的价值总和，获得 GDP 指标。用这种方法统计出来的价值总和反映的是一个国家在这一时期所有新创造的价值，这种方法被称为生产法（或增值法）。

第二，从支出的角度出发。因为所有这些产品和劳务都是提供给市场的，市场上的需求者（家庭、企业、政府和国外购买者）购买这些产品和劳务时就会有支出。因此我们可以从总支出的角度测算国内生产总值，这种方法被称为支出法。

第三，从收入的角度出发。因为所有产品都是通过货币计量的，并构成各生产单位所雇用的各种生产要素所有者的收入。因此我们可以从生产要素收入的角度对 GDP 进行计量，这种方法被称为收入法。

下面就从这三个角度分别来讨论 GDP 的核算问题。

（一）生产法

生产法核算的国民收入就是一个国家在给定的时期内所生产的最终产品和劳务的市场价值总和减去生产过程中所使用的中间产品的价值总和，实质上是把各生产阶段上所增加的价值相加来求得国民收入。

（二）支出法

下面再从一个国家在一定时期内对最终产品和劳务的需求（支出）角度来测算 GDP 的数值，从支出角度核算 GDP，就是将该国在某一时期内的个人消费（家庭消费）、企业投资、政府购买和净出口四方面的支出额加总。具体分述如下：

1. 个人消费（用字母 C 表示）包括购买耐用消费品（如轿车、洗衣机、电冰箱等）、非耐用消费品（如食物、衣服等）和劳务（如医疗保健、美容美发、旅游等）的支出。建造住宅的支出不包括在内，尽管它类似耐用消费品的支出，但一般将其包括在固定资产投资中。

2. 企业投资（用字母 I 表示）是增加或替换资本资产（包括厂房、住宅建筑、购买机器设备以及存货）的支出。投资可分为固定资产投资和存货投资两大类。其中固定资产投资是用来增加新厂房、新设备、营业用建筑物即非住宅建筑物以及住宅建筑物的支出，也可将其划分为商业固定资产投资和住宅投资两类。存货投资是指企业持有的存货价值的增加（或减少）。

投资是指在一定时期内增加到资本存量中的新的资本流量，而资本存量则是指经济社会在某一时点上的资本总量。若 2020 年某国投资是 800 亿美元，该国 2020 年末资本存量可能是 9000 亿美元。由于机器设备、厂房等会不断磨损，这 9000 亿美元资本存量中也许每年都要消耗 300 亿美元，因此这 800 亿美元投资中就有 300 亿美元是用来补偿旧资本的消耗，新增加的投资实际上有 500 亿美元，这 500 亿美元就被称为净投资，而另外的 300 亿美元因为是用来重置资本设备的，因此称为重置投资。净投资与重置投资的总和为总投资，用支出法核算 GDP 时的投资指的是总投资。例如，一个炼钢厂若使用 40 年，则每年都要耗费部分价值，40 年后将全部耗费掉。

3. 政府购买（用字母 G 表示）是指各级政府购买商品和劳务的支出，如政府在设立法院、提供国防、建筑公路、开办学校等方面的支出，这些支出都作为最终产品计入国民收入。政府通过这些购买为社会提供服务，由于这些服务不是典型地卖给最终消费者，在计入 GDP 时，不是根据购买政府服务所费成本，而是根据政府提供这些服务所费成本计入。政府购买只是政府支出的一部分，政府支出的另一部分如转移支付、公债利息等都不计入 GDP。

4. 净出口（用字母 NX 表示）是指出口额减去进口额以后的差额。用 X 表示出口，用 M 表示进口，则（X−M）就是净出口。本国购买的有些产品是别的国家生产的，这些产品应从本国总购买中减去；相反，国内有些产品是卖到国外去的，这些出口产品应当加到本国总购买中去，因此只有净出口才应计入总收入，它可能是正值，也可能是负值。

把上述四个项目加总，用支出法核算 GDP 的公式可写成

$$GDP = C + I + G + NX = C + I + G + (X - M)$$

（三）收入法

收入法即通过把参加生产过程的所有生产要素、所有者的收入相加来获得 GDP，也就是从企业生产成本的角度来分析社会在一定时期内生产了多少最终产品的市场价值。但严格来说，产品的市场价值中除了生产要素收入构成的生产成本，还有间接税、折旧、公司未分配利润等内容，因此用收入法核算国内生产总值应当包括以下一些项目：

1. 工资、利息和租金等这些生产要素的报酬。工资包括所有劳动者的酬金、补助和福利费，其中包括工资收入者必须缴纳的所得税及社会保险税（费）。利息在这里是指人们给企业所提供的货币资金在本期的净利息收入，如银行存款利息、企业债券利息等，但政府公债利息及消费信贷利息不包括在内。租金包括个人出租土地、房屋等租赁收入及专利、版权等收入。

2. 非公司企业主收入，如医生、律师、农民和小店铺主的收入。他们使用自己的资金，被自我雇佣，其工资、利息、利润、租金常混在一起作为非公司企业主收入。

3. 公司税前利润，包括公司所得税、社会保险税、股东红利及公司未分配利润等。

4. 企业转移支付及企业间接税。这些虽然不是生产要素创造的收入，但要通过产品价格转嫁给购买者，故也应视为成本。企业转移支付包括对非营利组织的社会慈善捐款和消费者呆账，企业间接税包括货物税或销售税、周转税。

5. 资本折旧。资本折旧是资本的耗费，也不是生产要素收入，但包括在应回收的投资成本中，故也应计入 GDP。

因此，按收入法核算所得的国民总收入=工资+利息+利润+租金+间接税和企业转移支付+折旧。

上述三种方法核算的国内生产总值从理论上说是相等的。但实际核算中常有误差，因而还需要加上统计误差。

三、国民收入的基本公式

在本章前两节分析的基础上，可以得到国民收入构成的基本公式，进而得到对分析宏观经济行为十分重要的一个命题，这就是储蓄–投资恒等式。

（一）两部门经济的收入构成及储蓄–投资恒等式

这里所说的两部门经济是指一个假设的经济社会中只有消费者（家庭）和企业（厂商），因而就不存在企业间接税。为简化分析，暂时先不考虑折旧，因此国内生产总值等于国内生产净值和国民收入，都用 Y 表示。在两部门经济中，没有税收、政府支出及进出口贸易，国民收入的构成有以下两种情况：

1. 从支出的角度分析，由于把企业库存的变动作为存货投资，因此国内生产总值（Y）总等于消费（C）加投资（I），即 $Y=C+I$。

2. 从收入的角度分析，由于把利润看作是最终产品卖价超过工资、利息和租金后的余额，因此国内生产总值就等于总收入。总收入一部分用于消费，其余部分则作为储蓄（S）。于是，从供给的角度来分析，国民收入构成为：国民收入=工资+利息+租金+利润=消费+储蓄，即 $Y=C+S$。由于 $C+I=Y=C+S$，就得到 $I=S$，这就是储蓄–投资恒等式。

必须明确的是，上述储蓄–投资恒等式是根据储蓄和投资的定义得出的。根据定义，国内总支出等于消费加投资，国民总收入等于消费加储蓄。国内总支出又等于总收入。这样才得出储蓄–投资的恒等关系。这种恒等关系就是两部门经济中的总供给（$C+S$）和总需求（$C+I$）的恒等关系。只要遵循这些定义，储蓄和投资一定相等，而不管经济是否处于充分就业、通货膨胀或均衡状态。然而，这一恒等式绝不意味着人们期望的或者说事前计划的储蓄总会等于企业想要有的或者说事前计划的投资。在现实经济生活中，储蓄主要由居民进行，投资主要由企业进行，个人储蓄动机和企业投资动机也不相同，这就会形成计划储蓄和计划投资的不一致，导致总需求和总供给的不均衡，进而引起经济的收缩和扩张。以后分析宏观经济均衡时所述的投资等于储蓄，是指只有当计划投资等于计划储蓄，或者说事前投资等于事前储蓄时，才能形成经济的均衡状态，这和本节所介绍的储蓄-投资恒等不是一回事。本节叙述的储蓄和投资恒等，是从国民收入会计角度来看的，事后的储蓄和投资总是相等的。

还要说明的是，本节所述的储蓄等于投资，是对整个经济而言的，至于某个人、某个企业或某个部门，则完全可以通过借款或贷款使投资大于或小于储蓄。

（二）三部门经济的收入构成及储蓄-投资恒等式

两部门经济加上政府部门就构成了三部门经济。政府的经济活动表现在，一方面有政府收入（主要是向企业和居民征税）；另一方面有政府支出（包括政府对商品和劳务的购买以及政府给居民的转移支付），因此把政府经济活动考虑进去，国民收入的构成将有以下两种情况：

从支出角度分析，国内生产总值（Y）等于消费（C）、投资（I）和政府（G）购买的总和，可用公式表示为：$Y=C+I+G$。按理说，政府给居民的转移支付同样会形成对产品的需求，从而应列入公式，但这一需求已包括在消费和投资中，因为居民得到了转移支付收入，仍然用于消费和投资（主要是消费，因为转移支付主要是政府给居民的救济性收入及津贴），因此此处公式中政府支出仅指政府购买。

从收入角度分析，国内生产总值仍旧是所有生产要素获得的收入总和，即工资、利息、租金和利润的总和。总收入除了用于消费和储蓄，还要向政府纳税。然而，居民一方面要纳税，另一方面又得到政府的转移支付收入，税金扣除了转移支付才是政府的净收入，也就是国民收入中归于政府的部分。假定用 T_0 表示全部税金收入，t_r 表示政府转移支付，T 表示政府净收入，则 $T=T_0-t_r$。因此，从收入方面分析，国民收入的构成将为 $Y=C+S+T$。

按照前面叙述的社会总产出等于总销售（总支出），总产出价值又构成总收入的关系，可以将三部门经济中的国民收入构成的基本公式概括为：$C+I+G=Y=C+S+T$。公式两边消去 C，得 $I+G=S+T$ 或 $I=S+（T-G）$。式中，（$T-G$）可看作政府储蓄，因为 T 是政府净收入，G 是政府购买性支出，二者差额即政府储蓄，这既可以是正值，也可以是负值，因此 $I=S+（T-G）$ 也就表示储蓄（私人储蓄和政府储蓄的总和）和投资的恒等。

（三）四部门经济的收入构成及储蓄–投资恒等式

上述三部门经济加上国外部门就构成了四部门经济。在四部门经济中，由于有了对外贸易，国民收入的构成从支出角度分析就等于消费、投资、政府购买和净出口的总和，用公式表示为：$Y=C+I+G+(X-M)$。

从收入角度分析，国民收入构成的公式可写成：$Y = C + S + T + K_r$，此处 $C+S+T$ 的意义和三部门经济中的意义一样，Kr 则代表本国居民对外国的转移支付。例如，在外国遭受灾害时的救济性捐款，这种转移支付也来自生产要素的收入。因此，四部门经济中国民收入构成的基本公式就是：$C + I + G + (X - M) = Y = C + S + T + K_r$，公式两边消去 C，则得到

$$I + G + (X - M) = S + T + K_r$$

$I + G + (X - M) = S + T + K_r$ 这一等式，也可以看成是四部门经济中的储蓄–投资恒等式，因为这一等式可以转化为：$I = S + (T - G) + (M - X - K_r)$。该式中，$S$ 代表居民私人储蓄，$(T-G)$ 代表政府储蓄，而 $(M - X + K_t)$ 则代表外国对本国的储蓄，因为从本国的立场来看，M（进口）代表其他国家出口的商品，是这些国家获得的收入，X（出口）代表其他国家从本国购买的商品和劳务，是这些国家需要的支出，也代表其他国家从本国得到的收入，由此可见，当 $(M + K_t) > X$ 时，外国对本国的收入大于支出，于是就有了储蓄；反之，则有负储蓄。因此，$I = S + (T - G) + (M - X + K_r)$ 就代表四部门经济中总储蓄（私人、政府和国外）和投资的恒等关系。

第二节　国民收入决定理论

一、简单国民收入决定理论

（一）消费函数分析

1. 消费函数

消费函数反映了消费与决定消费因素之间的依存关系。在现实生活中，影响居民个人或家庭消费的因素很多，如收入水平、商品的价格水平、利率水平、消费偏好、收入分配状况、社会制度、风俗习惯等。在以上诸多因素中，凯恩斯认为收入水平是决定性的因素，因此凯恩斯消费函数认为消费是收入的函数，用公式表示为

$$c = c(y) \tag{5-1}$$

式中，c 表示消费；y 表示收入（可支配收入）。

凯恩斯认为，消费和收入存在一条基本的心理规律：随着收入的增加，消费也会增加，但是消费的增加不及收入增加得多。要具体反映消费与收入之间的关系，需用消费倾向进一步说明。

2. 消费倾向

平均消费倾向（APC）是指消费总量在收入总量中所占的比例，反映平均每单位收入中消费所占的比例，其公式为

$$APC = \frac{c}{y} \tag{5-2}$$

边际消费倾向（MPC）是指消费增量在收入增量中所占的比例，反映每增加一单位收入中用于增加消费的比例，其公式为

$$MPC = \frac{\Delta c}{\Delta y} \tag{5-3}$$

式中，Δc 表示消费增量；Δy 表示收入增量。

若消费增量和收入增量均为极小时，上述公式可写为

$$MPC = \frac{dc}{dy} \tag{5-4}$$

当收入水平较低时，人们为维持基本的生活而支出的消费较高，其平均消费倾向较高，大于 1；当收入水平较高时，其消费支出只占收入水平的一部分，即平均消费倾向小于 1；当收入水平增加时，消费水平也增加，但消费增加量小于收入增加量，即边际消费倾向介于 0 到 1 之间。

一般而言，人们无论在什么情况下都是需要消费的，只是消费水平有高低之分，所以平均消费倾向大于零，即 APC>0。另外，随着收入的增加，人们的消费支出也在增加，但消费支出增加的速度慢于收入增加的速度，即每增加一单位收入中增加的消费支出所占的比例越来越小，这就是凯恩斯著名的"边际消费倾向递减规律"。

3. 消费曲线

由消费函数的边际消费倾向递减规律可知消费曲线是一条向左上凸的曲线。随着收入的增加，消费支出也增加，但其增加的幅度越来越小于收入增加的幅度。消费曲线上任一点切线的斜率即是该点相对应的边际消费倾向，消费曲线上任一点与原点连线的斜率即是该点相对应的平均消费倾向。消费曲线的斜率越来越小，即边际消费倾向递减，同时曲线

上的各点与原点连线的斜率也越来越小，说明平均消费倾向也在递减，但是对消费曲线上的任一点来讲，其边际消费倾向始终小于其平均消费倾向。

若消费与收入存在线性关系，则消费函数可以表示为

$$c = \alpha + \beta y\ (\alpha > 0,\ 1 > \beta > 0) \qquad (5-5)$$

式中，α 表示自发性消费，满足于人的衣食住行的基本生理需求的消费，它不依存于收入；β 表示边际消费倾向，β 和 y 的乘积表示随着收入的变动而变动的消费。

（二）储蓄函数分析

1. 储蓄函数

储蓄是人们收入中未被消费的部分。在现实生活中，影响居民个人或家庭储蓄的因素很多，如收入水平、利率水平、收入分配状况、社会制度、风俗习惯等，但最重要的影响因素还是收入水平。假定储蓄仅受收入的影响，可认为储蓄是收入的函数，其储蓄函数为

$$s = s(y) \qquad (5-6)$$

式中，s 表示储蓄；y 表示收入（可支配收入）。

在其他条件不变的情况下，收入发生变化，会引起储蓄同方向发生变化，但是储蓄与收入并不是按同一比例变化。要具体反映储蓄与收入之间的关系，须用储蓄倾向进一步说明。

2. 储蓄倾向

平均储蓄倾向（APS）是指储蓄总量在收入总量中所占的比例，反映平均每单位收入中储蓄所占的比例，其公式为

$$APS = \frac{s}{y} \qquad (5-7)$$

边际储蓄倾向（MPS）是指储蓄增量在收入增量中所占的比例，反映每增加一单位收入中用于增加储蓄的比例，其公式为

$$MPS = \frac{\Delta s}{\Delta y} \qquad (5-8)$$

式中，Δs 表示消费增量；Δy 表示收入增量。

若储蓄增量和收入增量均为极小时，上述公式可写为

$$MPS = \frac{\mathrm{d}s}{\mathrm{d}y} \qquad (5-9)$$

当收入水平较低时，人们为维持基本的生活需要举债过日或动用以前的储蓄，故此时

的消费支出大于收入水平，其储蓄为负，即平均储蓄倾向小于 0；当收入水平较高时，其储蓄支出只占收入水平的一部分，即平均储蓄倾向大于 0 且小于 1；当收入水平增加时，储蓄也增加，但储蓄增加量小于收入增加量，即边际储蓄倾向介于 0 到 1 之间。

3. 储蓄曲线

随着收入的增加，储蓄支出也增加，但其增加的幅度越来越大于收入增加的幅度。消费曲线上任一点切线的斜率即是该点相对应的边际储蓄倾向，消费曲线上任一点与原点连线的斜率即是该点相对应的平均储蓄倾向。随着收入的增加，储蓄也增加，并且储蓄增加的幅度越来越大，即边际储蓄倾向递增，同时曲线上的各点与原点连线的斜率也越来越大，说明平均储蓄倾向也递增，但是对储蓄曲线上的任一点来讲，其边际储蓄倾向始终大于其平均储蓄倾向。

若储蓄与收入存在线性关系，由于 $s = y - c$，且 $c = \alpha + \beta y$，因此

$$s = y - c = -\alpha + (1 - \beta)y \qquad (5\text{-}10)$$

公式（5-10）即是线性储蓄函数的方程式。

（三）简单国民收入的决定

国民收入的决定讨论的是经济社会的生产或收入水平是怎样决定的。凯恩斯理论涉及产品市场、货币市场、劳动市场和国际市场四个市场。只讨论产品市场上的国民收入如何决定的理论即是简单国民收入决定理论。

1. 简单国民收入决定理论假定

为探讨简单国民收入是如何决定的，首先需要给出以下假定：

①无论社会需求量为多少，经济社会均能以不变价格提供相应的供给量。换句话说，假定经济中的价格水平不变。凯恩斯于 1936 年出版的《就业、利息与货币通论》的写作背景正是 1929—1933 年的经济大萧条时期，那时工人大批失业，资源大量闲置。在这种情况下，当社会总需求增加时，只会使闲置的资源得到利用，生产增加，而不会使资源的价格上升，从而产品成本和价格大体上保持不变，故此假定只适用于短期分析，即分析的是较短期内收入和就业是如何决定的。在短期内，价格不易变动，或者说具有黏性，当社会需求变动时，企业首先考虑的是调整产量，而不是改变价格。这就是说，社会总需求变动时，只会引起产量和收入的变动，使供求相等，而不会引起价格变动，这在西方经济学中有时被称为凯恩斯定律。

②假定折旧和公司未分配利润为零。在本章的假定下，均衡产出被定义为与总需求

（总支出）相一致的产出。也就是说，如果经济社会中只存在居民和企业两个部门，在均衡产出下，经济社会的收入正好等于这两部门想要的支出之和，即居民消费（c）和企业投资（i）之和。从而，均衡产出可用公式表示为

$$总产出 = y$$
$$总支出 = c+i$$

均衡产出为

$$y = c + i \tag{5-11}$$

式中，y、c、i 都用小写字母表示，分别代表剔除了价格变动的实际产出或收入、实际消费和实际投资，而不是上一章里用大写字母表示的名义产出、消费和投资。还要指出的是，公式（5-11）中的 c 和 i，代表的是居民和企业实际想要有的消费和投资，即意愿消费和投资的数量，而不是国民收入构成公式中实际发生的消费和投资。举例来说，假定企业部门由于错误估计形势，生产了1200亿美元产品，但市场实际需要的只是1000亿美元的产品，于是就有200亿美元产品成为企业的非意愿存货投资或称为非计划存货投资。存货投资是企业掌握的存货价值的变动。存货是处于生产过程中的产品和待出售的成品的存量，包括原材料在制品和企业暂时持有的待售产品。企业要正常持续生产经营，必须保有一定数量的存货。符合生产经营所需要的存货变动是意愿存货投资或计划存货投资，超过生产经营所需要的存货变动就是非意愿或非计划存货投资。这部分存货投资在国民收入核算中是投资支出的一部分，但不是计划投资的部分。因此，在国民收入核算中，实际产出就等于计划支出（或称为计划需求）加上非计划存货投资。但在国民收入决定理论中，均衡产出指与计划需求相一致的产出，因此，在均衡产出水平上，计划支出和计划产出正好相等，故非计划存货投资等于零。

2. 投资等于储蓄

若用 E 代表支出，y 代表收入，则经济均衡的条件是 $E=y$，也可以用 $i=s$ 来表示。这是因为计划支出等于计划消费加投资，即 $E=c+i$，而生产创造的收入等于计划消费加计划储蓄，即 $E=c+s$，因此，$E=y$ 也就是 $c+i=c+s$，等式两边消去 c，得

$$i = s \tag{5-12}$$

需要再次说明的是，这里的投资等于储蓄，是指经济要达到均衡，计划投资必须等于计划储蓄。而国民收入核算中的 $i=s$，则是指实际发生的投资（包括计划和非计划存货投资在内）始终要等于储蓄。前者为均衡的条件，即计划投资不一定等于计划储蓄，只有二者相等时，收入才处于均衡状态；而后者所指的实际投资和实际储蓄是根据定义而得到的实际数字，从而必然相等。

3. 两部门经济中国民收入的决定

前面已经说明均衡收入是指与计划总支出相等的收入，假设社会经济中只存在家庭消费部门和企业生产部门，不考虑政府和国外部门，因此经济中的计划支出由消费（c）和投资（i）构成。在简单国民收入决定理论中，假定计划净投资是一个给定的量，不随利率和国民收入水平而变化。根据这一假定，只要把均衡收入恒等式和消费函数结合起来就可求得均衡收入，故

$$\begin{cases} y = c + i \\ c = \alpha + \beta y \end{cases}$$

解联立方程，就得到均衡收入为

$$y = \frac{\alpha + i}{1 - \beta} \tag{5-13}$$

可见，如果已知消费函数和投资量，就可得均衡国民收入。

由消费函数决定均衡国民收入，还可从使用总支出等于总收入（总供给）的方法决定均衡收入，即用计划投资等于计划储蓄的方法得到均衡国民收入。计划投资等于计划储蓄，即 $i = y - c = s$，而储蓄函数为

$$s = -\alpha + (1 - \beta) y$$

同时将两个式子联立方程，即可解得由储蓄函数决定的均衡国民收入，有

$$\begin{cases} i = s \\ s = -\alpha + (1 - \beta) y \end{cases} \Rightarrow y = \frac{\alpha + i}{1 - \beta}$$

可见，通过储蓄函数求得的均衡国民收入决定模型同依据消费函数求得的均衡国民收入模型完全相同。

以上两种方法，其实是从同一关系中引申出来的，因为储蓄函数本来就是从消费函数中派生出来的，因此无论使用消费函数，还是使用储蓄函数，求得的均衡收入都一样。

4. 三部门经济中国民收入的决定

三部门经济假设社会经济中存在家庭消费部门、企业生产部门和政府部门，不考虑国外部门，因此经济中的计划支出由消费（c）、投资（i）和政府购买（g）构成。这里假定投资和政府购买是一个给定的量。

加入政府主体后，消费函数发生了变化，因为政府对消费者征收税收。税收有两种情况：一种为定量税，即税收量不随收入而变动，用 t_0 来代表；另一种为比例所得税，即随收入增加而增加的税收量。为简化起见，下面先讨论定量税的情况。用 t_r 表示政府转移支付，则消费者可支配收入为（$y - t_0 + t_r$），故此时的消费函数为

$$c = \alpha + \beta(y - t_0 + t_r)$$

在上述条件下，只要把均衡收入恒等式和消费函数结合起来就可求得均衡收入，即

$$\begin{cases} y = c + i + g \\ c = \alpha + \beta(y - t_0 + t_r) \end{cases}$$

解联立方程，就得到均衡收入为

$$y = \frac{\alpha + i + g - \beta t_0 + \beta t_r}{1 - \beta} \tag{5-14}$$

由公式（5-14）可知，当政府购买、投资和消费增加时，均衡国民收入增加；反之减少。

现在讨论比例税的情况。在比例税情况下，税收不再是一个常数，而是一个随收入变化而变化的量，假定边际税率不变，用 t 表示，则此时的可支配收入为（$y - ty + t$），故此时的消费函数为

$$c = \alpha + \beta(y - ty + t_r)$$

在上述条件下，只要把均衡收入恒等式和消费函数结合起来就可求得均衡收入，即

$$\begin{cases} y = c + i + g \\ c = \alpha + \beta(y - ty + t_r) \end{cases}$$

解联立方程，就得到均衡收入为

$$y = \frac{\alpha + i + g + \beta t_r}{1 - \beta(1 - t)} \tag{5-15}$$

可见，比例税情况下的三部门国民收入比定量税情况下的国民收入小。因为分母从定量税下的 $1 - \beta$ 变成了比例税下的 $1 - \beta(1 - t)$，分母变大了，均衡收入 y 自然就小了。

5. 四部门经济中国民收入的决定

四部门经济假设社会经济中存在消费者（家庭）部门、企业（厂商）部门、政府部门和国外部门，因此经济中的计划支出由消费（c）、投资（i）、政府购买（g）和净出口（nx）构成。其中，nx 为出口与进口之差额，即 nx = $x - m$，它现在成了计划支出（总需求）的一部分，其中出口表示本国商品在外国的销售，代表国外对本国商品的需求。在需求中为什么要引入进口这一因素呢？这是因为 c+i+g 虽然代表了家庭、企业和政府的全部支出，但并不意味着这些支出一定会全部花费在本国生产的商品上。企业可能会购买外国设备，政府可能购买外国武器，家庭可能购买外国的消费品，因此应当从国内总支出（c+i+g）中扣除进口部分的支出，才是真正代表对本国产品的总支出或总需求，故 c+i+g+x-m 才成为对本国产品的真正需求。显然，进出口变动也会同其他变量（如消费、投资、政

府购买、税收、储蓄等）一样，影响国民收入。可见，这里有两个概念要加以区分：一是本国对产品的需求（包括对本国产品的需求和对外国产品的需求，即进口需求），二是对本国产品的需求（包括本国对本国产品的需求和外国对本国产品的需求，即出口需求）。

在净出口 nx 中，当国民收入水平提高时，一般可假定 nx 会减少，而国民收入水平下降时，nx 会增加。这是因为在 $nx=x-m$ 中，出口 x 是由外国的购买力和购买需求决定的，本国难以左右，因而一般假定这是一个外生变量；反之，进口却会随本国收入提高而增加，因为本国收入提高后，人们对进口消费品和投资品（如机器设备、仪器等）的需求会增加。影响进出口的因素除了本国收入，还有汇率。当本国货币与外国货币交换比率发生变化时，进口和出口都会受到影响。针对这部分内容，本书暂不讨论，只讨论净出口与收入的关系，因此可以把进口写成收入的一个函数

$$m = m_0 + \gamma y \tag{5-16}$$

式中，m_0 为自发性进口，即和收入没有关系或者说不取决于收入的进口部分，例如，本国不能生产，但又为国计民生所必需的产品，不管收入水平如何，是必须进口的。γ 表示边际进口倾向，即收入增加一单位时进口会增加多少。

在四部门经济中，同样假定投资和政府购买是一个给定的量，为简化起见，这里假定税收为定量税，用 t_r 表示政府转移支付，则消费函数同三部门的消费函数。

在上述条件下，把均衡收入恒等式、消费函数和进口函数结合起来就可求得均衡收入，即

$$\begin{cases} y = c + i + g + x - m \\ c = \alpha + \beta(y - t_0 + t_r) \\ m = m_0 + \gamma y \end{cases}$$

解联立方程，就得到均衡收入为

$$y = \frac{\alpha + i + g - \beta t_0 + \beta t_r + x - m_0}{1 - \beta + \gamma} \tag{5-17}$$

在定量税情况下，两部门和三部门的均衡国民收入公式中的分母均为 $1 - \beta$，但是在四部门经济国民收入公式中，分母变成 $1 - \beta + \gamma$，因为加入了边际进口倾向 γ。由于 $0<\gamma<1$，所以分母较两部门和三部门都变大了，也就是 y 变小了。

（四）乘数理论

由公式（5-17）可知，均衡国民收入受经济的基本消费规模（α）、投资规模（i）、政府购买（g）、税收（t_0）、转移支付（t_r）、出口（x）、边际进口倾向（γ）、边际消

费倾向（β）等因素的影响。因为经济中的基本消费规模和边际消费倾向在短期内比较稳定，因此这里主要讨论其他因素单独变动时对均衡国民收入的影响。这里需要用到乘数，即均衡国民收入变动量与引起这种变动的某一因素变动量的比率。

1. 投资乘数

根据乘数的定义，投资乘数即是均衡国民收入的变动量与引起这种变动的投资支出变动量的比率。用 k_{tr} 表示投资乘数，Δy 表示收入增量，Δi 表示投资增量，则投资乘数的公式为

$$k_i = \frac{\Delta y}{\Delta i} \qquad\qquad (5-18)$$

假定在两部门经济中，投资支出增加 100 亿元，边际消费倾向为 0.8，当 100 亿元被用于购买投资品时，投资品生产部门得到 100 亿元收入，即国民收入第一次增加 100 亿元。由于边际消费倾向为 0.8，那么国民收入第一次增加 100 亿元中的 80 亿元将用于购买消费品，这将使消费品生产部门得到 80 亿元收入，即国民收入第二次增加 80 亿元。同样，国民收入增加的 80 亿元中的 64 亿元将用于消费，这将导致国民收入第三次增加 64 亿元。以此类推，最终国民收入的增加量 Δy 为

$\Delta y = 100+100×0.8+100×0.8^2+100×0.8^3+\cdots$

$= 100×$（$1+0.8+0.8^2+0.8^3+\cdots$）

$= 500$（亿元）

即是说，投资增加 100 亿元，最终导致国民收入增加 500 亿元，即投资乘数为 5。

边际消费倾向为 β，则国民收入增量与投资支出增量用边际消费倾向表示的倍数关系为

$$\Delta y = \Delta i + \Delta i × \beta + \Delta i × \beta^2 + \cdots = \Delta i × (1 + \beta + \beta^2 + \beta^3 + \cdots) = \Delta i × \frac{1}{1-\beta}$$

可见，在两部门经济中，投资乘数为

$$k_i = \frac{\Delta y}{\Delta i} = \frac{1}{1-\beta} \qquad\qquad (5-19)$$

对于投资乘数与边际消费倾向的关系，可从另一角度进行推导。以两部门经济为例，根据前面简单均衡国民收入模型可知，在两部门经济中，均衡国民收入决定公式为

$$y = \frac{\alpha + i}{1 - \beta}$$

假定除投资/之外，影响均衡国民收入的其他因素不变，当投资从 i_1 增加到 i_2 时，均衡国民收入分别为

$$y_1 = \frac{\alpha + i_1}{1 - \beta} , y_2 = \frac{\alpha + i_2}{1 - \beta}$$

均衡国民收入增加量 Δy 为

$$\Delta y = y_2 - y_1 = \frac{\alpha + i_2}{1 - \beta} - \frac{\alpha + i_1}{1 - \beta} = \frac{i_2 - i_1}{1 - \beta} = \frac{\Delta i}{1 - \beta}$$

所以

$$\frac{\Delta y}{\Delta i} = \frac{1}{1 - \beta}$$

因此，在两部门经济中，投资乘数为 $\frac{1}{1 - \beta}$。

由于 MPS = 1 - MPC，故

$$k_i = \frac{1}{1 - MPC} = \frac{1}{MPS} \tag{5-20}$$

因此可见，乘数大小和边际消费倾向有关，边际消费倾向越大，或边际储蓄倾向越小，则投资乘数就越大。

以上是从投资增加的方面说明乘数效应的。实际上，投资减少也会引起收入若干倍减少，乘数效应的发挥具有两面性。

2. 政府购买支出乘数

西方学者认为，加入政府部门以后，不仅投资支出变动有乘数效应，政府购买、税收和政府转移支付的变动同样有乘数效应，因为政府购买性支出、税收、转移支付都会影响消费。

政府购买支出乘数是指均衡国民收入的变动量与引起这种变动的政府购买支出变动量的比率。用 k_g 表示政府购买支出乘数，Δg 表示政府购买支出变动量，Δy 表示均衡国民收入变动量，则

$$k_g = \frac{\Delta y}{\Delta g} \tag{5-21}$$

在只有定量税的情况下，三部门经济中的均衡收入为

$$y = \frac{\alpha + i + g - \beta t_0 + \beta t_r}{1 - \beta}$$

假定除政府购买支出 g 之外，影响均衡国民收入的其他因素不变，当政府购买支出从 g_1 增加到 g_2 时，均衡国民收入分别为

$$y_1 = \frac{\alpha + i + g_1 - \beta t_0 + \beta t_r}{1 - \beta} , y_2 = \frac{\alpha + i + g_2 - \beta t_0 + \beta t_r}{1 - \beta}$$

均衡国民收入增加量 Δy 为

$$\Delta y = y_2 - y_1 = \frac{g_2 - g_1}{1 - \beta} = \frac{\Delta g}{1 - \beta}$$

所以

$$\frac{\Delta y}{\Delta g} = k_g = \frac{1}{1 - \beta} \tag{5-22}$$

由此可见，政府购买支出乘数和投资乘数相等。由于投资 i 和政府购买支出 g 都是从总支出（总需求）角度去分析国民收入决定的，因此这两个乘数也称为支出乘数。

例如，若边际消费倾向 $\beta = 0.6$，则 $k_g = 2.5$，因此若政府购买支出增加 200 亿元，则均衡国民收入增加 500 亿元；若政府购买支出减少 200 亿元，则均衡国民收入减少 500 亿元。

同理，可以推导出四部门经济中在只征收定量税的情况下，政府购买支出乘数为

$$k_g = \frac{1}{1 - \beta + \gamma} \tag{5-23}$$

3. 税收乘数

税收乘数是指均衡国民收入的变动量与引起这种变动的税收变动量的比率。税收有定量税和比例税两种，这里仅对定量税进行说明，用 k_t 表示税收乘数，Δt 表示税收变动量，Δy 表示均衡国民收入变动量，则

$$k_t = \frac{\Delta y}{\Delta t} \tag{5-24}$$

在三部门经济只有定量税的情况下，假定除税收 t 之外，影响均衡国民收入的其他因素不变，当税收 t_1 力增加到 t_2 时，均衡国民收入分别为

$$y_1 = \frac{\alpha + i + g - \beta t_1 + \beta t_r}{1 - \beta}, \quad y_2 = \frac{\alpha + i + g - \beta t_2 + \beta t_r}{1 - \beta}$$

均衡国民收入增加量 Δy 为

$$\Delta y = y_2 - y_1 = \frac{-\beta t_2 + \beta t_1}{1 - \beta} = \frac{-\beta \Delta t}{1 - \beta}$$

所以

$$\frac{\Delta y}{\Delta t} = k_t = \frac{-\beta}{1 - \beta} \tag{5-25}$$

由此可见，税收乘数为负值，表明收入变动与税收变动呈反方向变动关系，即收入随税收增加而减少，随税收减少而增加。

同理，可以推导出四部门经济中在只征收定量税的情况下，税收乘数为

$$k_t = \frac{-\beta}{1 - \beta + \gamma} \quad\quad (5-26)$$

4. 政府转移支付乘数

政府转移支付的增加，会增加居民的可支配收入，进而增加社会消费，从而增加国民收入，所以政府转移支付也具有乘数效应。

政府转移支付乘数是指均衡国民收入的变动量与引起这种变动的政府转移支付变动量的比率。用 k_{tr} 表示政府转移支付乘数，Δt_r 表示政府转移支付变动量，Δy 表示均衡国民收入变动量，则

$$k_{t_r} = \frac{\Delta y}{\Delta t_r} \quad\quad (5-27)$$

在三部门经济只有定量税的情况下，转移支付乘数按照税收乘数的推导思路，可以得出其公式为

$$k_{t_r} = \frac{\beta}{1 - \beta} \qu\quad (5-28)$$

由此可见，政府转移支付乘数等于边际消费倾向与 1 减去边际消费倾向之比，或边际消费倾向与边际储蓄倾向之比，其绝对值和税收乘数相同，但符号相反。

比较以上政府购买支出乘数、税收乘数和转移支付乘数的绝对值，可以看到，$|k_g| > |k_t|$，$|k_g| > |k_{tr}|$。因为政府购买支出增加 1 元，一开始就会使总支出即总需求增加 1 元，但是，税收减少 1 元，只会使可支配收入增加 1 元，这 1 元中只有一部分用于增加消费，另一部分是用来增加储蓄的。

5. 平衡预算乘数

平衡预算乘数是指政府支出和政府收入同时以相等数量增加或减少时，国民收入变动量与政府收支变动量的比率。由上述例子可知，当政府支出增加 200 亿元时，国民收入增加 500 亿元；当税收增加 200 亿元时，国民收入减少 300 亿元，因此当政府购买和税收同时增加 200 亿元时，从政府预算来看是平衡的，但国民收入增加了 200 亿元，即收入增加了一个与政府支出和税收变动相等的数量。此处仅以三部门经济中只有定量税的情况为例，用 Δy 表示政府支出和税收各增加同一数量时国民收入的变动量，则

$$\Delta y = k_g \Delta g + k_t \Delta t = \frac{1}{1-\beta}\Delta g + \frac{-\beta}{1-\beta}\Delta t$$

由于假定 $\Delta g = \Delta t_0$，因此

$$\Delta y = \frac{1}{1-\beta}\Delta g + \frac{-\beta}{1-\beta}\Delta g = \frac{1-\beta}{1-\beta}\Delta g = \Delta g$$

或

$$\Delta y = \frac{1}{1-\beta}\Delta t + \frac{-\beta}{1-\beta}\Delta t = \frac{1-\beta}{1-\beta}\Delta t = \Delta t$$

可见

$$\frac{\Delta y}{\Delta g} = \frac{\Delta y}{\Delta t} = \frac{1-\beta}{1-\beta} = 1 = k_b \qquad (5-29)$$

式中，k_b 为平衡预算乘数，其值为 1。

二、IS-LM 模型

上文探讨了产品市场的均衡，但是市场经济并不只有产品市场，还有货币市场，这两个市场是相互影响、相互依存的。假定社会经济中的总产出增加，那么居民消费和企业投资将会增加，使居民和企业购买这些最终产品所需要的货币需求将会增加，在货币供给保持不变的情况下，货币的价格将会上升，即利率上升，那么投资将会下降，致使国民收入下降。由此可见，收入通过货币需求影响利率，而利率通过投资影响收入。那么，如何解决这一矛盾？英国学者希克斯根据凯恩斯的《就业、利息与货币通论》建立了产品市场与货币市场的一般均衡原则，即 IS-LM 模型。

（一）产品市场的均衡：IS 曲线

在简单国民收入决定理论中，投资作为一个外生变量（一个常数）参与国民收入的决定。但在现实中，投资会受到许多因素的影响而发生改变，并不是外生变量，因此要研究国民收入如何决定的，首先要研究投资是如何决定的。

1. 投资的决定

现实中的投资，如购买债券、股票等行为只是资产权的转移，并不是经济学上所讲的投资。经济学上的投资是指资本的形成，即社会实际资本的增加，包括厂房、设备、存货的增加以及新住宅的建筑等。

凯恩斯认为，是否要对新增资本进行投资，取决于这些投资的预期利润率与为购买这些资产而必须借进的款项所要求的利率的比较。若是前者大于后者，投资就是值得的；若前者小于后者，投资就不值得。在这里，利率是指实际利率。实际利率大致上等于名义利率减去通货膨胀率。假定某年的名义利率为 7%，通货膨胀率为 3%，则实际利率为 4%。在投资的预期利润率既定的情况下，企业是否进行投资取决于实际利率的高低。实际利率上升时，投资量就会减少；实际利率下降时，投资量就会增加。投资与利率之间这种反方

向的变动关系称为投资函数，可写为

$$i=i（r）\qquad(5-30)$$

或

$$i=e-dr\qquad(5-31)$$

式中，e 为自主投资，即不受利率影响的投资；d 是投资对利率变动的反应程度，表示利率每上升或下降一个百分点，投资会减少或增加的数量，可称为利率对投资需求的影响系数或投资需求对利率变动的敏感系数；dr 为引致投资，即受利率影响的投资。投资函数表明，投资是自主投资和引致投资之和。

2. IS 曲线及其推导

把投资作为利率的函数后，西方学者将其应用到上节讨论过的产品市场均衡条件中，得到 IS 曲线。产品市场均衡是指产品市场上总供给与总需求相等。在两部门经济中，总供给等于总需求是指 $c+s=c+i$，均衡条件是 $s=i$。假定消费函数 $c=\alpha+\beta y$，储蓄函数 $s=y-c=-\alpha+（1-\beta)y$，由均衡条件 $s=i$，可得均衡国民收入公式为

$$y=\frac{\alpha+e-dr}{1-\beta}\qquad(5-32)$$

此式表明产品市场要保持均衡，即投资等于储蓄，则均衡国民收入与利率呈反方向变动关系。

3. IS 曲线的斜率

由前面可知，两部门经济均衡收入的表达式为

$$y=\frac{\alpha+e-dr}{1-\beta}$$

整理可得 IS 曲线的表达式为

$$r=\frac{\alpha+e}{d}-\frac{1-\beta}{d}y\qquad(5-33)$$

式中，$-\dfrac{1-\beta}{d}$ 是 IS 曲线的斜率，为了方便比较 IS 曲线斜率的大小，取斜率的绝对值 $\dfrac{1-\beta}{d}$。显然，IS 曲线的斜率取决于边际消费倾向和利率对投资的影响系数在其他因素不变的情况下，β 越大，IS 曲线的斜率的绝对值越小，IS 曲线越平缓；反之，β 越小，IS 曲线的斜率的绝对值较大，IS 曲线越陡峭。这是因为较大，意味着投资乘数量较大，即投资较小的变动将引起收入较大的变动，因此 IS 曲线较平缓。在其他因素不变时，如果 d 越大，IS 曲线的斜率的绝对值较小，IS 曲线较平缓；反之，d 较小，IS 曲线的斜率的绝对值

较大，IS 曲线越陡峭。这是因为 d 较大，说明投资对利率变动较敏感，即利率较小的变动将引起投资较大的变动，进而引起收入较大的变动，因此 IS 曲线较平缓。

在三部门经济中，由于存在政府购买性支出和税收，消费是个人可支配收入的函数，在只有定量税的情况下，IS 曲线斜率的绝对值为 1 时，在只有比例税的情况下，IS 曲线斜率的绝对值为 $\left| -\dfrac{1-\beta}{d} \right|$，在只有比例税的情况下，消费函数为 $c = \alpha + \beta(1-t)y$，则 IS 曲线斜率的绝对值变为 $\left| -\dfrac{1-\beta(1-t)}{d} \right|$。在 β 和 d 既定的情况下，税率 t 越小，IS 曲线斜率的绝对值就越小，IS 曲线就越平缓；反之，税率 t 越大，IS 曲线斜率的绝对值就越大，IS 曲线就越陡峭。这是因为在 β 和 d 一定时，t 越小，投资乘数 $\dfrac{1}{1-\beta(1-t)}$ 就越大，即投资较小的变动将引起收入较大的变动，故 IS 曲线较平缓。

4. IS 曲线的移动

不论是从公式推导还是从几何推导过程来看，投资、储蓄、政府购买支出、税收的变动都会使 IS 曲线发生变动。

（1）投资变动的影响

投资的变动表现为投资曲线的平行移动，是由自主投资变动引起的。在利率不变的情况下，如果投资需求增加，会使国民收入增加，进而使 IS 曲线向右移动，IS 曲线向右移动的幅度等于投资增量与投资乘数之积；反之，投资需求减少，会使国民收入减少，进而使 IS 曲线向左移动，IS 曲线移动幅度为投资变动量与投资乘数之积，即移动幅度 $\Delta y = k_i \times \Delta i$。

（2）储蓄变动的影响

储蓄和消费是一个问题的两个方面，二者是互补关系。储蓄增加，消费减少；反之，储蓄减少，消费增加。储蓄的变动表现为储蓄曲线的平行移动，是由自发消费 α 变动引起的。在利率不变的情况下，如果储蓄增加，表明消费减少，会使收入减少，IS 曲线向左移动；反之，IS 曲线向右移动。

（3）政府购买支出变动的影响

政府购买支出最终是要转化为消费和投资的。政府购买支出增加，会使消费和投资增加，进而使国民收入增加，IS 曲线向右移动；政府购买支出减少，会使消费和投资减少，进而使国民收入减少，IS 曲线向左移动。IS 曲线移动幅度为政府购买支出乘数与政府购买变动量之积，即移动幅度 $\Delta y = k_g \times \Delta g$。

（4）政府税收变动的影响

政府增加税收，如果增加的是企业的负担，则会使投资减少，进而使国民收入减少，IS 曲线左移；如果增加的是居民个人的负担，则会使消费减少，进而使国民收入减少，IS 曲线左移。反之，若政府减少税收，则会使 IS 曲线右移。IS 曲线移动幅度为政府税收乘数与税收变动量之积，即移动幅度 $\Delta y = k_t \times \Delta t$。

（二）货币市场的均衡：LM 曲线

前面说明了投资的决定因素是利率，但是利率又是由什么决定的？对于这个问题，古典学派认为，投资与储蓄都与利率有关，投资是利率的减函数，即利率越高，投资越少，利率越低，投资越多。储蓄是利率的增函数，即利率越高，储蓄越多，利率越低，储蓄越少；当投资与储蓄相等时，利率就确定了。但是宏观经济学的奠基人凯恩斯认为，利率不是由投资和储蓄决定的，而是由货币的供给量和需求量决定的。而货币的供给量是由货币当局即中央银行控制的，因而假定供给量是一个外生变量，因此在分析利率的决定时，只须分析货币的需求即可。

1. 制率的决定

（1）货币需求

①货币需求动机。凯恩斯认为，财富有货币、房产、有价债券等多种形式。人们在一定时期内所拥有的财富数量是有限的。当然，由于财富是有限的，所以如果人们以货币形式拥有财富的比例越大，则以其他资产形式拥有财富的比例将会越少。如果拥有其他资产形式预计能带来较高的收益，就会减少人们对货币的需求，因此，不管人们持有货币的动机多么强烈都要仔细权衡以货币形式保存财富所花的成本。对于一个想借款的人来说，利息就是他为获得一定量货币所必须支付的价格，而对一个货币持有者来说，利息则表示他持有货币的机会成本，即持有货币就得不到利息收入。既然持有货币就会失去利息收入，那么人们为什么愿意持有不生利息的货币呢？凯恩斯认为，这是源于人们的流动性偏好。所谓流动性偏好，是指由于货币具有使用上的灵活性，人们所具有的一种宁肯持有货币而放弃其他生息资产的心理倾向，这种心理倾向是出于以下三种不同的动机[①]：

第一，交易动机，是指个人和企业为了正常的交易活动而需要持有货币的动机。个人购买消费品需要货币，企业购买生产要素需要货币。由于收入和支出在时间上不是同步的，因而个人和企业必须有足够货币资金来支付日常的需要开支。个人或企业出于这种交

---

① 姜达洋著. 读懂凯恩斯 [M]. 北京：经济日报出版社，2010.

易动机所需要的货币量取决于收入、惯例和商业制度，而惯例和商业制度在短期内一般可假定为固定不变，于是按凯恩斯的说法，这一货币需求量主要取决于收入，收入越高，为应付日常开支所需的货币量就越大。

第二，谨慎动机或预防性动机，是指为预防意外支出而持有一部分货币的动机。如个人或企业为应付事故、失业、疾病等意外事件而需要事先持有一定数量的货币。如果说货币的交易需求产生于收入和支出的不同步性，则货币的预防性需要产生于未来收入和支出的不确定性。西方经济学家认为，对于个人而言，货币的预防性需求量主要取决于他对意外事件的看法，但从全社会来看，这一货币需求量大体上也和收入成正比，是收入的函数。

如果用 L_1 表示交易动机和谨慎动机所产生的货币需求量，用 y 表示实际收入，则这种货币需求量和收入的关系可表示为

$$L_1 = L_1(y) = ky \qquad (5-34)$$

式中，k 为出于上述两种动机所需货币量占实际收入的比例，称为货币需求的收入系数。例如，若实际收入 $y=100$ 万美元，交易和谨慎需要的货币量占实际收入的 20%，则 $L_1 = 100 \times 0.2 = 20$ 万美元。

第三，投机动机，是指人们为了抓住有利的购买有价债券的机会而持有一部分货币的动机。假定人们一时不用的财富只能以货币和债券的形式保存，债券能带来收益但有风险，而闲置货币没有风险，但也没有收益，那么，人们为什么不全部购买债券，而要在二者之间做出选择呢？因为人们想利用利率与有价债券价格的变化进行投机。在实际生活中，债券价格与利率水平呈反向变动关系，即

$$有价债券价格 = \frac{有价债券收益}{利率}$$

由此可见，债券价格会随着利率的变化而变化，在债券收益一定的情况下，利率越高，债券的价格越低；利率越低，债券的价格越高。由于债券市场的价格是不断波动的，而人们对这种波动往往持有不同的态度。如果预计债券价格将上涨（预计利息率将下降），人们就会用现款买进债券以备日后以更好的价格卖出；反之，如果预计债券价格将下跌（预计利息率将上升），人们就会卖出债券保存货币以备日后债券价格下降时再买进。为了从事这种谋利的活动，人们需要手头保存一笔货币，这就是对货币的投机性需求。债券未来价格的不确定性是货币投机需求的必要前提。

投机需求动机和利率呈反方向变化。当利率较低时，即有价债券价格较高时，人们认为债券价格已经涨到了正常水平以上，并预计价格将要回落，从而抓住时机卖出有价债

券，人们出于投机动机而持有的货币量就会增加；反之，当利率较高时，即有价债券价格较低时，人们认为债券价格已经降到了正常水平以下，并预计价格将很快回升，从而抓住机会买进有价债券，人们出于投机动机而持有的货币量就会减少。

总之，对货币的投机性需求取决于利率水平，如果用 L_2 表示货币的投机需求，用 r 表示市场利率，则这一货币需求量和利率的关系可以表示为

$$L_2 = L_2(r) = - hr \qquad (5-35)$$

式中，h 是货币投机需求的利率系数，即利率变动一个百分点投机需求的变动量；负号表示货币投机需求与利率变动呈负向关系。

②流动偏好陷阱。人们对利率的预期可以调整财富在货币和债券之间的配置比例。利率越高，货币的投机需求量越低。当利率极高时，这一货币投机需求量等于零，因为人们认为这时候的利率不可能继续上升，或者说有价债券价格不大可能会再下降，因而将所持有的货币全部转化成有价债券，货币需求接近于零；反之，当利率极低时，如利率为 1%，人们就会认为利率不可能再低，或者说有价债券的市场价格不大可能再高而只会跌落，因而会将持有的有价债券全部换成货币。此时，为了避免遭受损失，人们即使有多余的货币也不会去买有价债券。人们不管有多少货币都愿意持有手中的这种情况被称为凯恩斯陷阱或流动偏好陷阱。在凯恩斯陷阱中，货币投机需求的利率系数趋于无穷大，即货币投机需求曲线水平。凯恩斯提出的流动偏好是指人们持有货币的偏好。因为货币的流动性、灵活性很强，可以随时用作交易、应付不测之需，所以将人们对货币产生的这种特殊偏好，称为流动偏好。

③货币需求函数。货币的总需求（L）是人们对货币的交易需求、预防需求和投机需求的总和。货币的交易需求和谨慎需求（L_1）取决于收入，即 $L_1 = L_1(y)$，而货币的投机需求（L_2）取决于利率，即 $L_2 = L_2(r)$，因此，对货币的总需求为

$$L = L_1 + L_2 = L_1(y) + L_2(r) = ky - hr \qquad (5-36)$$

需要说明的是，L、L_1 和 L_2 均表示对货币的实际需求，即具有不变购买力的实际货币需求量。名义货币需求量是不考虑货币购买力的票面值的货币需求量。假定货币购买力，即价格指数为 P，则名义货币需求量为 PL。

（2）货币供给

货币供给是一个存量概念，它是一个国家在某一时点上所保持的不属于政府和银行所有的硬币、纸币和银行存款的总和。货币供给有狭义和广义之分。狭义的货币供给是指硬币、纸币和银行活期存款的总和，用 M_1 表示。因为活期存款可随时提取，并可作为货币在市面上流通，因而属于狭义货币供给。在狭义的货币供给上加上定期存款，便是广义的

货币供给，广义的货币供给用 M_2 表示。在 M_2 的基础上，再加上个人和企业所持有的政府债券等流动资产或货币近似物，便是意义更广泛的货币供给，用 M_3 表示。后面章节所指的货币供给是指狭义的货币供给，即 M_1。

另外，分析中使用的货币供给量是实际货币供给量。如果用 M 表示名义货币供给量，m 表示实际货币供给量，P 表示价格指数，则三者的关系为 $m=M/P$。

例如，若名义货币供给量 M 为 1200 元，价格水平 P 为 1.2，则实际货币供给量 $m=M/P=1200/1.2=1000$（元）。

凯恩斯学派认为，一国货币供给量是由国家货币政策调节的，是一个外生变量，其多少与利率无关。

（3）利率的决定与变动

货币市场均衡是指货币市场上的货币需求等于货币供给的状态。均衡利率是指货币需求量与货币供给量相等时的利率。货币需求曲线 L 与货币供给曲线 m 的交点 E 就是均衡点，E 点对应的利率值，就是均衡利率。当市场利率 r_1 高于均衡利率 r_0 时，说明货币供给大于货币需求，此时，人们手中持有的货币量太多，人们就会运用手中多余的货币来购买有价债券，随着债券需求量的增加，债券价格上升，利率下降，货币需求逐步增加；反之，当市场利率 r_2 低于均衡利率 r_0 时，说明货币供给小于货币需求，人们感到手中持有的货币量太少，此时，人们就会售出有价债券，随着债券供给量的增加，债券价格就会下降，利率就会上升，货币需求就会逐步下降。只有当货币供求相等时，利率才不再变动。

2. LM 曲线

（1）LM 曲线及其推导

LM 曲线反映在货币市场均衡的条件下，即货币需求等于货币供给时，收入与利率之间关系的曲线。LM 曲线推导可以借助函数关系，也可借助图形完成。

货币市场均衡要求货币供给等于货币需求，即 $m=L=L_1(y)+L_2(r)=ky-hr$。整理得

$$y = \frac{hr}{k} + \frac{m}{k}$$

或

$$r = \frac{ky}{h} - \frac{m}{h} \qquad\qquad (5\text{-}37)$$

这两个公式表示 LM 曲线的代数表达式。从公式可以发现，在货币市场上，均衡收入与利率是同方向变化的，即利率越高，均衡收入越大；利率越低，均衡收入越小。

（2）LM 曲线的斜率

由公式 $r = \dfrac{ky}{h} - \dfrac{m}{h}$ 可知，LM 曲线的斜率取决于货币需求的收入系数 k 和货币投机需求的利率系数 h。LM 曲线的斜率与 k 成正比，与 h 成反比。当 k 为定值时，h 越大，表示货币需求对利率变动越敏感，即利率变动一定量时引起的货币投机需求的变动量较大，当货币供给一定时，货币的交易需求的变动量就较大，进而使收入的变动量较大，表现到 LM 曲线上，即 LM 曲线比较平缓；反之，h 越小，LM 曲线比较陡峭。当 h 为定值时，k 越大，表示货币需求对收入变动越敏感，即收入变动一定量时引起的货币的交易动机和谨慎动机的货币需求的变动量就较大，当货币供给一定时，货币的投机动机的货币需求变动量就较大，从而导致利率的变动量较大，表现到 LM 曲线上，即 LM 曲线比较陡峭；反之，k 越小，LM 曲线比较平缓。

西方学者认为，货币的交易需求函数一般比较稳定，因此 *LM* 曲线的斜率主要取决于货币的投机需求函数。

前面提到，当利率极低时，货币的投机需求趋于无限大，进入了凯恩斯陷阱。此时，货币投机需求的利率系数无穷大，因此 LM 曲线的斜率 k/h 为 0，LM 曲线为水平状，这一区域称为凯恩斯区域。在此区域内，收入水平低，利率低，一般经济处于萧条状态，因此这一区域又称为萧条区域。同样，当利率极高时，人们认为有价债券的价格已经降到最低点了，因此会将手中的投机货币全部买成有价债券。无论利率如何调整，货币的投机需求均为 0。此时，货币投机需求的利率系数为 0，因此 LM 曲线的斜率 k/h 为无穷大，LM 曲线呈现垂直形状。因为古典学派认为人们手持货币都是为了满足交易需求，而无货币的投机需求，因此将 LM 曲线呈垂直状态的这一区域称为古典区域。

西方学者认为，人们对货币的投机需求一般不可能是零，也不可能无穷大，而是介于二者之间，因此 *LM* 曲线一般是向右上方倾斜的。将 LM 曲线上的凯恩斯区域和古典区域之间的区域称为中间区域，中间区域的斜率大于零。

（3）LM 曲线的移动

LM 曲线的移动指的是 LM 曲线的平行移动，而不是 LM 曲线的转动，因此假定 LM 曲线的斜率不变，即假定 k 和 h 不变。由公式 $r = \dfrac{ky}{h} - \dfrac{m}{h}$ 可知，$\dfrac{m}{h}$ 是 LM 曲线的截距的绝对值，因此只有当 m 发生变动时，LM 曲线才会移动。因为实际货币供给量 m 是由名义货币供给量 M 和价格水平 P 决定的，即 $m = M/P$，因此造成 *LM* 曲线移动的因素有以下两个方面：

①名义货币供给量 M 的变动。在价格水平不变的情况下，M 增加，实际货币供给量 m

增加，LM 曲线在纵轴的截距 $-m/h$ 的绝对值会增大，LM 曲线就会向右移动。这是因为实际货币供给量的增加会使利率下降，利率下降会刺激消费和投资在内的总需求，国民收入因此而增加。反之，当名义货币供给量 M 减少时，LM 曲线就会向左移动。

②价格水平 P 的变动。在名义货币供给量 M 不变的情况下，价格水平 P 上升，实际货币供给量 m 减少，LM 曲线在纵轴的截距 $-m/h$ 的绝对值会减少，LM 曲线就会向左移动。这是因为实际货币供给量的减少会使利率上升，利率上升会抑制消费和投资在内的总需求，国民收入因此而减少。反之，当价格水平 P 下降时，LM 曲线就会向右移动。

（三）产品与货币市场同时均衡：IS-LM 模型

1. 两个市场同时均衡的收入和利率

在产品市场上，均衡国民收入是由消费、投资、政府支出和净出口的总支出或总需求决定的，总需求中的投资需求由利率决定，而利率由货币市场的供求决定，这就是说，要分析产品市场上的均衡国民收入，首先要知道利率，即假定已经存在货币市场的均衡利率；同时，产品市场上决定的均衡国民收入又会影响交易动机和谨慎动机的货币需求，进而影响总货币需求，从而影响利率，因此要研究货币市场上的均衡利率，要首先知道收入，即假定已经存在产品市场的均衡收入。由此可见，只有给定利率，产品市场的收入才能决定；只有给定收入，货币市场的利率才能决定。这样，凯恩斯理论就陷入了循环推论：收入依赖利率，而利率又依赖收入。凯恩斯的后继者发现了循环推论的问题，为解决这一问题，希克斯和汉森将产品市场和货币市场结合起来，建立了产品市场和货币市场的一般均衡模型，即 IS-LM 模型。

从前面的分析可知，IS 曲线反映在产品市场均衡的条件下，存在一系列收入与利率的组合；LM 曲线反映在货币市场均衡的条件下，存在一系列收入与利率的组合。而产品市场和货币市场同时均衡时的利率和收入的组合却只有一个，即在 IS 曲线与 LM 曲线相交的交点上，其数值可以通过求解 IS 曲线与 LM 曲线的联立方程得到。

2. 均衡收入和利率的变动

在给定的 IS 曲线和 LM 曲线下，可以确定产品市场和货币市场同时均衡时的利率和收入的组合，但这一均衡并不是充分就业时的均衡。

当 IS 曲线和 LM 曲线发生变动时，均衡收入和均衡利率将发生变化。当 LM 曲线不变，IS 曲线向右移动时，均衡收入和均衡利率将会上升。这是因为 IS 曲线右移是由消费、投资或政府支出等总支出或总需求增加造成的，总需求的增加使生产和收入增加，收入增加会使投机动机和交易动机的货币需求增加。在货币供给不变的情况下，人们只能通过出售有价债券来增加交易和谨慎所需的货币，这会使有价债券价格下降，利率上升。同样可以说明，LM 曲线不变，IS 曲线向左移动时，均衡收入和均衡利率将会下降。

当 IS 曲线不变，LM 曲线向右移动时，均衡收入增加，均衡利率下降。这是因为 *LM* 曲线右移，或者因为货币供给不变而货币需求减少，或者因为货币需求不变而货币供给增加造成的，总之，是由货币供给大于货币需求引起的。在 IS 曲线不变的情况下，即产品市场供求状况不变化的情况下，LM 曲线右移意味着货币供过于求，这将导致利率下降。利率下降将刺激消费和投资，进而收入增加。反之，当 IS 曲线不变，LM 曲线左移时，均衡收入将减少，均衡利率将上升。

另外，当 IS 曲线和 LM 曲线同时移动时，均衡收入和均衡利率的变化取决于二者的移动幅度。

三、AD-AS 模型

前面讨论的宏观经济问题都是在一般价格水平固定不变的情况下进行的，这些讨论没有说明产量（收入）与价格水平之间的关系。本节将讨论的总需求–总供给模型则取消了价格水平固定不变的假定，重点强调产量与价格水平的关系。

（一）总需求曲线

1. 总需求与总需求函数

总需求是指一个国家或地区在一定时期内在任一价格水平下由社会支出所实际形成的对产品和劳务的购买总量。在宏观经济学中，总需求是指整个社会的有效需求，不仅是指整个社会对产品和劳务需求的愿望，而且是指该社会对产品和劳务的支付能力，因此总需求实际上就是经济社会的总支出。根据总支出的构成可知，在四部门经济中，总需求（总支出）由消费、投资、政府支出和净出口构成，其公式为

$$AD = C + I + G + NX \tag{5-38}$$

总需求函数被定义为总需求与价格水平之间关系的函数。它表示在某个特定的价格水平下，经济社会需要多高水平的产量。其公式可表示为

$$Y = F(P) \tag{5-39}$$

式中，Y 代表总需求；P 代表价格水平。

2. 总需求曲线的图形

总需求曲线是以横轴表示总需求，纵轴表示价格水平，反映总需求与价格水平之间关

系的曲线。通常情况下，总需求曲线向右下方倾斜，即在其他条件不变的情况下，经济中的价格水平下降；反之，价格水平上升会减少物品和劳务的总需求量。

为什么价格水平与总需求呈反向变动关系？回顾前面的内容，总需求由消费、投资、政府支出和净出口四部分构成。在这里，只要说明价格水平是如何影响消费和企业投资的，即可说明总需求曲线为什么向右下方倾斜。

当价格水平下降时，提高了经济中货币的真实价值，使消费者感觉更富有了，从而鼓励消费，消费支出的增加意味着产品和劳务的需求量增大。相反，价格水平上升降低了货币的真实价值，使消费者感觉自己变穷了，这将减少消费者支出，从而减少物品和劳务的需求量。以上说明的价格水平对消费影响的效应被称为财富效应。根据公式（5-38），P 与 C 呈反方向变动，而 C 又是总需求中的重要组成部分，故总需求与价格呈反方向变动。

当价格水平下降时，实际货币供给将增加，此时，货币供给大于货币需求，人们感觉手中的货币过多，人们将手中多余的货币购买有价债券，致使债券价格上升，进而利率下降，利率下降刺激投资增加，从而使总需求增加；反之，价格水平上升则使实际货币供给减少，此时，货币需求大于货币供给，使利率上升，利率上升使投资下降，从而使总需求减少。上述说明价格水平变动通过影响利率进而影响投资的效应被称为利率效应。根据公式（5-38），P 与 I 呈反方向变动，而 I 又是总需求中的重要组成部分，故总需求与价格呈反方向变动。

3. 总需求曲线的推导

总需求曲线可以用 IS、LM 方程推导，假定两部门经济中，消费函数 $c = \alpha + \beta y$ 投资函数 $i = e - dr$，货币需求函数 $L = ky - hr$，名义货币供给量为 M，价格水平为 F，试推导总需求曲线。

首先，根据给定条件推导总需求函数，方法如下：

①求 IS 方程。由两部门经济产品市场的均衡模型

$$\begin{cases} y = c + i \\ c = \alpha + \beta y \\ i = e - dr \end{cases}$$

可以求出 $r = \dfrac{\alpha + e}{d} - \dfrac{1 - \beta}{d} y$，此为 IS 方程。

②求 LM 方程。由两部门经济货币市场的均衡模型

$$\begin{cases} L = m \\ L = ky - hr \\ m = \dfrac{M}{P} \end{cases}$$

可以求出 $r = -\dfrac{M}{Ph} + \dfrac{k}{h}y$，此为 LM 方程。

③求总需求函数。将 IS 方程、LM 方程联立，则

$$\begin{cases} r = \dfrac{\alpha + e}{d} - \dfrac{1 - \beta}{d}y \\ r = -\dfrac{M}{Ph} + \dfrac{k}{h}y \end{cases}$$

可以求出 $y = \left(\dfrac{M}{Ph} + \dfrac{\alpha + e}{d} \right) \Big/ \left(\dfrac{k}{h} + \dfrac{1 - \beta}{d} \right)$，此为总需求函数。

其次，根据总需求函数，给定一个价格水平，即可确定出相应的总需求量。在总需求曲线坐标系中描点连线即可得到总需求曲线。

此处应该指出的是，价格水平的变化对 IS 曲线无影响。因为决定 IS 曲线的量被假定为实际量，而不是随价格变化的名义量。

4. 总需求曲线的移动

从宏观经济的角度来看，造成总需求曲线移动主要有以下因素：

（1）消费需求的变动

消费需求主要取决于个人的可支配收入，而可支配收入又可看成个人收入减去税收。因而，当一国政府降低对居民征税时，个人可支配收入就会增加，从而消费需求也会增加，这会引起总需求曲线向右移动。除了可支配收入的变动引起消费需求的变化以外，还有很多因素影响消费需求，如人口总量、人口的年龄结构、一国的产业结构、消费者对未来收入的预期等。

（2）投资需求的变动

企业之所以想要投资，是因为投资在未来能给企业带来更大的收益。而决定企业投资的主要因素是企业的成本、收益和企业对未来的预期。当这些因素发生改变时，企业的投资就会发生变动，从而引起总需求曲线的移动。例如，当政府的税收下降时，企业的成本会随之下降，企业的利润水平就会上升，这就刺激了企业投资的增加，从而导致总需求曲线向右移动。

（3）政府购买的变动

政府购买的需求直接影响总需求。政府购买增加会直接导致总需求增加，引起总需求曲线向右移动；反之，政府购买减少会引起需求曲线向左移动。政府购买的变动既有可能是政府本身行为的需要，也有可能是政府调节宏观经济的政策需要。如国际局势紧张时，政府认为有必要加强对军备方面的开支，这种政府购买的增加是政府本身行为的需要。而当国际局势缓和时，如果国内经济处于总需求不足的状态，政府也有可能增加军备方面的开支，这时增加政府购买是为了扩大国内的总需求，这种政府购买的增加就是调节宏观经济的政策需要。

（4）净出口的变动

世界经济会通过各种渠道来影响一国的总需求，它们直接体现在净出口需求的变动上。如汇率上升，意味着本国商品的相对价格上升，外国商品的相对价格下降，本国将扩大对进口的需求而外国将减少对出口的需求，因此本国净出口减少，总需求下降，导致需求曲线向左移动。

（5）名义货币供给量的变动

名义货币供给量的变动是通过利率的变动来影响总需求曲线的。当一国的名义货币供给量扩大时，市场的利率水平将下降，这就会刺激企业投资需求增加以及家庭当前消费需求增加，从而引起总需求曲线向右移动；反之，一国的名义货币供给量减少会引起总需求曲线向左移动。

总之，总需求曲线给出了价格水平和以收入水平表示的总需求的关系，但是它本身并不能决定使整个社会供求相等的价格水平和总产量。为了阐释整个经济价格水平和总产出水平是如何决定的，还需要引入另一个分析工具，即总供给曲线。

（二）总供给曲线

1. 总供给、总供给函数和总供给曲线

总供给是指一国或地区在任一价格水平下愿意且能够提供的产品和劳务的总量。该总量用市场价值来描述。

总供给函数就是反映总供给和价格水平之间关系的函数。一般来讲，价格水平越高，总供给越大；价格水平越低，总供给越小，二者之间呈同方向变动。总供给函数可表示为

$$y = F（P）\tag{5-40}$$

式中，y 代表总供给；P 代表价格水平。

总供给曲线是以横轴表示总供给量，纵轴表示价格水平，反映总供给量与价格水平之

间关系的曲线。

2. 价格水平对总供给的影响机制

价格水平对总供给的影响过程分为三个阶段。首先，价格水平的变化影响实际工资，在名义工资不变的情况下，实际工资与价格水平成负相关；其次，实际工资的变化会影响劳动市场的供求变动，劳动供给与劳动需求共同决定实际就业量；最后，就业量变化引起产量或总供给变化，就业量增加，总供给（产量）增加。

3. 总供给曲线的推导

总供给曲线的推导是借助宏观生产函数和劳动市场的均衡完成的。

（1）宏观生产函数

生产函数是指投入与产出之间的数量关系。它表示在一定的技术水平下，不同数量的生产要素组合与它们所生产出来的最大的产出数量之间的关系。生产函数有微观与宏观之分。宏观生产函数又称为总量生产函数，是指整个经济中总投入与总产出之间的关系，用公式表示为

$$y = F(N, K, T) \tag{5-41}$$

式中，y 代表总产出，即总供给；N 代表就业量；K 代表资本存量；T 代表技术水平。公式（5-41）表示经济社会的产出主要取决于就业量、资本存量和技术水平。

宏观生产函数也划分为短期和长期两种情况。在短期宏观生产函数中，由于资本存量和技术水平的改变需要较长的周期，因此短期内通常认为这两种要素不变，只有就业量是可变的，即

$$y = F(N, \bar{K}, \bar{T}) \tag{5-42}$$

式中，$\bar{K}$、$\bar{T}$ 分别代表不变的资本存量和技术水平。公式（5-42）即为短期宏观生产函数的表达式。由此可见，短期宏观生产函数是指在一定的技术水平和资本存量条件下，反映就业量和经济社会的产出量之间关系的函数。换句话说，在一定的技术水平和资本存量条件下，经济社会的产出 y 取决于就业量 N。

短期宏观生产函数曲线如其特点是由短期生产函数的性质决定的。其性质是：一是总产出随总就业量的增加而增加；二是在技术水平和资本存量不变的情况下，由于边际报酬递减规律的作用，随着总就业量的增加，总产出按递减的比率增加。

长期生产函数与短期生产函数的不同之处在于，在长期生产函数中，技术水平、资本存量和就业量等所有投入要素都是可变的。长期生产函数反映投入要素和经济社会的产出量之间的关系，其表达式为

$$y^* = F(N^*, K^*, T^*) \tag{5-43}$$

式中，N^* 为各个短期中的充分就业量，或称为潜在就业量；K^* 为各期的资本存量；T^* 为各期的技术水平；y^* 为各期的充分就业时的产量，或称为潜在产量。

本书中关于宏观生产函数的分析主要针对短期宏观生产函数而言，长期宏观生产函数问题将在经济增长理论中探讨。

（2）劳动市场的均衡

劳动市场理论存在较大争议，本部分内容主要以完全竞争劳动市场为例加以分析。

①探讨劳动需求曲线。厂商雇佣劳动的目的是获得最大化的利润。利润最大化的一般原则是边际收益等于边际成本。这一原则运用于厂商对劳动的需求时则为雇佣最后一个工人所带来的收益等于雇佣最后一个工人所付出的成本。雇佣最后一个工人所带来的收益就是这最后一个工人所生产的产品（劳动的边际产品 MP）与该产品的边际收益 MR 的乘积（$MP \cdot MR$）。在完全竞争的条件下，产品的边际收益等于产品的价格（P）。由于厂商雇佣最后一个工人所付出的成本就是花在该工人身上的工资（W），所以劳动需求的利润最大化条件就是：$MP \cdot P = W$ 或 $MP = W/P$，W/P 就是实际工资。由于边际收益递减规律的作用，劳动边际产品随着劳动量的增加而减少，因此厂商对劳动的需求量与实际工资成反比，即劳动需求曲线是向右下方倾斜的。把所有厂商的劳动需求曲线相加即可得到总的劳动需求曲线。

②探讨劳动供给曲线。工人提供劳动的目的是获得最大化的收入。又由于工人获得收入的目的是用它购买各种产品和劳务，从而使自己的效用达到最大化，所以劳动供给的多少也取决于实际工资的高低，并且与实际工资成正比，即劳动供给曲线是向右上方倾斜的。把所有工人的劳动供给曲线加总起来就可以得到总的劳动供给曲线。

③探讨劳动市场的均衡。在完全竞争市场上，劳动市场的均衡是在劳动需求曲线和劳动供给曲线的交点处实现的。劳动的需求曲线和供给曲线交于 E 点，E 点对应的实际工资水平为 $(W/P)^*$，就业量为 N^*。如果实际工资水平高于 $(W/P)^*$，劳动市场就会出现供大于求，工人之间就会为谋取工作而相互竞争，从而造成实际工资的下降；如果实际工资水平低于 $(W/P)^*$，劳动市场上就会出现供不应求，则厂商之间就会为争夺工人而相互竞争，从而造成实际工资的上升，因此劳动市场的均衡必然在 $[N^*, (W/P)^*]$ 处实现，其中，N^* 称为充分就业时的就业量，或潜在的就业量。

4. 三种总供给曲线

（1）古典总供给曲线

假设产品市场、货币市场、劳动市场都是完全竞争市场，名义工资和价格具有完全的伸缩性，即名义工资和价格能够根据市场变化立即进行调整，则根据劳动市场均衡的分析可知，此时均衡的就业量是 N^*。不论名义工资和价格怎么调整，均衡就业量都不会发生改变。将 N^* 代入宏观生产函数 $y = F(N, \bar{K}, \bar{T})$ 中，可知经济社会的产出量也是一个常数，用 y^* 表示，因此总供给曲线是一条垂直于横轴的直线。由于 N^* 是充分就业时的就业量或潜在就业量，因此 y^* 就是充分就业时的产量或潜在产量。由于古典学派强调市场机制的作用，认为市场上的信息是充分的，信息的传递是迅速而及时的，各种资源的流动也不会花费时间和成本。当经济中出现失衡时，经市场机制的调整会迅速恢复均衡。在劳动力市场上，劳动需求和劳动供给都是由实际工资水平决定的，决定实际工资的货币工资和价格水平都是非常富有弹性的，因此劳动力市场的非均衡状态在市场机制的调节下会迅速得到调整，从而使劳动力市场总是处在充分就业的状态，总产出也始终处于充分就业产出水平上，因此垂直的总供给曲线被称为古典总供给曲线。又因为在长期内，名义工资和价格有足够的时间调整到充分就业的工资水平上，故垂直的总供给曲线有时也被称为长期总供给曲线。

（2）凯恩斯总供给曲线

假设工资和价格均具有刚性，完全不随市场的变化而变化。此种假设下的总供给曲线是一条位于既定价格水平上的平行于横轴的直线。该线表示经济社会能够按照既定的价格提供社会需要的任何数量的产量。但产量的增加不是无限的，当达到充分就业产量后，由于不再有多余的劳动投入，因此产量不再增加。需求的增加只能带来价格的上升。由于凯恩斯学派研究的是萧条经济，在萧条时期，工资和价格均不会发生变化，因此水平的总供给曲线被称为凯恩斯总供给曲线。又因为在短期内，工资和价格来不及调整，故水平的总供给曲线又被称为短期总供给曲线的极端情况。

（3）常规总供给曲线

假设工资和价格能够调整，但工资相对于价格变化的调整速度和调整幅度不完全一致。价格变化后，如果工资调整的速度慢，调整的幅度小，则就业量改变就比较大，从而产出的改变也比较大，总供给曲线的斜率较小，较平缓，接近于凯恩斯总供给曲线；反之，如果工资调整的速度快，调整的幅度大，则就业量改变就比较小，从而产出的改变也比较小，总供给曲线的斜率大，较陡峭，接近于古典总供给曲线，因此总供给曲线是介于凯恩斯总供给曲线和古典总供给曲线之间的一条向右上方倾斜的曲线。

由于在常规情况下，工资受劳动合同的影响，不会立即对价格做出反应，表现为有一定的黏性。一旦合同到期，工资会随着价格变化进行调整，因此向右上方倾斜的需求曲线被称为常规总供给曲线。

5. 短期总供给曲线的移动

下面考察导致短期总供给曲线移动的因素：

①可得到的劳动量增加使短期总供给曲线向右移动，而可得到的劳动量减少使短期总供给曲线向左移动，这意味着劳动变动会引起短期总供给曲线发生移动。

②物质资本或人力资本（指人们通过教育、培训和经验获得的知识与技能）增加使短期总供给曲线向右移动，而物质资本或人力资本减少使短期总供给曲线向左移动，这意味着资本变动会引起短期总供给曲线发生移动。

③自然资源可获得性的增加使短期总供给曲线向右移动，而自然资源可获得性的减少使短期总供给曲线向左移动，这意味着自然资源变动会引起短期总供给曲线发生移动。

④技术知识的进步使短期总供给曲线向右移动；可得到的技术减少使短期总供给曲线向左移动。

⑤预期价格水平上升一般会减少物品与劳务的供给量，并使短期总供给曲线向左移动。其原因在于，当工人和企业预期价格水平要上升时，他们就倾向于达成一个高水平工资的合同，而高工资增加了企业的成本，进而在既定的价格水平下减少了企业供给的物品与劳务量；反之，当预期价格水平下降时，则增加了物品与劳务的供给量，并使短期总供给曲线向右移动。

除了以上导致短期总供给曲线移动的因素外，还有两个因素也可导致短期总供给曲线移动：一是投入品价格变化；二是名义工资变化。

为了理解上述两个因素对短期总供给曲线的影响，回顾微观经济学关于企业目标是追求最大利润的假定。假设某种事件导致生产成本上升，如石油价格的上升，那么在任一给定的价格水平上，生产者每单位产品获得的利润减少，因此生产者在所有价格水平上愿意供应的产量减少，考虑到累积效果可知，经济的短期供给曲线就会向左移动。相反，假设某种事件导致企业生产成本下降，如名义工资下降，那么在任一给定的价格水平上，生产者每单位产品获得的利润增加，因此生产者在所有价格水平上愿意供应的产量增加，考虑到累积效果可知，经济的短期供给曲线就会向右移动。将上述分析进行概括，则有如下结论：其一，若投入品价格（如石油）上升，导致经济的短期总供给曲线向左移动；若投入品价格下降，导致短期总供给曲线向右移动。其二，若名义工资增加，导致短期总供给曲线向左移动；若名义工资下降，导致短期总供给曲线向右移动。

第六章 经济周期与经济增长

第一节　经济周期理论

一、经济周期

（一）经济周期的含义

早期经济学家对经济周期的定义是建立在实际 GDP 或总产量绝对量变动基础上的，认为经济周期是指 GDP 上升和下降的交替过程。这一定义被称为古典的经济周期定义。美国著名经济学家萨缪尔森对资本主义的经济发展做出了这样的描述：在繁荣之后，可以有恐慌与暴跌。经济扩张让位于衰退，国民收入、就业与生产下降，价格与利润跌落，工人失业。当最终到达最低点以后，复苏开始出现。复苏可以是缓慢的，也可以是快速的。新的高涨可以表现为长期持续的旺盛的需求、充足的就业机会以及增长的生活标准。它也可以表现为短暂的价格膨胀和投机活动，紧接而至的是又一次灾难性的萧条。

现代经济周期理论认为，经济周期是建立在经济增长率变化的基础上的，是经济增长率上升和下降的交替过程。根据这一定义，衰退不一定表现为 GDP 绝对量的下降，只要 GDP 的增长率下降，即使其值不是负数，也可以称之为衰退。因此，即使经济增长率为正，也会出现增长性衰退的现象。

经济周期就是国民收入及经济活动的周期性波动。它集中强调了以下几个要点：第一，经济周期的中心是国民收入的波动，由于这种波动引起了失业率、物价水平、利率、对外贸易等活动波动。所以，研究经济周期的关键是研究国民收入波动的规律与根源。第二，经济周期是经济中不可避免的波动。第三，虽然每次经济周期并不完全相同，它们在每次周期中的长度和实际形态将会有很大差异。例如，一次周期的谷底或峰顶可能仅仅持续几周，也可能持续几个月。但它们却有共同点，即每个周期是繁荣与萧条、收缩与扩张的交替。扩张与收缩是相互交替的，在交替中有两个不同的转折点。如果经济是由繁荣转向收缩，则转折点是峰顶；如果经济由萧条转向扩张，那么，转折点就是谷底。由于扩张和收缩是互相交替的，谷底与峰顶也是相互交替的。第四，在一定时期内，存在着生产能力的增长趋势。所以，在某一谷底阶段中，其实际的生产和就业水平，有可能出现比以前周期的峰顶时期还要高的状况。

（二）经济周期阶段及其特征

1. 经济周期阶段

经济周期包括两大阶段：扩张阶段和收缩阶段。如果再详细分，可以把经济周期分为四个阶段：繁荣阶段、衰退阶段、萧条阶段、复苏阶段。其中繁荣与萧条是两个主要阶段，衰退与复苏为两个过渡性阶段。

2. 经济周期的四个阶段特点

（1）繁荣阶段

在这一阶段，国民收入与经济活动高于正常水平。这一阶段其特征为：生产迅速增加，投资增加，信用扩张，价格水平上升，就业增加，公众对未来预期乐观。繁荣期的最高点为顶峰期，一般为1~2个月。这时就业与产量水平达到最高，但股票与商品的价格开始下跌，存货水平高，公众的情绪正由乐观转向悲观，这是繁荣极盛时期。当就业与产量水平达到最高时，经济就开始进入衰退阶段。

（2）衰退阶段

在这一阶段，国民收入与经济活动仍高于正常水平。这一阶段其特征为：生产开始减少，投资开始减少，信用开始紧缩，价格水平迅速下降，失业开始急剧增加，公众对未来的情绪由乐观转向悲观。

（3）萧条阶段

在这一阶段，国民收入与经济活动低于正常水平。这一阶段其特征为：生产急剧减少，投资急剧减少，信用急剧紧缩，价格水平迅猛下降，企业破产倒闭，失业急剧增加，公众对未来的预期悲观。萧条的最低点称为谷底期，一般为1~2个月。这时就业与产量跌至最低，存货开始减少，商品价格、股票价格开始回升，公众的情绪正由悲观逐渐转为乐观。

（4）复苏阶段

在这一阶段，国民收入与经济活动仍低于正常水平。这一阶段其特征为：经济开始从低谷全面回升，投资快速增加，商品价格水平、股票价格、利率等逐渐上升，信用逐渐活跃，就业人数也在逐渐增加，公众对未来的情绪逐渐高涨，开始由悲观转向乐观。但产量或产值等相关经济指标仍未恢复到衰退前的最高水平，经济开始进入新一轮的繁荣高涨阶段。

周期变动与创新变动紧密相关，有创新就会进入复苏、繁荣发展阶段，没有创新就进入衰退、萧条阶段，即创新的大小和多少，决定着繁荣与衰退的交替进行。

（三）经济周期分类

经济学家不仅分析了经济周期波动的阶段，而且分析了经济活动中长短各异的波动现象，并根据经济周期波动的时间把经济周期划分为不同的类型，即短周期（短波），中周期（中波）和长周期（长波）。

1. 短周期

短周期又称基钦周期。经济周期实际上有大周期和小周期两种。小周期平均长度约为40个月，大周期则是小周期的总和。一个大周期可包括两个或三个小周期。这里的大周期相等于朱格拉所论的中周期。这种小周期也可称为短周期，因为它是由基钦提出的，又称"基钦周期"[①]。短周期的长度大致为中周期的一半，两个周期的高峰经常出现于两个中周期的高峰之间。

2. 中周期

中周期又称朱格拉周期。法国经济学家朱格拉认为，危机与恐慌并不是一种独立的现象，而是经济社会不断面临的三个连续阶段中的一个。这三个阶段是繁荣、危机与清算。这三个阶段反复出现形成了周期现象。平均每一周期的长度为 9~10 年，以国民收入、失业率和大多数经济部门的生产、利润和价格的波动为其标志。这便是所谓的"朱格拉周期"，又称中周期[②]。

3. 长周期或长波

长周期又称康德拉季耶夫周期。苏联经济学家康德拉季耶夫在美国发表的《经济生活中的长波》认为，经济有一种较长的循环，长度为 50~60 年左右。这种长周期，是以各时期的主要发明、新资源的利用、黄金的供求等作为其标志的。它也跟发现者的名字相联

---

① 王洛林. 经济周期研究 [M]. 北京：经济科学出版社，1998.

② 安宇宏. 朱格拉周期 [J]. 宏观经济管理，2013，（第 4 期）：79.

系，被称为"康德拉季耶夫周期"①。

4. 库兹涅茨周期

这是另一种长周期，由美国经济学家西蒙·库兹涅茨于 1930 年在《生产和价格的长期运动》一书中提出。库兹涅茨认为经济中存在长度为 15～25 年不等的长期波动。这种波动在美国的许多经济活动中，尤其是建筑业中表现得特别明显，所以库兹涅茨周期也称为建筑业周期。库兹涅茨在一项有关生产和价格长期运动的研究中，着重分析了美国、英国、法国、德国、比利时等国从 19 世纪初叶到 20 世纪初期，60 种工农业主要产品的产量和 35 种工农业主要产品的价格波动的时间序列资料，以及有关序列的长期过程，提出了在主要资本主义国家存在长度从 15 年到 25 年不等，而平均长度为 20 年的论点。综合该经济周期理论观点为：①周期长度在 7～25 年之间，平均长度为 20 年左右；②周期与人口增长而引起的建筑业增长与衰退相关，是由建筑业的周期性变动引起的；③在周期变动过程中，工业国家中产量增长呈现出渐减的趋势②。

5. 熊彼特周期

又称综合周期。奥地利经济学家熊彼特在 1939 年出版的两大卷《经济周期》的一卷中，对朱格拉周期、基钦周期和康德拉季耶夫周期进行了综合分析，熊彼特认为，每个长周期包括 6 个中周期，每个中周期包括 3 个短周期。短周期约为 40 个月，中周期约为 9～10 年，长周期为 48～60 年。他以重大的科技创新为标志，将长周期大体上划分为三个长周期：第一个长周期从 18 世纪 80 年代到 1842 年，是"产业革命时代"；第二个长周期为 1842—1897 年，是"蒸汽机和钢铁时期"；第三个长周期从 1897 年以后，是"电气、化学和汽车时期"。在每一个长周期中仍有中等创新引起的波动，这就形成了若干个中周期，每一个中周期中又有小创新引起的波动，这就形成了若干个短周期。

二、现代经济周期理论

（一）现代经济周期理论概况

凯恩斯主义宏观经济学是以国民收入决定理论为中心，所以，就把经济周期理论作为国民收入决定理论的动态化，因而凯恩斯主义学派的经济周期理论具有以下特征：

1. 国民收入的水平取决于总需求，因而引起国民收入波动的主要原因仍然在于总

---

①　董聪聪. 康德拉季耶夫周期下的宏观经济管理 [J]. 管理学家，2011，（第 12 期）.

②　侯庆国. 经济周期理论新探 [J]. 经济研究，1989，（第 11 期）：14-23.

需求。

2. 凯恩斯经济周期理论是以投资分析为中心的，以分析投资变动的原因来探讨经济周期形成的原因过程和影响。从现代经济学对消费的经验成果来看，消费在长期中是相当稳定的。消费中的短期变动，尤其是耐用品的消费变动，对经济周期有一定的影响，但并不是主要原因。政府支出是一种认为控制的因素，净出口所占的比例很小。这样，经济周期的原因就在于投资的变动。也就是说，经济周期形成的主要原因还在于投资的变动。

3. 凯恩斯主义的经济周期理论都是由凯恩斯关于国民收入决定的分析出发的，但分析的方法与角度不同。例如，英国经济学家卡尔多从凯恩斯的储蓄与投资关系出发，分析事前投资、事后投资、事先储蓄和事后储蓄之间的差异如何引起经济周期变化。美国经济学家萨缪尔森的乘数加速原理相互作用理论，则分析了投资与产量之间的相互关系如何引起周期性波动等。

此外，货币主义和理性预期学派等也提出了自己的经济周期理论。货币主义者强调货币因素的作用，分析了货币量变动对经济的影响，解释了经济周期。理性预期学派则强调了预期失误是经济周期的原因。

（二）经济周期的解释

1. 乘数—加速理论

这是一种传统的经济周期理论。这种理论认为，经济波动的根源在于经济自身，因而是内生的，具体来讲，就是投资的变动会引起收入或消费若干倍的变动（乘数作用），而收入或消费的变动又会引起投资若干倍的变动（加速作用），正是乘数和加速的交互作用，造成了经济的周期性波动。因此，这种理论称为乘数—加速理论。

2. 实际经济周期理论

乘数—加速相结合的传统理论把经济周期波动看作是有规则的、可以预测的；与这种理论相反，实际周期理论认为经济波动是随机的、不可预测的。因为波动的原因不是来自经济内在力量，而来自实际的、外生的事件，如某种重要的投入（像石油）价格变动、自然灾害或技术冲击（如新发明），因此实际经济周期理论强调的不是对需求方的冲击，而是对供给一方的冲击。例如，认为石油价格大幅度上升会导致与石油有关的各种商品价格上升，从而引起成本推进的通货膨胀，并进而引起经济衰退。

3. 货币主义者和新古典主义的观点

货币主义者和新古典经济学家认为，引起经济波动的重大干扰来自政府，尤其是政府的货币政策。其中，新古典主义者强调预期和未预期的货币政策变动对经济的不同影响。例如：当人们预期到政府要增加货币供给量时，就会预期物价水平要上升，要相应增加工资和提高利率，于是名义货币供给量虽增加了，实际货币供给量（以真实购买力计算的货币供给量）并未发生变化，因而实际工资、利率和实际产出都不会发生变化，从而货币政策没有什么效果。相反，如果货币供给增加或减少未被预期到，厂商就不会同比例变动价格水平，因而实际货币供给就会变动，并影响产出水平。例如：假定政府实行扩张的货币政策使货币供给量增加并使一切商品价格上升5%，在短时期内，厂商只看到自己经营的商品的价格上升5%，未来得及了解其他商品价格的上升情况，因此会把自己产品价格的上升当作市场对自己产品需求增加，从而增加生产。而劳动者也只看到自己货币工资增加，以为是实际工资增加，因而会提供更多劳动量，于是生产和就业就会增加。当然，这种情况只会在短期内存在，因为经营者和劳动者迟早会认识到自己商品的实际价格和实际工资并没有上涨，生产就会回到原来的状态。对于货币供给减少在短时期内引起生产和就业的收缩，情况也是如此。可见，新古典主义者对经济波动的看法不但强调预期与否，还强调时期长短，即认为未被预期的政策变动虽能引起经济波动，但经过一定时期，经济总会回到自然率水平，用不着政府干预，相反，政府干预反而会引起经济波动。

4. 新凯恩斯主义的观点

新凯恩斯主义者认为，供给方面的干扰（如实际经济周期理论所认为的）和货币方面的干扰（如新古典主义者所认为的）都可能成为引起经济波动的冲击。他们和实际经济周期理论与新古典理论的区别在于，他们不相信市场经济总能吸收各种冲击的影响而恢复充分就业，相反，在大多数情况下，经济中存在一种机制在扩大这些冲击并使冲击的作用持续。例如，假定外在冲击使投资需求下降，会使产出因乘数作用也下降。反之，当干扰使投资增加时会使产出若干倍地增加。经济要恢复到原来局面，需要一段相当长的过程。例如，经济也许要花费几年时间才会恢复到没有发生衰退时应有的水平，社会会因此付出沉重代价。

各个学派的经济学家对引起经济周期波动的原因有不同看法，因此，对如何治理经济波动的经济政策也有不同主张。实际经济周期理论家认为，经济波动的根源是外生的冲击，经济会迅速有效率地对这些冲击做出反应，因而用不着政府干预，市场本身会做出最好解决办法。例如，他们认为，失业问题不难解决，只要失业者降低工资和非货币报酬的要求，总会找到工作。

同样，新古典主义和货币主义者也相信市场会对经济波动做出迅速反应，因而政府干预的政策完全无效，经济中存在着自然失业率，扩张的货币政策至多只会在短时期内把失业率降到自然率，但为此要付出通货膨胀的沉重代价。

　　与上述两种理论相反，新凯恩斯主义者和传统的经济周期理论（乘数–加速理论）不认为市场会自动消除经济波动，因而需要政府干预。新凯恩斯主义者尽管承认具有理性预期的个人反应常常会部分抵消政府的行动，但不可能永远完全抵消政府政策的影响。政府在稳定经济方面有必要采取斟酌使用的政策，即经济不景气时实行扩张总需求的政策，经济过热时实行紧缩的政策。

三、实际经济周期理论

（一）意外冲击与鲁滨孙经济

　　鲁滨孙·克鲁索是世界著名的探险小说《鲁滨孙漂流记》中的主人公。由于鲁滨孙在荒岛上的行为构成了一个最简单的经济模型，因此，他的行为选择也就是一个所谓的鲁滨孙经济，被许多经济学家所推崇，具有很高的经济学分析价值。荒岛上的鲁滨孙为了生存，就需要食物，假定这些食物便是鱼。为了捕鱼，需要制作捕鱼工具。鲁滨孙制作捕鱼工具可以看作是他在进行投资，制作工具和捕鱼过程就是生产过程，如果计算鲁滨孙经济中的 GDP，只需要将捕获的鱼与制作的工具乘以相应的价格（一种虚拟的价格）后加总。而吃鱼就是一个消费过程；除此以外，鲁滨孙还可以有闲暇（如在海滩上享受阳光）的选择。作为一个理性的经济人，鲁滨孙会在自然环境的限制下，选择他自认为最合理的投资、生产、消费和闲暇。这便构成了一个最简单的宏观经济模型。

　　鲁滨孙经济与现实经济一样，肯定会遇到一些突发事件，这时，鲁滨孙的行为一定会做出相应调整。例如，某一段时间，一群大鱼恰好游过荒岛，那么，鲁滨孙一定会减少闲暇时间，连续进行捕鱼活动。这样，一方面鲁滨孙的"就业"（劳动时间）增加了；另一方面，他的捕鱼产量也提高了。显然，这段时间里，鲁滨孙经济处于繁荣阶段。假设另一段时间，荒岛遇到连续暴雨袭击，鲁滨孙只能待在自搭的茅屋中休息。这段时间，鲁滨孙在就业、生产和制作工具方面的效益都将大大下降，鲁滨孙经济由此进入衰退和萧条阶段。通过上面对鲁滨孙经济的分析，经济波动是由实实在在的自然因素引起的，都是由鲁滨孙面对自然环境变化而做出合理选择的结果，与名义货币量、价格等因素通通无关。实际经济周期理论认为，现实社会中的经济波动与鲁滨孙经济的波动并无本质差异，突然发生的外部冲击同样会改变就业、产量和投资水平，使经济出现波动。譬如，伊拉克战争和2004 年的印度洋海啸，都会导致相关国家产生经济波动。

（二）实际经济周期理论的假设条件和基本前提

实际经济周期理论建立的基本模型是完全的瓦尔拉斯形式的，因此也被称为均衡经济周期模型。这一理论的基本假设与前提有：一是经济主体是理性的，也就是说，在现有的资源约束下追求它们效用和利润的最大化；二是理性预期假设成立；三是市场有效性假设成立；四是就业变动反映了工作时间的自愿变化，非自愿失业不存在，工作和闲暇在时间上具有高度替代性，五是货币中性假设。

在这些假设和前提下，实际经济周期理论表现出来的基本特征有：一是技术冲击替代货币冲击成为主导冲击因素，即认为总产量和就业的波动是由可应用的生产技术的大的随机变化引起的，各种传播机制将使最初的冲击扩散开来；二是不再关注有关总物价水平的不完全信息，而这在卢卡斯的早期货币幻觉模型中起着十分关键的作用；三是通过整合增长理论与波动理论，打破了宏观经济分析中的短期与长期的二分法。

（三）实际经济周期形成的原因

实际经济周期理论又称真实经济周期理论，出现在 20 世纪 80 年代，属于自由放任的新古典宏观经济学派。这种理论认为，市场机制本身是完善的，在所谓的"长期或短期"中都可以自发地使经济实现充分就业的均衡；经济周期源于经营体系之外的一些实际因素，如技术进步的冲击，而不是市场机制的不完善；实际经济周期理论否定了把经济分为长期与短期的说法，认为经济周期本身就是经济趋势或者潜在的或充分就业的国内生产总值的变动，并不存在与长期趋势不同的短期经济背离。

凯恩斯主义各派认为，宏观经济应分为长期与短期，在长期中决定一个国家经济状况的是长期总供给，长期总供给取决于一个国家的制度、资源和技术，长期中的经济增长是一个稳定的趋势，称为潜在的国内生产总值或充分就业的国内生产总值。短期中的经济状况取决于总需求。经济周期是短期经济围绕这种长期趋势的变动，也就是短期经济与长期趋势的背离。如果把各年的经济状况用实际国内生产总值来表示，长期的趋势用潜在的或充分就业的国内生产总值来表示，经济周期就是这两种国内生产总值的背离。

在凯恩斯主义经济学中，有经济增长理论与经济周期理论之分，前者研究长期问题，后者研究短期问题。但在实际经济周期理论中，经济增长与经济周期是一个问题。所以，实际经济周期理论实际上并不仅仅是经济周期理论，它本身就是完整的宏观经济理论。

根据实际经济周期理论，冲击一般分为来自货币的冲击和来自实际因素的冲击，以及由预期未来生产率变化产生的消费和投资的变动引起的总需求冲击和总供给冲击。总需求冲击和总供给的冲击或两者的组合会导致产量和就业情况的不稳定。其中总供给冲击主要由五种因素引起：一是自然环境中的一些不利变化，包括地震、洪灾、旱灾等自然灾害给农业产出带来不利影响；二是能源价格的突然升降；三是战争、政治动荡等会扰乱现有经济的运行秩序，破坏经济结构；四是政府干预破坏了市场激励结构，改变了经济主体的行为约束，使企业家才能转向寻租活动；五是资本、劳动投入的质量改变，新的管理方法，新产品的开发及新的生产技术的引进所引起的冲击。实际经济周期理论将第五种因素宽泛地定义为"技术冲击"。

四、经济周期中利率和支出的变动

（一）利率的变动

无论是由哪一种随机性冲击引起经济周期，反应最快的是金融市场。所以，经济周期开始的变动总是利率。在经济周期中利率变动的特点如下：

1. 衰退（经济周期总是先从衰退开始），开始时利率上升，但很快利率下降，当经济达到谷底时，利率往往低于衰退开始时的水平。

2. 无论由总供给还是总需求引起的衰退与周期，利率变动的规律基本是相同的。当然，不同原因引起利率变动的因素也不同，但总表现出类似的变动规律。

3. 利率变动是经济周期的一种先兆或标志，由于它对经济变化的反应最敏感，所以也成为经济学家判断经济周期阶段的一个指标。

4. 早在 20 世纪 30 年代之前，经济学家就重视货币、利率与经济周期之间的关系。从现代经济学家的观点来看，这种观点也不无道理。尽管货币与利率变动并不一定是引起经济周期的真正原因，但在经济周期中货币与利率的变动起到的重要作用却是毋庸置疑的。

（二）支出的变动

经济周期的中心是实际国民生产总值的波动，或者说是实际国民生产总值与其总趋势的背离。决定实际国民生产总值的是总支出，所以，经济周期的中心仍然是总支出的波动。只有了解经济周期过程中总支出的变动规律，才能真正了解经济周期本身的规律。如果说在经济周期中货币与利率是名义变量的变动，那么，总支出的变动才是实际变量的变动。实际变量的变动是经济周期的实质。这正是分析总支出变动规律的必要原因。在经济周期过程中，总支出的变动有这样一些带有规律性的特征：

1. 利率的变动引起了总支出的变动

利率对经济周期的重要性也正在于它必然引起总支出的变动。总支出变动中最重要的是投资支出。利率所影响的也正是投资支出。在衰退开始时，引起投资减少的除了利率上升之外，就是对未来预期的悲观。许多经济学家认为，这种预期因素也许比利率上升本身还重要。这也是利率在下降之后，投资并不立即增加的原因。

2. 投资减少的影响

利率是引起投资减少的原因之一，但经济周期的形成、衰退的加剧，关键还在于投资减少本身的影响。就短期而言，投资主要影响的是总需求。这就是乘数与加速原理的共同作用。投资减少通过乘数的作用使实际国民生产总值减少，实际国民生产总值的减少又通过加速原理使投资进一步减少。正是这种作用使衰退不断加剧，经济进入谷底。如果说利率上升只是衰退的序幕，那么，投资与实际国民生产总值的减少真正就是衰退本身，也是经济周期中最为重要的一环。

3. 任何一次经济周期的衰退都有下限

在衰退过程中对经济起稳定作用，并使衰退会有一定限度减缓的重要因素是消费，消费在总支出中占的比例最大，而且较为稳定。衰退使实际国民生产总值和可支配收入减少，但这种减少被人们认为是暂时的，所以消费支出所占的比例并没有减少。这就是消费对经济所起的稳定作用。

当利率下降到一定程度之后，加之人们对未来信心的恢复，经济就会从谷底走向复苏。当某种随机性冲击引起经济衰退之后，上述过程是自发进行的。这表明，经济周期是市场经济本身固有的规律，是一种经济自发调节的过程。

第二节　经济增长理论

一、经济增长概论

经济增长是现代宏观经济学的重要理论之一。一般认为，经济周期由总需求在短期中变动决定，经济增长由供给能力在长期中变动决定。

（一）经济增长的概念及特征

一般把经济增长看作是某国在一定时期内，生产商品与提供劳务潜在能力的提升，或者商品与劳务的增加，通常用国内生产总值（GDP）来衡量。

1. 经济增长的概念

经济增长是指一个国家或一个地区生产商品和劳务能力的增长。如果考虑到人口增加和价格变动情况，经济增长应当包括人均福利的增长。库兹涅茨给经济增长下了这样一个定义：一个国家的经济增长，可以定义为给居民提供日益繁多的经济产品能力的长期上升，这种不断增长的能力是建立在先进技术以及所需要的制度和思想意识之相应的调整的基础上的。它包含三个含义：①经济增长首先表现在经济实力的增长。即提供产品能力的长期上升，表现为商品和劳务总量的增加，也就是国内生产总值（GDP）的增加。这种增加不仅包含总量上的增加，也包含了人均 GDP 指标的增长。因而不断提高国民生活水平，是经济增长的结果，也是经济增长的标志。②技术进步是实现经济增长的必要条件。即经济增长是建立在技术不断进步的基础上，也就是说，先进的技术是经济增长的基础或者说必要条件。③经济增长的充分条件是制度与意识的相应调整。即社会制度与意识形态的某种变革是经济增长的前提，因为制度与意识的调整是技术得以发挥作用的充分条件。

2. 经济增长的特征

库兹涅茨总结了现代经济增长的特征，即从数量上、结构上、国际范围三方面分别研究经济增长的特征。

（1）在数量上的高增长率

①按人口计算的产量高增长率和人口的高增长率；

②生产率增长迅速。要素产出率、劳动生产效率、人均产量增长率等生产率本身增长的程度也是很高的。

（2）在结构上迅速改变

①经济结构的快速变革。在产业结构、产品结构、消费结构、规模结构、区域结构、人口结构等方面变化迅速。例如由农业转向非农业，由工业转向服务业也是很迅速的，生产规模的变化，单个私人企业转向全国性或跨国公司等；

②社会结构与意识形态的迅速改变，表现在社会城市化和移风易俗上。

（3）在国际范围内迅速扩散

①经济增长在世界范围内的迅速扩大，经济发达国家向其他国家争取市场和原料；

②世界各国经济增长不平衡，先进国家和落后国家之间人均产出水平有很大差距。

（二）经济增长的衡量指标

经济学家一般采用国内生产总值（GDP）作为衡量商品和劳务生产总量的标准。然而，国内生产总值增长率不能完全看作经济增长率，还要考虑以下几个因素：

1. 物价上涨因素

真实衡量经济增长的只能是实际国内生产总值的变动。如某年国内生产总值增长20%，但物价水平也上升20%，则实际国内生产总值并没有增加。

2. 人口变动因素

假如某一国家某一时期 GDP 增长 3%，人口增长也是 3%，则按人口平均计算的 GDP 根本没有增加，如人口增长率超过 GDP 增长率，人均 GDP 就要下降，从而人们的实际生活水平就要下降。

3. 总需求变动因素

有些经济学家认为，衡量经济增长，不应以实际的 GDP 为标准，而应以国家的生产能力即潜在的 GDP 为标准，方可抽去总需求变动因素。假定失业率为 4% 时的产量水平是潜在 GDP 水平，若某年总需求水平很低，实际失业率是 8%，则实际 GDP 低于潜在 GDP。如果下一年总需求增加使失业率达到 4%，则实际 GDP 似乎增加很多，但这实际上不是通过提高生产能力本身获得的，而仅是提高生产能力利用率而已。因此，实际 GDP 不能作为衡量经济增长的真实标准。实际 GDP 在经济周期中的扩张，不能看作是经济增长，而只能视为经济波动中的膨胀。

4. 福利状况的改善

一些经济学家认为，不管是用实际的 GDP，还是潜在的 GDP 作为衡量经济标准，都有缺陷。若经济增长局限在物质产出上，会忽视人类其他方面福利的增进，如工作时间缩短，产品质量改进，医疗进步等都难以得到反映。又如，不经过市场的许多活动无法统计到经济增长中去，经济增长给社会带来的环境污染、资源枯竭等也难以计算进去。

（三）经济增长的源泉

经济增长源泉的分析所要说明的中心问题是：劳动的增加、资本存量的增加及技术进步，在促进经济增长中所起作用的大小。

经济增长是产量的增加，因此可以根据总生产函数来研究增长的源泉。总生产函数是指总产量与生产中使用的全部生产要素投入量之间的函数关系，其公式为 $Y = Af(K, L)$，其中 Y 为产量，K 为资本，L 为劳动，A 代表技术。所以，从生产的函数关系来看，经济增长的源泉主要有资本、劳动与技术进步。但三者引起经济增长的环境是制度环境。

1. 资本的增长

从古典经济学开始，就把资本积累（增加）作为国民财富增加的源泉。资本包括物质资本和人力资本。物质资本又称有形资本，是指设备、厂房、存货等固定资产和流动资产的存量；人力资本又称无形资本，是指体现在劳动者身上的投资，如劳动者的文化水平、身体健康状况等。

现代经济增长理论主要是从资本劳动比、人均资本量、资本产出比、储蓄与资本积累等相关理论范畴来分析探讨资本在经济中的影响和贡献。每个工人拥有的资本品越多，越是用先进的工具和机器设备把自己武装起来，他们的产出就会越大。

2. 劳动增加

劳动的增加包括：①劳动力数量的增加。主要有人口的增长、就业率的提高、劳动时间的增加。②劳动质量的提高。主要是指劳动效率的提高、劳动技能的提升。劳动者越有技能，其生产率就越高。先进的技术设备，必须由高素质的劳动者来操纵，劳动者如果没有受到良好的教育，就没办法实现现代知识经济时代高效率的运转模式。现代的高科技对劳动者素质的要求更高了。

一般来说，在经济增长的开始阶段，人口增长率也高。这时劳动的增加主要依靠劳动力数量的增加。当经济增长到了一定阶段，人口增长率下降，劳动工时缩短，这时就要通过提高劳动力的质量来弥补劳动力数量的不足。这是一个普遍规律。

3. 技术进步

技术变革尤其是高新技术转化为现实的生产力的过程要求技术进步，主要表现在生产率的提高、资源配置的改善、规模经济的形成、知识的进展等方面。①生产率的提高，是指用同样的资源可以生产出更多的产品。体现在产出质量更高的产品，使用更好的生产方法和采用更好的生产组织方式。②资源配置的改善，是指资源从低生产率部门不断转移到高生产率部门的重新配置。资源配置的改善主要是指人力资源配置的改善，即劳动力从低生产率部门转移到高生产率部门中，包括农业劳动力转移到工业中以及独立经营者与小企业中的劳动力转移到大企业中去。劳动力的这种转移促使社会生产率大大提高。③规模经济是指由于企业规模扩大而引起的成本下降与收益增加。企业规模扩大后，由于能采用新技术与最先进的设备，能采用新的生产方法而提高了生产率。④知识的进展包括科学技术、管理科学的进展及其在生产中的运用，新工业的发明与采用等，是技术进步中最重要的内容。根据美国经济学家丹尼森的计算，技术进步引起的生产率提高中有 60% 左右要归功于知识的进展。

4. 制度环境的改善

社会制度和意识形态对经济增长是很重要的。非经济因素，尤其是政治因素，也是经济增长中应考虑的。一个社会只有在具备经济增长所要求的基本制度条件，有了一套能促进经济增长的制度之后，这些经济因素才能发挥作用。战后许多发展中国家之所以经济发展缓慢，关键并不是缺乏资本、劳动或技术，而是制度落后或进展缓慢。

二、经济增长模型

经济增长模型是通过对决定经济增长的因素之间量的关系的分析来寻求经济长期稳定增长的途径。它主要解决三个问题：第一，在长期中是否存在一种稳定状态的增长？第二，实现稳定均衡增长的条件是什么？第三，均衡增长是否具有稳定性？

（一）哈罗德-多马经济增长模型

哈罗德-多马经济增长模型是在 20 世纪 40 年代分别由英国经济学家哈罗德和美国经济学家 E. 多马提出来的[①]。

1. 基本假设

①社会只生产一种产品，这种产品既可作为消费品，也可以作为资本品；②生产中只使用两种生产要素：L 和 K，这两种生产要素为固定技术系数，即它们在生产中的比率是固定的，不能互相替代；③规模收益不变，即生产规模扩大时不存在收益递增或递减；④不考虑技术进步，即生产技术水平是既定的。

2. 基本公式

基本公式是：增长率＝储蓄率/资本产出比，数学表达式为：$G = S/V$。这一模型强调的是储蓄变化、资本效率变化对经济增长的关系和影响。

3. 长期均衡稳定增长条件

哈罗德模型还用时间增长率、有保证的增长率与自然增长率这三个概念分析了经济长期稳定增长的条件与波动的原因。①实际增长率（G）是实际发生的增长率，它由实际储蓄率（S）和实际资本-产量的比率（V）决定，即 $G = S/V$；②有保证的增长率（G_w）称合意增长率，是长期中理想的增长率，它由合意的储蓄率（S_d）和合意的资本-产量的比率（V_r）决定，即 $G_w = S_d/V_r$；③自然增长率（G_n）是长期中人口增长和技术进步所

---

①　李协和. 谈哈罗德-多马经济增长模型及其应用 [J]. 江西财经学院学报，1984，（第 3 期）：70.

允许达到的最大增长率，它由最适宜的储蓄率（S_o）和合意的资本-产量的比率（V_r）决定，即 $G_n = S_0/V_r$。

哈罗德-多马模型认为，长期中实现经济稳定增长的条件是实际增长率、有保证增长率与自然增长率相一致，即 $G = G_w = G_n$。

4. 经济增长与周期性波动

如果这三种增长率不一致，则会引起经济中的波动。

①当 $G > G_w$ 时，会引起累积性的扩张。因为这时实际的资本-产出量比小于合意的资本-产出量比，资本家会增加投资，使这两者一致，从而刺激经济的扩张。反之，结果则相反。所以，G 与 G_w 背离，会引起经济中的短期波动。

②当 $G_w > G_n$ 时，由于 G_w 超过了人口增长和技术进步所允许的程度，将会出现长期停滞。反之，当 G_w 不会达到人口增长和技术进步所允许的程度，将会出现长期繁荣。所以，在长期中，G_w 与 G_n 的背离会引起长期经济波动。

（二）新古典经济增长模型

1. 新古典模型的基本思想

新古典经济增长模型是在批判哈罗德-多马模型的基础上提出来的，主要代表人物有美国经济学家 R. 索洛、J. 托宾、P. 萨缪尔森，英国经济学家斯旺、米德等[①]。他们认为在现实中，由于各种因素的影响，三种增长率很难达到一致，哈罗德-多马模型所指出的经济增长途径是很难实现的。由于技术在现代经济增长中起着十分重要的作用，通过技术进步来提高资本-产出比，对现实经济增长具有决定性的影响。所以，新古典模型就是要通过改变资本-产出比来解决增长途径的"刃锋"问题。

2. 新古典模型的基本假设

①全社会只生产一种产品，用于消费和投资都可以；②在完全竞争条件下，生产中资本与劳动比例是可以发生变化的；③规模收益不变，边际生产力递减。

3. 新古典经济增长模型的基本公式

新古典经济增长模型的基本公式：

$$k' = sf(k) - nk$$

其中，资本广度化投资（nk），是指投资用来按给定的资本与劳动力比例来装备新增

---

① 贺菊煌. 带生命周期消费的新古典增长模型 [M]. 北京：社会科学文献出版社，2007. 06.

加的劳动力（n），即 nk，而 n 是一个固定的劳动力增长率；资本深度化的投资（k'），是指投资用来扩大或加深资本与劳动力的比例，使平均劳动力的资本使用量增加，即资本与劳动力比例的变化率增加。

4. 模型的含义

第一，决定经济增长的因素是资本的增加、劳动的增加和技术进步。第二，资本–劳动比率是可变的，从而资本–产量比率也就是可变的。这是对哈罗德–多马模型的重要修正。第三，资本–劳动比率的改变是通过价格的调节来进行的。如果资本量大于劳动量，则资本的相对价格下降，劳动的相对价格上升，从而使生产中更多地利用资本，更少地利用劳动，即通过准备密集型技术来实现经济增长。反之，结果相反。这样，通过价格的调节使资本与劳动得到充分利用，经济得以稳定增长。

5. 经济长期稳定增长的条件

该模型公式同哈罗德的有保证的增长率（G_w）等于自然增长率（G_n）的意义完全一样。在哈罗德模型中，S、C、n 都是固定不变的，在新古典模型中 C 是可变化、可调整的，在市场机制充分发挥作用下，能够实现经济的充分就业的稳定增长。

（三）新剑桥经济增长模型

1. 新剑桥模型的基本思想

该模型针对新古典模型不重视储蓄变化（即社会分配问题）而提出来的。其代表人物主要有：琼·罗宾逊、卡尔多、帕西内蒂等[①]。该模型的基本思想是把经济增长与收入分配联系起来，强调通过调整储蓄率来实现充分就业的均衡增长。

2. 新剑桥模型的基本假设

①社会成员分为利润收入者与工资收入者两种，其二者收入占整个国民收入比例分为：P/Y、W/Y；②利润收入者与工资收入者的储蓄倾向不变，其储蓄率分别为 S_p、S_w；③利润收入者的储蓄倾向大于工资收入者的储蓄倾向；④全社会的储蓄率公式如下：

$$S = \frac{P}{Y}S_P + \frac{W}{Y}S_w$$

3. 新剑桥经济增长模型

资本利润率用 π 表示，$G = \pi(S_P - S_w) + S_w$，充分就业的均衡增长率，由利润率高低

① 韩明明. 新剑桥经济增长模型的现实思考［J］. 广东经济，2017，（第 18 期）：178–179.

和利润收入者、工资收入者的储蓄率大小决定。S_p、S_w既定条件下，能够通过变动利润和工资在国民收入中的比例，进而变动整个社会的储蓄率（在哈罗德–多马模型中是不变的）和利润率，实现充分就业的均衡增长。

4. 经济长期稳定增长的条件

经济要稳定增长，利润和工资在国民收入中要保持一定比率。这一比率是可变的。随着经济增长，在国民收入分配中，利润的比率在提高，工资的比率在下降。则储蓄率提高，投资增加，经济增长加快。反之，结果相反。因此，要保持一定的储蓄率就必须使国民收入中工资与利润保持一定水平，须通过价格调节来实现。要使经济按一定的增长率增长，就必须保持一个稳定的储蓄率。而社会储蓄率的变化则受到社会分配的影响。如果社会分配失调，则不利于储蓄，不利于经济增长。因此，新剑桥学派认为，资本主义社会的弊病在于收入分配失调，解决资本主义社会问题的途径不是追求经济增长，而是国家采取政策措施来实现收入分配的均等化。

三、经济增长因素分析

（一）肯德里克的全要素生产率分析

1. 基本思想

20世纪60年代初美国经济学家肯德里克对美国不同时期生产率的发展趋势进行了研究，以确定各个生产要素生产率提高对经济增长所起的重要作用。

2. 第一次提出了全要素生产率的概念

肯德里克认为，产量和某一种特定生产要素投入量的比率是部分生产率，例如，资本生产率或劳动生产率。产量和全部生产要素投入量的比率是全要素生产率。而全要素生产率不会受要素投入量结构的变化等因素的影响，能反映出生产率提高在经济增长中所起的作用。

3. 肯德里克还分析了影响全要素生产率的因素

肯德里克还分析了影响全要素生产率的因素。他认为，这些因素是相当复杂的，主要有无形投资（研究、教育等的投资）、资源配置的合理化、技术创新的扩散、生产规模的变动，等等。但肯德里克并没有对这些因素的具体作用大小做出分析。这一工作是由另一名美国经济学家丹尼森进行的。

（二） 丹尼森对经济增长因素的分析

丹尼森在肯德里克全要素生产率理论的基础上，详尽地对影响经济增长的因素进行定量分析。这些因素包括：

1. 要素投入量

①就业人数、年龄、性别结构；②投入工时数，包括非全日工作工人在内的工时数；③就业人员的受教育年限；④资本存量的大小。

2. 单位投入量的生产率

①资源配置上低效益工作使用劳动力比重的减少；②规模经济的扩大，以市场的扩大来衡量；③知识进展。

3. 丹尼森的实证分析

丹尼森的实证分析。观点如下：①一般说来，单位投入量的产出量提高对经济增长的贡献为一半左右；②为各国的经济效率奠定了基础。

四、新经济增长理论

（一） 新经济增长理论研究发展的基本特点

自 20 世纪 80 年代以来，经济增长理论取得了重大进展，其最突出的特点是：第一，在国家干预、市场机制与经济增长的关系研究方面取得了进展；第二，新古典学派的传统在增长问题研究中成为主流，即在原来的经济增长模型中，把外在的技术进步因素内在化，并在此基础上全面扩展了技术进步的含义；第三，制度经济学也成为新经济增长理论研究的一个重要方面。

（二） 罗默尔的新经济增长论

1. 罗默尔模型

P·罗默尔收益递增模型①，把知识积累看作是经济增长的一个独立因素，特殊的知识和专业化的人力资本是经济增长的最重要的源泉，它们自身不仅能形成递增的收益，还能使投入的劳动和资本也产生递增的收益，从而使整个经济的规模收益是递增的，其公式

---

① 许纯祯，吴宇晖，张东辉. 西方经济学 ［M］. 北京：高等教育出版社，2008. 10.

表示为：

$$Q_i = F(K_i K X_i)$$

其中 Q_i 表示 i 厂商的产量；F 表示所有厂商的连续微分生产函数；K_i 表示 i 厂商生产的专业化知识；K 表示所有厂商都可以使用的一般知识；X_i 表示 i 厂商的物质资本和劳动等追加生产要素投入的总和。

2. 知识积累与经济增长

在罗默尔模型中，知识不再是一个外在独立因素和变量，而是直接作用于经济增长的内在因素和变量。主要包括：①一般知识。可使全社会获得规模经济效应；②专业化知识。会给个别厂商带来超额利润，进而成为个别厂商的研究与开发的资金来源，促进了技术进步，且与投资相互促进。作为独立因素的知识积累不仅自身产生递增收益，还使其他要素的收益递增，扩展所及还会使全社会的收益递增。因此，知识的积累不仅可以实现社会总产出的规模收益递增，而且还是经济长期均衡和稳定增长的保证和源泉。

3. 罗默尔模型的实证检验意义

当今世界上某些大国把资源的 50% 左右用在研究与开发方面，这一现象充分说明了知识已经成为影响一个公司或一个国家经济增长率快慢高低的关键因素，也就是说，现代经济从本质上说就是知识经济。

在分析国际经济增长问题时，罗默尔认为知识和积累率的高低和由此带来的要素收益率的差距是各国经济增长率与人均收入存在巨大差别的主要原因，技术进步与资本积累呈现明显正相关。

从世界范围来看，国际贸易可以加快知识积累，提高世界总产出水平。对穷国来说，通过国际贸易可以引进其他国家的新技术来提高本国的劳动生产率，引进新技术还可以把节约的用于研究与开发的资源用于其他方面。这样，一方面可以促进穷国经济迅速发展，另一方面也可以缩小同富国的差距，所以，引进新技术是穷国迅速走上富国之路的重要途径之一。

（三）卢卡斯新经济增长论

1988 年卢卡斯提出了一个专业化的人力资本增长模型，即卢卡斯模型，其特点就是把经济增长中的技术进步具体化，将其体现在生产中的一般知识上，表现为劳动者劳动技能的人力资本[①]。

---

① 许纯祯，吴宇晖，张东辉. 西方经济学 [M]. 北京：高等教育出版社，2008.

1. 卢卡斯在模型中把资本划分为物质资本与人力资本，把劳动划分为原始劳动与专业的人力资本。同时，卢卡斯把人力资本又具体化为：全社会共同拥有的一般知识形式的人力资本和表现为劳动者劳动技能的专业化的人力资本。卢卡斯认为，只有专业化的、特殊的、表现为劳动者劳动技能的人力资本才是经济增长的真正源泉，是推动经济增长的重要动力。

2. 人力资本效应。一是内在效应。它是通过正规与非正规教育形成的，它体现在高人力资本可以产生收益递增，并获得高收入。二是外在效应。它是在实际中边学边干，获得经验而形成的人力资本带来的，表现为资本与其他要素的收益递增。卢卡斯强调，在某种生产中所需要的专业化人力资本是增加产量的决定因素。人力资本增长率高的国家，人均收入增长率也高。正是各国人力资本的差异导致了各国在经济增长率和人均收入方面的差异。

3. "学中干"与"干中学"。卢卡斯认为，形成人力资本除了接受正式教育或脱离生产岗位到学校学习外，还可以不离开生产岗位，通过师父带徒弟或在工作中边干边学的方式。这也为发展中国家积累人力资本提供一个新思路：发展对外贸易，引进高科技产品，而后通过直接操作新设备或消费新产品等方式在实践中积累经验，学习掌握新技术。

卢卡斯还认为，由于人力资本积累率的提高可以促使资本收益率递增，因此，一个国家要吸收与引进国际资本，就必须采取各项政策措施与法律保障来提高人力资本积累率。

（四）斯科特的新经济增长论

英国经济学家莫里斯·斯科特提供了一个资本投资决定技术进步的模型[①]。该模型的特点如下：

1. 继承了新剑桥学派对新古典经济增长模型的批评。斯科特认为运用总量生产函数的主要难题在于资本总量是不可加总的，而且不可测量，建议用新增投资总量与产出关系作为替代。同罗默尔新经济增长论一样，斯科特也认为技术进步是影响经济增长的主要因素，但他强调技术进步的作用与投资不能分开，并可用投资数量来测量。

2. 斯科特认为，经济增长率主要取决于资本投资率和劳动生产率的增长率，同罗默尔等人的理论一样，斯科特也认为经济增长的关键是技术进步，知识与技术对劳动力的质量和劳动生产效率都有重要影响；斯科特却反对罗默尔、卢卡斯等人过分强调技术进步、知识积累和人力资本对经济增长的作用，并将其与资本积累割裂开来的做法，认为技术进

---

① 许纯祯，吴宇晖，张东辉. 西方经济学 [M]. 北京：高等教育出版社，2008.

步与投资总是一体的，而不是单独的力量。

3. 斯科特强调，资本投资是技术进步的源泉，是经济增长的决定性因素。现今世界上的发展中国家通过国际贸易可以吸收先进技术和人力资本，从而减少失误、避免走弯路，形成一种特殊的赶超效应，加快本国经济发展步伐。

第七章 通货膨胀与宏观经济政策分析

第一节 失业与通货膨胀理论

一、失业理论

（一）失业

失业是宏观经济运行中产生的、通常与通货膨胀并列考察的一种"病态"经济现象。在失业问题上，宏观经济政策的目标是实现充分就业，但由于测量各种经济资源的就业程度非常困难，因此经济学家通常以失业情况作为衡量就业量的尺度。

1. 失业的测量与分类

（1）失业的概念

在经济学范畴中，一个人愿意并有能力为获取报酬而工作，但尚未找到工作的情况，即认为是失业。

我们可以理解为：达到就业年龄、具备工作能力谋求工作、但未得到就业机会的状态。对于就业年龄，不同国家往往有不同的规定，美国为 16 周岁，中国为 18 周岁。

失业有广义和狭义之分。广义的失业指的是生产资料和劳动者分离的一种状态。在这种状态下，劳动者的生产潜能和主观能动性无法发挥，不仅浪费社会资源，还对社会经济发展造成负面影响。狭义的失业指的是有劳动能力的、处于法定劳动年龄阶段的、并有就业愿望的劳动者失去或没有得到有报酬的工作岗位的社会现象。

（2）失业人口划分

没有劳动能力的人不存在失业问题。有劳动能力的人虽然没有职业，但自身也不想就业的人，不称为失业者。对失业的规定，在不同的国家往往有所不同。在美国，年满 16 周岁而没有正式工作或正在寻找工作的人都称为失业者。以下几种情况也算作失业：

①被暂时解雇而等待重返原工作岗位的人；

②于 30 天之内等待到新的工作单位报到的人；

③由于暂时患病或认为本行业一时没有工作可找而又不寻找工作的无业者。

（3）失业的测量

一个经济社会的失业状况通常是通过失业率来衡量的。为了定义失业率，首先得定义劳动力。在宏观经济学中，劳动力指在法定工作年限内（如年龄在 16 到 65 岁之间）具有工作能力的人，它是正在工作和已经失业的人的全体，若用 N 表示正在工作的人的数量，即就业量，U 表示失业者总数，即失业量，L 表示劳动力总量，则有：

$$L = N + U \tag{7-1}$$

于是，失业率是指在劳动力中失业人数所占的百分比，或者说失业人数与劳动力总数之比。用 M 表示失业率，则有：

$$M = U \div L \times 100\% \tag{7-2}$$

由失业率的定义可知，若失业率已知，则就业率为 1 减去失业率。

大多数国家通过两种途径获得失业率的相关数据。第一是集中失业者在劳动管理部门申报登记的数据。由于申报失业可以领取失业救济金、得到就业信息等好处，因此，绝大多数失业者会愿意到劳动管理部门申报登记。第二是通过定期的抽样调查来估算失业人口。这两种方法获得的数据存在一定差异，但可以互相参照。

（4）失业的分类

宏观经济学通常按照失业的原因将失业一般分为摩擦性失业、结构性失业及周期性失业三类。

①摩擦性失业。摩擦性失业是指因季节性或技术性原因而引起的失业，即由于经济在调整过程中，或者由于资源配置比例失调等，使一些人需要在不同的工作中转移，使一些人等待转业而产生的失业现象。这在本质上是过渡性或短期性的，通常起源于劳动力供给方，人们换工作或找工作就是这种失业的例子。

摩擦性失业是由于人们在不同的地区，不同的职业或一生中的不同阶段的工作变动所引起的。即使经济处于充分就业状态，由于人们从学校毕业或搬到新城市而要寻找工作，或者与老板闹矛盾等，总是会有一些人的工作发生变动。在变动期间，受劳动力市场供求信息交流不完善、流动成本、职业技能、个人特长和居住地区等因素影响，找到一份合适的工作需要时间，在这段时间内，这些劳动力就处于失业状态，尽管同时存在着职位空缺。因此，摩擦性失业又被称为由于人们寻找一份工作需要时间而引起的失业。摩擦性失业被看作求职性失业，即一方面存在职位空缺，另一方面存在着与此数量对应的寻找工作的失业者。因为摩擦性失业的人员经常在职业之间流动或寻找更好的工作，所以他们往往又被认为是自愿失业者。

②结构性失业。结构性失业是指劳动力的供给和需求不匹配造成的失业。特点是既有失业，又有职位空缺，失业者或者没有合适的技能，或者居住地点不当，因此无法填补现有的职位空缺。它是在对工人的供求不一致时产生的。供求之所以会出现不一致是因为对某种劳动的需求增加，而对另一种劳动的需求减少，与此同时供给没有迅速做出调整。当某些部门相对于其他部门出现增长时，我们经常看到各种职业或地区之间供求的不平衡，这种不平衡折射的是经济结构变化、产业兴衰转移。技术进步、国际竞争、非熟练工人缺乏培训、消费习惯改变、政府的财政、税收和金融政策等影响产业结构的因素都可能导致结构性失业。

结构性失业与摩擦性失业既有联系又有区别。两者的共同特点是职位空缺与失业并存，但结构性失业更强调的是职位空缺所需要的劳动技能与失业工人所具备的劳动技能不相符合，或职位空缺不在失业工人居住的地区，或失业工人无力支付昂贵的培训费用和迁转费用。因此，尽管失业工人能够获得劳动市场有关职位空缺的信息，但他却无法填补空缺的职位。

因此，结构性失业在本质上是长期的，通常起源于劳动力需求方，由经济变化导致。这些经济变化引起特定市场和区域中的特定类型的劳动力的需求相对低于其供给。

从导致劳动力供求结构不一致的原因的角度出发，可以把结构性失业分为以下几种类型：结构调整型失业、体制转轨型失业、经济增长方式转变型失业、技术进步型失业、知识经济发展型失业及教育发展滞后型失业。

从劳动力供求结构不一致的诸多表现形式的角度出发来划分结构性失业，又可分为以下几种类型：就业观念滞后性失业、地区供求不对称性失业、年龄供求不对称性失业及性别供求不对称性失业。

根据结构性失业的特征，职业指导工作的核心应放在培训方面，通过参加培训，使技能更新与技术发展同步。另外，应加强劳动力市场的信息传递，指导求职人员及时了解劳动力市场各类人员的供求状况，并做好供求状况的预测工作。

③周期性失业。周期性失业又称为总需求不足的失业，是由于整体经济的支出和产出水平下降，即总需求不足而引起的短期失业，它一般出现在经济周期的萧条阶段。这种失业与经济中的周期性波动是一致的。在复苏和繁荣阶段，各厂商争先扩充生产，就业人数普遍增加。在衰退和谷底阶段，由于社会需求不足，前景暗淡，各厂商又纷纷压缩生产，大量裁减雇员，形成令人头疼的失业大潮。

周期性失业的原因主要是整体经济水平的衰退；由于它是不可避免的，因而周期性失业也是人们最不想看见的。20 世纪 30 年代经济大萧条时期的失业就完全属于周期性失业。与结构性失业、摩擦性失业等失业状况不同，周期性失业的失业人口众多且分布广泛，是经济发展最严峻的局面，通常需要较长时间才能有所恢复。

各失业类型及特征见表 7-1。

表 7-1　各失业类型及特征

失业类型	特征
摩擦性失业	由于人们在各个地区之间、各工作状态之间不停变动，或者处在跨越生命周期的不同阶段而产生的失业
结构性失业	某些部门和地区的劳动力的供给与需求不匹配所导致的失业（供过于求）
周期性失业	当总支出和产出下降时，对劳动整体需求下降引起的失业。标志是许多地区和职业的劳动市场同时呈现失业率上升

2. 失业的原因

在宏观经济学中，关于失业的原因可分为自愿性失业和非自愿性失业。前者指工人不愿接受现行工资水平而形成的失业。后者指愿意接受现行的工资但仍然找不到工作的失业。

（1）自愿性失业

自愿性失业是指劳动者不愿意接受现行工资或不满意工作现状和条件或其他原因而自愿失去职业。例如，在自愿失业的情况下，工人可能因市场工资待遇低于他们的要求而失业；某些生产效率高的人可能宁愿赋闲，也不干低工资的工作而失业等。

自愿性失业的存在是失业的一种特例。一个经济体即使存在某种数量的自愿性失业者也能高效率地运行。自愿性失业的工人在现行工资率下可能宁愿休闲或上学或进行其他活动——或许他（她）愿意留在家中照顾幼儿，或许他们实际上有一个职位，但为了找到工资更高或福利更好的工作而到处奔波，或许他们愿意提前退休，等等。有无数原因说明人们为什么自愿在现行工资率下不工作，而这些人中的某些人可能是官方统计中的失业者。

（2）非自愿性失业

非自愿性失业指工人愿意接受现行工资水平与工作条件，但仍找不到工作而形成的失业。这是 1936 年由英国经济学家凯恩斯在其著作《就业、利息和货币通论》中提出的概念。

传统理论认为，劳动力市场中的工资具有完全的灵活性，能够自由地调整市场的供给和需求，从而使市场自行达到均衡状态。例如，当市场工资率高于均衡工资率时，愿意供给的劳动量将超过厂商愿意雇用的劳动量，劳动力市场供过于求，出现失业现象；为了尽快找到工作，大量竞争同一岗位的工人将会推低市场工资水平，而较低的工资水平将促使厂商愿意增加劳动雇用量，从而使市场不断趋向均衡水平。因此，当工资能够自由浮动且具有完全的灵活性时，劳动力市场不可能有生产不足或非自愿性失业。

但凯恩斯指出，现实中的工资往往具有非灵活性，工资倾向于缓慢地调整以适应经济的冲击。同时，还有一个更为根本的原因在于经济社会中存在有效需求不足。只要存在着有效需求不足，工人即使愿意接受降低了的工资率，仍然不会有雇主雇用他们。换言之，假定产品没有销路，哪怕工资率再低，并且工人愿意按低工资被雇用，厂商也不会增雇工人。

因此，要消除非自愿性失业，关键在于提高有效需求，非自愿性失业是凯恩斯对传统失业理论的重要补充，也是凯恩斯《就业、利息和货币通论》直接研究的对象。凯恩斯认为，只有消除了非自愿性失业，才能真正实现充分就业。

3. 失业的影响

失业不仅是经济问题，也是社会问题。从经济角度看，失业造成劳动力和其他经济资源的闲置，社会未能充分利用稀缺的经济资源创造出最大的财富。从社会的角度看，失业使失业人员生活水平下降、承受痛苦，影响着他们的身心健康，不利于社会的安定。

失业率过高，影响经济正常发展，严重的甚至引发社会动荡，因此，无论是哪国政府，都非常重视失业问题，都把增加就业作为最主要的政策目标之一。

（1）失业对经济的影响

失业对经济的影响典型地表现在社会对资源利用的减少，造成生产收缩、资源闲置，国民收入减少。劳动力是经济社会最重要的生产要素，失业使劳动力资源无法得到充分利用，使劳动力创造的价值发生无法弥补的损失。同时，由于生产要素的联合性，劳动力资源的闲置也使社会的其他资源（土地、机器设备等资本）无法投入使用，造成难以弥补的经济损失。

（2）失业对社会的影响

失业的社会影响虽然难以估计和衡量，但它容易为人们所感受到。失业不仅使失业者及其家庭经济收入和消费水平下降，也会给失业者的心理造成伤害，带来一系列社会问题，影响家庭和社会的安定。

失业者没有收入或收入减少，家庭的要求和需要得不到满足，家庭关系将因此受到损害。西方有关的心理学研究表明，解雇造成的创伤不亚于亲友的去世或学业上的失败。此外，失业者家庭之外的人际关系也受到失业的严重影响。一个失业者在就业的人员当中失去了自尊和影响力，面临着被同事拒绝的可能性，并且可能要失去自尊和自信。最终，失业者在情感上受到严重打击。

失业率高的社会，往往伴随着高犯罪率、离婚率和其他各种社会骚乱。失业率的上升往往会引起犯罪率的增加。当人们没有从正当工作中得到收入时，有时就会去犯罪。高犯罪率也是高失业率的代价。此外，失业有损失业者的自尊心，这也会引发许多社会与政治问题。因此，从社会学角度来看，失业不利于社会的稳定。许多社会犯罪、堕落和悲剧，如犯罪、自杀、离婚、吸毒等都与失业率的增加相关。尽管很难从数字上确定失业与这些现象之间的关系，但它们之间的正相关关系的确是普遍的事实。

（二）失业的治理

充分就业是任何经济社会政府宏观经济管理的终极目标之一，宏观就业政策是经济社会政府管理的一个重要组成部分。在长期的探索和实践中，西方各国从增加劳动力需求、改善劳动力供给以及完善劳动力市场机制等方面做出了大量的促进就业的努力，积累了宝贵的失业治理经验。

1. 增加社会的劳动力需求

经济社会的就业状况在很大程度上取决于其国民经济增长水平，在长期的实践中，西方国家普遍形成了在经济增长中拓展就业空间的思路。在劳动力总量既定的情况下，经济社会的经济增长速度越快，国民收入产出水平越高，对劳动的需求就越大，劳动的失业率就会越低。各国采取的增加社会劳动力总需求的主要措施包括以下三点：

①实施积极的财政政策，扩张政府的财政支出，尤其是公共项目上的支出。政府购买的增加直接增加了对社会产品的需求，刺激产业生产的发展，促进社会雇用劳动量的增加；增加公共项目上的支出还能直接创造就业岗位。

②实施积极的货币政策，如降低利率、扩大信贷规模等，降低企业的融资成本，引导企业扩大投资，扩张生产，增加就业。

③实施积极的产业政策，引导和扶持国民经济主导产业和就业吸纳能力强的产业的发展，促进国民经济水平的提升和经济结构的转变，增加就业。

可以说，保持经济稳定增长，是扩大就业减少失业的根本途径。

2. 改善社会劳动力的供给

现代科技的发展对劳动者的素质要求越来越高。缺乏一定文化、科技素质的劳动者越来越难找到工作。为了减缓企业裁员对劳动力市场的冲击并使失业者重新进入劳动力市场，很多国家建立了国家控制失业的服务制度。政府通过组织各类培训和再培训，使劳动者不断掌握新知识、新技能，提高劳动者素质，提高劳动者的适应性和流动性，以减少结构性失业，同时也为新的产业、新的工种提供源源不断的人才。同时，通过加强立法来保障职业培训，也是许多国家面对严峻的失业形势所采取的一种带有强制性的举措。

3. 完善劳动力市场的供求机制

完善劳动力市场的供求机制的目的是弥补劳动力市场的失灵。西方国家的主要措施包括以下两项：

①完善市场为导向的劳动力配置机制，充分发挥价格在配置劳动力资源方面的基础作用。在调节劳动力市场供求方面，灵活调整的市场价格发挥着至关重要的作用，确保市场实现均衡。一旦由于制度、法律、工会组织等外在因素的限制，使得劳动力价格高于市场均衡价格，并呈现向下的刚性，必将出现持续的非自愿失业现象。20 世纪 80 年代以来，各国都开展了以市场化为导向的改革，西欧等国放松了对劳动力市场的管制，包括取消最低工资限制、削弱工会组织的垄断势力；转型国家和发展中国家进行了市场经济体制改革，逐渐缩减国家干预的范围和强度，逐步消除分割各种市场的制度性障碍（放松对垄断行业的管制，打破城乡、地区之间的户籍等制度性障碍），完善以价格机制为核心的市场体系，促进劳动力在城乡及地区之间的自由流动，以消除市场失灵造成的非自愿失业。

②建立和完善就业服务及指导体系，修正市场的信息失灵。西方各国都在积极建立并完善职业介绍所和就业指导体系，并对就业服务部门实施专业化的管理，促使其为失业者提供市场信息，帮助失业者增强求职技能及基本工作技巧，促进就业。

4. 完善失业保险制度

20 世纪 90 年代以来，许多国家都加大资金投入，全面推进社会保障。西方国家尤其是欧盟国家已形成了一套完整的失业保险制度，在当前西方市场经济国家中为保持社会稳定和公平起到了重要作用。然而，失业保险制度的建立并不等于失业问题的最终解决，相反，失业保险体系的存在降低了失业者重新就业的积极性。

近年来，西方国家对失业保险制度进行了改革和完善，力图变消极保障为积极保障。在保留失业保险保护失业者的功能的同时，政府不再单纯地发放失业保险金，而是从简单的保护失业者转为促进他们再就业。不少国家规定非自愿失业者有义务接受职业培训，不接受者不能享受失业救济。凡已进行个体经营或个人在社会上参加各种经营性活动取得了收入，就不再被认为是失业。在领取失业救济金的条件、数量及期限上，"门槛"已被大大抬高了，条件较以前严格了许多。一些国家还将职业介绍、职业培训、失业保险等部门的工作有机地衔接起来，为各个环节互相促进、互相制约，以尽量避免"养懒汉"现象的发生。

二、通货膨胀理论

（一）通货膨胀的测量与分类

1. 通货膨胀

通货膨胀是指因纸币的发行量超过商品流通中的实际需要量而引起的货币贬值和物价水平普遍持续上涨的现象。

在理解上述定义时须要注意以下两点：第一，通货膨胀是指物价总水平的上升。物价的上升不是指一种或几种商品价格的上升，而是指包括所有商品或服务在内，总的物价水平普遍上升；第二，通货膨胀是一段时间内的物价持续上升，不是指物价水平一时的上升，因此，季节性、偶然性和暂时性的价格上升都不能称为通货膨胀。例如，第一季度物价上升了3%，全年物价上升了10%，这就是通货膨胀；但是第一季度物价上升了3%，第二季度又下降了3%，这就不能算是通货膨胀。

总之，通货膨胀一般表现为通货贬值、物价水平的持续上升，这种形式有时是公开的，有时是隐蔽的。例如，通过降低质量、采用凭证供应等管制措施，物价在这段时期里保持表面上的稳定；但如果放松管制，物价就会普遍上升。因此，这是一种隐蔽形式的通货膨胀。

2. 通货膨胀的测量

通货膨胀一般用物价指数来测量。西方经济学家主要采用以下三种物价指数为工具衡量通货膨胀：

（1）批发物价指数

批发物价指数（Producer Price Index，PPI），又称生产者价格指数，在我国称为工业品出厂价格指数，它是反映不同时期商品批发价格水平变动情况的指数，它通过对比基期计算出价格变动的百分比。这种指数与产品出厂价格紧密相关，对商业循环也较为敏感，所以被一些经济学家称为未来通货膨胀的最敏感的早期信号之一。但它仅仅用于测量有形的物质生产，在范围上不包括各种服务。

PPI指数的计算公式为：

$$PPI = （当年的价格/基年的价格）×100\% \qquad (7-3)$$

（2）零售物价指数

零售物价指数（Retail Price Index，CPI），又称消费品物价指数，是衡量各个时期与居民生活有关的产品及服务价格统计出来的物价变动指标。中国的 CPI 包括食品、衣着、医疗保健和个人用品、交通及通信、娱乐教育文化用品及服务、居住、杂项商品与服务八类。这一指标主要的优点是资料较易获取，公布次数较多，能够较快地反映出物价变动的趋势，缺点是范围较窄，有一定的误差。

CPI 指数的计算公式为：

$$\text{CPI} = （\text{当期的价格}/\text{基期的价格}）\times 100\% \tag{7-4}$$

一般说来，CPI 增幅小于 3% 时，表示有轻微的通货膨胀，这是经济发展所允许的，因为轻微的通货膨胀对经济繁荣是有好处的；CPI 增幅大于 3%，就是通货膨胀；而当 CPI 增幅大于 5% 时，则是严重的通货膨胀，经济发展不稳定，国家将相应出台货币紧缩的政策，如加息、提高银行存款准备金率等。

（3）国民生产总值的折算价格指数

国民生产总值（GNP）的折算价格指数，是按当年价格计算的国民生产总值（报告期 GNP）与按固定价格或不变价格计算的国民生产总值（基期 GNP）的比率，其公式为：

$$\text{GNP 的折算指数} = \text{报告期 GNP}/\text{基期 GNP} \tag{7-5}$$

这种指数是通过衡量全国所有商品和服务的价格变动情况计算出来的指标，其优点是范围较大，能全面、准确地反映一般物价水平的变化趋势；缺点是资料较难获取，且每年公布一次，从而反映物价变动趋势带有滞后性。

应当说明的是，这三种物价指数都能反映出基本相同的通货膨胀的变动趋势，但由于各种指数包括的范围不同，所以数值并不相同。但无论采用哪种指数，都存在这样一个问题，即该种指数的数值为多大时，才算出现了通货膨胀。对此，西方经济学中也没有一致的答案，有的人认为物价水平每年上升 2.5% 以上，并持续一段时间才算是通货膨胀，也有人认为物价水平的任何上升都是通货膨胀等。这涉及通货膨胀的分类问题。

3．通货膨胀的分类

根据物价水平上升的速度不同，我们可以把通货膨胀分为爬行的通货膨胀、温和的通货膨胀、飞奔的通货膨胀和恶性的通货膨胀。

（1）爬行的通货膨胀

一般指物价上涨不超过 3%，同时不存在通货膨胀预期的状态，爬行的通货膨胀被看作实现充分就业的一个必要条件，国外所谓通货膨胀有益无害的观点指的就是这种状态。有的经济学家还认为，3% 左右的通货膨胀对经济的发展和国民收入的增加都有积极的刺激作用。

（2）温和的通货膨胀

一般把 3%～10% 之间的通货膨胀称为温和的通货膨胀。在温和而稳定的通货膨胀条件下，相对价格不会过分不协调，效率的损失也是有限的。

（3）飞奔的通货膨胀

飞奔的通货膨胀，又称奔驰的通货膨胀。它是指一般物价水平按照相当大的幅度持续上涨，年通货膨胀率一般在 10%～100%。其特点是通货膨胀率较高，而且不断加剧。20世纪 70 年代的意大利和巴西出现的通货膨胀就属于这种类型。对于这种通货膨胀若不采取有力措施加以控制，就有可能发展成为恶性通货膨胀。

（4）恶性通货膨胀

恶性通货膨胀是指一般物价水平以当局根本无法控制的速度上升。年通货膨胀率一般在 100% 以上，甚至达到天文数字的水平。其特点是通货膨胀率非常高，而且完全失去了控制。这种通货膨胀有两个特征：一是物价水平的飞速上升使人们对本国货币完全失去了信任，本国货币完全失去作为价值储藏的功能，同时也基本丧失了交易功能；二是不仅严重破坏货币体制与正常经济生活，而且这种通货膨胀会引起金融体系和经济的崩溃，以致造成政权的更迭。

恶性通货膨胀一般发生在战争时期或政权更替时期，由货币供给大量增加引发。战争时期，政府需要支付巨额的费用，正常的税收收入难以保证政府的开支，为解燃眉之急，政府很可能选择增加货币发行的方式，从而引发恶性通货膨胀。与此相关有一个故事，发生在第二次世界大战后的奥地利，当时奥地利的通货膨胀特别严重，以致人们去餐馆时会一次要两杯啤酒，因为一杯啤酒还没喝完，啤酒的价格就可能又涨了很多。

4．通货膨胀的原因

（1）需求拉动引起的通货膨胀

又称超额需求通货膨胀，是指总需求超过总供给所引起的一般价格水平的持续显著的上涨，表现为"过多的货币追求过少的商品"。

按照凯恩斯的解释，如果总需求上升到大于总供给的地步，此时，由于劳动和设备已经充分利用，因而要使产量再增加已经不可能，过度的需求会引起物价水平的普遍上升。

西方经济学家认为，不论总需求的过度增长是来自消费需求、投资需求，或来自政府需求、国外需求，都会导致需求拉动通货膨胀。需求方面的原因或冲击主要包括财政政策、货币政策、消费习惯的突然改变及国际市场的需求变动等。

（2）成本推动引起的通货膨胀

成本推动的通货膨胀，又称供给通货膨胀，是指在没有超额需求的情况下，由于供给方面成本的提高所引起的一般价格水平持续和显著的上涨，可以分为以下三类：

①工资推进的通货膨胀。工资推动通货膨胀是工资过度上涨所造成的成本增加而推动价格总水平上涨，工资是生产成本的主要部分。工资上涨使得生产成本增长，在既定的价格水平下，厂商愿意并且能够供给的数量减少，从而使得总供给曲线向左上方移动。

②利润推进的通货膨胀。利润推进的通货膨胀是指厂商为谋求更大的利润导致的一般价格总水平的上涨。与工资推进的通货膨胀一样，具有市场支配力的垄断和寡头厂商也可以通过提高产品的价格而获得更高的利润，与完全竞争市场相比，不完全竞争市场中的厂商可以减少生产数量而提高价格，以便获得更多的利润。为此，厂商都试图成为垄断者，结果导致价格总水平上涨。

③进口成本推进的通货膨胀。造成成本推进的通货膨胀的另一个重要原因是进口商品价格的上升，如果一个国家生产所需要的原材料主要依赖于进口，那么，进口商品的价格上升就会造成成本推进的通货膨胀，其形成的过程与工资推进的通货膨胀是一样的，如20世纪70年代的石油危机期间，石油价格急剧上涨，而以进口石油为原料的西方国家的生产成本也大幅度上升，从而引起通货膨胀。

（3）混合通货膨胀

西方经济学家认为，单纯的需求拉动或成本推动不足以说明一般价格水平的持续上涨，而应当从供给和需求两个方面以及二者的相互影响说明通货膨胀。于是，有人提出了从供给和需求两个方面及其相互影响说明通货膨胀理论及混合通货膨胀。

（4）结构性的通货膨胀

西方经济学家认为，在没有需求拉动和成本推动的情况下，只是由于经济结构因素的变动，也会出现一般价格水平的持续上涨。他们把这种价格水平的上涨叫作结构性通货膨胀。

（二）通货膨胀的影响及治理措施

在通货膨胀条件下，人们的心理状态是"存钱不如存物，投资不如投机"。这样很容易导致生产投入下降，流通秩序混乱，不利于社会再生产的顺利进行，因此世界各国政府都把制止通货膨胀放在重要的位置上。

1. 通货膨胀的影响

（1）通货膨胀对社会生产的影响

①破坏社会再生产的正常进行，导致生产过程混乱。一般而言，通货膨胀表现为商品

价格和服务价格的上涨。但各种商品价格和服务价格的上涨是不平衡的，有的上涨得多，有的上涨得少，这就势必要打破原来商品和服务的供需平衡，引起生产资料和消费资料的不正常分配，破坏原有的秩序。同时，由于通货膨胀导致物价上涨，这就给国民经济的核算、计量和统计等工作带来了困难，使得核算、计量和统计工作不能反映真实情况，所得到的数据无法进行正常的比较分析，扰乱了国民经济的正常管理。

②通货膨胀使生产性投资减少，不利于生产长期稳定发展。从长期看，通货膨胀不但不会使投资增加，反而会使投资下降。道理很简单，商品的上涨使企业的生产成本迅速上升，资金利润率下降，同样的资本投资于生产领域比投资于流通领域特别是投资于金融市场获利要小得多，后者获利的机会和数量要大得多。因此，在通货膨胀条件下，不但不能把资本吸收到生产领域，而且原来已经在生产领域的资本也会出逃而流向流通领域特别是金融市场，其结果是生产投资规模缩小，导致生产萎缩。

（2）通货膨胀对流通的影响

一般的通货膨胀都直接表现在流通领域，首先是物价上涨，因此它对流通领域的影响最明显。由于通货膨胀引起的物价上涨是不平衡的，所以使得商品冲破原有的流通渠道，改变原有的流向，向价格上涨更快的地方流动，这就打乱了企业之间原有的购销渠道，破坏了商品的正常流向，使得流通领域原来的平衡被打破，使正常的流通受阻。

（3）通货膨胀对再分配的影响

通货膨胀改变名义资产的价值，在经济的不同主体中引发收入和财富的再分配。

最主要的再分配发生在政府部门和居民之间。纸币是由政府发行的，对政府来说，只需要付出印刷纸币的小小成本，就可以拿着纸币去购买居民手里的商品和服务，把他们的财富转为政府的收入，这实际上是对居民的一种隐性征税，被称为通货膨胀税，即政府为了增加收入而增发纸币，导致货币供给增加、货币价值降低，对人们的财富形成了一种类似税收的攫取。比如，某个人的实际财富是两张办公桌，被政府以 1000 元纸币收购过去了；不久以后，价格水平上涨了一倍，这个人手里的 1000 元只能买一张办公桌，他的实际财富只剩下从前的一半，另一半财富就是以通货膨胀税的形式被政府征收过去了。

其次，再分配有利于债务人，不利于债权人。比如张三向李四借了 1000 元，约定好第二年归还，其间发生了通货膨胀，物价水平上涨了一倍；第二年，等到李四拿到 1 000 元还款的时候，他的实际财富减少了一半，而张三却从中获利，他只须偿还当初借别人的实际财富的一半。

另外，再分配有利于浮动收入者，而不利于固定收入者。浮动收入者的收入可以根据价格水平的变化进行调整，从而使实际收入保持不变。而对于固定收入者来说，通货膨胀使得他们的实际收入不断减少，尤其是那些靠领取固定退休金生活的老人，他们的生活水平会因为通货膨胀而降低。

（4）通货膨胀对经济效率的影响

通货膨胀不仅表现为商品和服务的价格频繁波动，也会导致实际利率的不断变化，这会降低经济运行的效率。因面临的不确定性大大增加，导致更多的人宁愿选择等待，也不愿去签订经济合同。通货膨胀导致经济活动萎缩，不利于经济的发展。

比如在餐馆里，通货膨胀使饭菜的价格不断变化，必须经常印刷新的菜单，有时还需要向顾客解释涨价的原因，这些都是通货膨胀给餐馆带来的成本。同样，厂商改变价格需要重新印刷它的产品价格表，向客户通报改变价格的信息和理由，所有这一切都会产生一笔开支和费用，这样的开支和费用统称为菜单成本。通货膨胀带来了价格水平的频繁变动，使价格不能发挥优化资源配置的作用，亦降低了经济的运行效率。

（5）通货膨胀对消费的影响

通货膨胀对消费的影响，主要表现在使消费者消费水平下降，加剧社会成员之间的矛盾等方面。

在通货膨胀条件下，一方面物价上涨使货币币值下降，人们通过分配而得到的货币收入不能购买到与通货膨胀发生前相同的生活资料，实际上就减少了人们的收入，意味着人们的消费水平的下降，而消费水平的下降，又制约着下一阶段生产的发展。另一方面，由于物价上涨的不平衡性，高收入阶层和低收入阶层所遭受的损失不一样，也会加剧社会成员之间的矛盾。此外，通货膨胀造成的市场混乱、投机分子的囤积居奇，又加剧了市场供需之间的矛盾，使一般消费者的损失更大。

总之，通货膨胀对社会生产的各个环节都有很大的影响和破坏作用，它妨碍社会再生产的顺利进行，不利于经济的稳定协调发展，世界各国的经验都证明了这一点。

2. 通货膨胀的治理

由于通货膨胀对经济的发展产生不利影响，阻碍了社会再生产的顺利进行，因此在通货膨胀发生时，各国政府都会积极寻找对策。

（1）紧缩性财政政策和货币政策

通货膨胀总是与总需求膨胀、货币供给增长过快有关，因此出现通货膨胀的国家都会实行紧缩性财政政策和货币政策。在财政政策方面采取的紧缩措施主要体现在三个方面：削减财政支出，包括减少军费开支和政府在市场的采购等；限制公共事业投资；增加税赋，以抑制企业投资和个人消费支出。这一方面压缩政府支出所形成的需求，另一方面又抑制企业和个人的需求。在货币政策方面采取的紧缩措施主要是通过中央银行运用法定存款准备金率、再贴现率和公开市场业务三项传统的政策手段，收缩信贷规模和货币供应量，以影响投资，压缩总需求。

（2）管制工资和物价

当紧缩性财政政策和货币政策对抑制通货膨胀的作用都不明显时，在短期内较为有效的措施就是管制工资和物价。因此，一般来说，管制工资和物价是为抑制物价上涨较猛的势头而采取的权宜之计。

历史上美国曾实行过三次收入管制政策：第一次是肯尼迪政府，第二次是尼克松政府，第三次是卡特政府。这三次的效果都不理想。管制工资和物价的措施通常有两类：一是冻结工资和物价，即把工资和物价冻结在某一特定时间的水平上，在一定时间内不允许做任何变动，如美国1971年在尼克松任总统期间曾经颁布过90天的全面物价冻结法令；二是管制工资和物价，即将工资和物价上涨的幅度限定在一定范围内，在一定时间内不允许突破。

由于管制工资和物价人为地限制了服务和商品的价格，使市场经济丧失了价格信号的功能，会造成经济中资源配置效率的损失；管制工资和物价的目标主要是通过使短期内的总供给曲线向下移动来降低通货膨胀。但是，若在总供给曲线下移的同时，没有总需求曲线的向下移动相伴随的话，那么工资和物价控制只能增加通货膨胀的压力，这种压力最终会爆发出来。

（3）实行币制改革

实行币制改革通常是在经历了严重的通货膨胀以后采取的措施，即通过废除旧货币发行新货币，并采取相应的措施来稳定新货币，以此消除原来货币流通混乱的局面，并调节个人之间的收入分配。不过在这里必须指出，币制改革本身不能消除通货膨胀，根本出路在于实施币制改革中规定的各项稳定措施。

（4）指数化政策

指数化政策是指使货币支付与某一指数相联系，从而使实际购买力不受损失。例如，通过指数化政策，可以使货币工资、社会保障计划、储蓄、贷款及所得税等能够随着通货膨胀水平而自动调整。人们大都认为实行指数化政策，不是防止发生通货膨胀的措施，而是应对通货膨胀的对策。

指数化政策可以间接地促进物价稳定。指数化政策本身并不会加剧通货膨胀，反而有利于政府对通货膨胀进行治理。但是，指数化政策的实施和监控不需要花费成本。另外，也有人认为指数化政策不利于经济的稳定，尤其是在供给冲击导致通货膨胀发生的情况下。

三、失业与通货膨胀的关系

（一）菲利普斯曲线

1958 年，伦敦经济学院的新西兰经济学家菲利普斯教授发表了一篇文章——《英国失业和货币工资变动率之间的关系：1862—1957》。在对 1861 年到 1957 年的失业率与货币工资变动率之间的关系进行研究之后，菲利普斯发现，名义工资的变动率是失业率的递减函数。这意味着即使当名义工资的增长率处在最低的正常水平，失业率仍然为正。由此，菲利普斯提出了一条用来表示失业率和货币工资变动率之间交替关系的曲线，这个曲线表明：工作与失业率之间存在着负数非线性相关的变化关系。这就是说，当失业率较低的时候，货币工资的增长率较高；当失业率较高的时候，货币工资的增长率较低，甚至是负数。如果用图形来表示菲利普斯的结论，就是一条曲线，这就是"菲利普斯曲线"。

这种关系可表示为：

$$\Delta W_t = f(U_t) \tag{7-6}$$

公式中，ΔW_t 表示 t 时期的货币工资增长率，U_t 表示 t 时期的失业率，两者具有负相关的函数关系。把这种关系刻画在图形上就得到一条向右下方倾斜的曲线。

虽然菲利普斯的发现依据的是英国数据，但其他研究者很快把这个发现用于其他国家，并得到了普遍的验证。英国经济学家利普赛试图从理论上对失业率与货币工资增长率之间的负相关关系给出解释：失业率越低，意味着劳动力市场上的劳动需求越是旺盛，在劳动供给相对稳定的情况下，势必越易引起劳动力价格——货币工资上升；反之，失业率越高，意味着劳动需求减少，货币工资下降。

同时，西方经济学家认为，工资是产品成本的主要部分，因而也是产品价格的重要基础，所以，反映货币工资增长率与失业率关系的菲利普斯曲线也反映了通货膨胀率与失业率之间的关系，一般我们今天所说的菲利普斯曲线都是反映后两者关系的，而把反映前两者关系的曲线称为原始的菲利普斯曲线。

菲利普斯曲线在当时之所以受到普遍的重视，一个非常重要的原因在于它对传统的凯恩斯理论提出了挑战。传统的凯恩斯理论认为，失业和通货膨胀两者是不会并存的，在未达到充分就业时增加总需求并不会引起通货膨胀，只有在充分就业后再增加总需求才会引起通货膨胀。而菲利普斯曲线却表明失业和通货膨胀可以并存，两者为负相关关系，可以此消彼长。

此外，菲利普斯曲线也为政府部门干预宏观经济提供了依据。失业率与通货膨胀率之间存在的负相关关系意味着可以以较高的通货膨胀率为代价来降低失业率或实现充分就业；而要降低通货膨胀率和稳定物价，就要以较高的失业率为代价。

（二）菲利普斯曲线的恶化

如果对菲利普斯曲线的分析研究停止于此，显然经济学中必然会留存更多的难题。菲利普斯曲线究竟表示了怎样的含义呢？通过对菲利普斯曲线的分析，人们得出的结论之一就是，通货膨胀是由于工资成本的推动引起的。这正是"成本推进通货膨胀"理论。根据这一理论，货币工资增长率自然与通货膨胀率产生了联系，失业率与通货膨胀率之间也有了关系。

凯恩斯在这之前提出的"失业不会与通货膨胀同时存在"的观点自然被否定。此外，根据菲利普斯曲线，人们还可以发现，当失业率为自然失业率（即失业率为5%）的时候，通货膨胀率为零，也可以将自然失业率定义为"通货膨胀率为零的失业率"。

现在，我们不妨跳出对菲利普斯曲线的固有分析，换一个角度重新审视这个神奇的菲利普斯曲线，聪慧的人们就从成本推进和需求拉升两个方面重新认识菲利普斯曲线。从成本推进的角度看，无论经济中什么因素使货币总需求量扩大，都会使人们对劳动力的需求增加，此时，工会就会加大对工资议价的力量，出现这样的推进场景：物价上涨、工资提高，而就业却相应减少，物价—工资—物价相互作用，自然出现了通货膨胀的现象。

货币主义和理性预期学派的观点告诉人们，如果适当地引入适应性预期的概念，同时考虑到现实生活中，人们不可能在短期内调整自己的需求，只能根据实际情况，在长期生活中逐渐调整。如此，菲利普斯曲线就会发生三种情况：

其一，必须用更高的通货膨胀率才能够换取一定的失业率水平，或者，必须用更高的失业率才能够换取一定的通货膨胀率水平；其二，原本体现菲利普斯结论的"递减函数"成了一条垂线，这意味着通货膨胀率与失业率不再存在此消彼长的关系，不管通货膨胀率怎样上升，失业率都不会下降，既定的失业率成了经济发展中无法消除的诟病；其三，通货膨胀率与失业率不再是递减函数的关系，而是向相同方向变化，即通货膨胀率与失业率之间成正比。通货膨胀率越高，失业率也越高，这一情况较为真实地反映了滞胀情况，并非对菲利普斯曲线的否定。所以，经济学界对这种状况又起了一个新名字——菲利普斯曲线的恶化。

这三种变化也只是经济学界的预测，在现实中能够发挥作用的仍然是体现通货膨胀、失业率和工资增长率之间关系的菲利普斯曲线。原始的菲利普斯曲线关注的只是名义工资，通货膨胀预期并不在原始菲利普斯曲线的表示范围之内。在不断的发展中，菲利普斯曲线逐渐成了经济学家用以表示失业率和通货膨胀率之间此消彼长、相互交替关系的曲线。如果某一时期的失业率高，则表明这一阶段的经济正处于萧条阶段，此时，工资与物价水平都处在较低的阶段，通货膨胀率也较低。反之，如果失业率低，则意味着这一阶段的经济正处于繁荣阶段，此时，工资水平与物价水平都处在较高的阶段，通货膨胀率自然也处在较高的阶段。长期以来，菲利普斯曲线体现的这种"失业率与通货膨胀之间的反方向变动关系"一直如实地反映社会实质，尤其是在第二次世界大战之前和 20 世纪 50、60 年代，这一关系与社会实际高度吻合。

第二节　宏观经济政策分析与实践

一、经济政策目标

经济政策分为计划与市场调控两种类型。计划类型是通过行政命令手段予以执行。例如，对企业兼并政策的制定及实施，对金融机构的管理等。市场调控类型，即对市场机制进行干预，通过市场机制的作用来达到政策目标。一般说来，各个具体政策往往不能完全脱离行政命令手段或市场机制的作用，差别在于使用程度的不同。

（一）宏观经济政策与目标

经济政策是指国家或政府为了增进社会经济福利而制定的解决经济问题的指导原则和措施。它是政府为了达到一定的经济目的而对经济活动有意识的干预。任何一项经济政策的制定都是根据一定的经济目标而进行的。

宏观经济政策的目标主要有四种，即充分就业、价格稳定、经济持续均衡增长和国际收支平衡。宏观经济政策就是为了达到这些目标而制定的手段和措施。

（二）充分就业

充分就业是宏观经济的第一目标。充分就业是指一切生产要素（包含劳动）都有机会以自己愿意的报酬参加生产的状态。通常以失业率作为衡量充分就业的尺度。

降低失业率，实现充分就业，常常成为宏观经济政策首要或重要的目标。凯恩斯认为"非自愿失业"已消除，失业仅限于摩擦失业和自愿失业的话，就是实现了充分就业。充分就业并不排除像摩擦失业这样的失业情况存在。在目前，大多数西方经济学家认为存在

4%~6%的失业率是正常的，此时社会经济处于充分就业状态。

（三）价格稳定

价格稳定是宏观经济政策的第二个目标。价格稳定是指价格总水平的稳定，它是一个宏观经济概念。由于各种商品价格变化的繁杂，统计的困难，一般用价格指数来表达一般价格水平的变化。

价格指数有消费物价指数（CPI）、批发物价指数（PPI）和 GDP 平减指数三种。价格稳定成为宏观经济政策的目标，是由于通货膨胀对经济有不良影响。为了控制通货膨胀对经济的冲击，西方国家把价格稳定作为宏观经济政策的另一目标。值得注意的是，价格稳定不是指每种商品的价格固定不变，而是指价格指数的相对稳定，即不出现通货膨胀。实践表明，西方国家的通货膨胀已经无法完全消除，因此大部分西方国家已把一般的轻微通货膨胀的存在，看作是基本正常的经济现象。

（四）经济增长

经济增长是指在一个特定时期内经济社会所产生的人均产量和人均收入的持续增长，通常用一定时期内实际国内生产总值年均增长率来衡量。

（五）国际收支平衡

国际收支对现代开放型经济国家是至关重要的。一国的国际收支状况不仅反映了这个国家的对外经济交往情况，还反映出该国经济的稳定程度。当一国国际收支处于失衡状态时，就必然会对国内经济形成冲击，从而影响该国国内就业水平、价格水平及经济增长。

西方学者认为，要实现既定的经济政策目标，政府运用的各种政策手段，必须相互配合，协调一致。如果财政当局与货币当局的政策手段和目标发生冲突，就达不到理想的经济效果，甚至可能偏离政策目标更远；政府在制定目标时，不能追求单一目标，应该综合考虑。因为经济政策目标相互之间不但存在互补性，也存在一定的冲击，如充分就业与价格稳定之间就存在两难选择。

此外，还要考虑到政策本身的协调和对时机的把握程度。上述这些都关系到政府经济目标实现的可能性和实现的程度。因此，政府在制定经济目标和经济政策时应该做整体性的宏观战略考虑和安排。

二、中央银行与货币创造

在现代银行制度下，中央银行的地位和作用是其他商业银行所不能替代的。当同业救助等方式不足以向商业银行提供防范流动性冲击的保障时，为防止单个银行的流动性危机向系统性银行危机甚至整个市场转化，中央银行作为最终贷款人，将向其提供流动性支持和救助。

（一）中央银行

中央银行，即央行，是中央政府的一个组成部分，对内负责发行货币、接受商业银行的存款，但不接受个人的存款。中央银行产生的第一天就具有不以盈利为目的的特点，但不以营利为目的并不意味着不盈利，因为央行发行钞票，只与商业银行、政府打交道，不与个人、企业直接有业务关系。

中国的央行是中国人民银行，它的利润上缴国家财政。商业银行是企业，而央行不是企业，是管理当局机构，有人称为货币当局。

1. 央行的职能

①发行的银行，即代表政府发行货币。

②银行的银行，是指服务商业银行、管理商业银行、充当最后的贷款人；央行是银行的银行，只要是银行就要有"存贷汇"业务，为商业银行办理"存贷汇"业务的是央行——自然央行会产生盈利效果。

③国家的银行。我国的中央银行在国务院的领导下，执行相对独立的货币政策。

2. 最终贷款人

最终贷款人功能是中央银行最基本的制度特征，而货币政策功能和金融监管功能则是最终贷款人功能的进一步引申。

中央银行作为最终贷款人，当一些商业银行有清偿能力但暂时流动性不足时，中央银行可以通过贴现窗口或公开市场购买两种方式，向这些银行发放紧急贷款，条件是他们有良好的抵押品并缴纳惩罚性利率。最后贷款人若宣布将对流动性暂不足商业银行进行融通，就可以在一定程度上缓和公众对现金短缺的恐惧，以制止公众因恐慌而采取的行动。

在实践中，最终贷款人难以判断一家银行是仅无流动性而有清偿力，还是既无流动性又无清偿力。最终贷款人对出现危机的银行究竟进行救助还是将其清盘，还须谨慎判断。

中央银行作为最终贷款人，其通过实施包括扩张货币政策和紧缩货币政策，以及其他政策与手段，改变了货币供给量，影响国民收入和利率，达到修正商业银行的经营行为，保持金融稳定。货币政策包括扩张货币政策和紧缩货币政策，扩张货币政策是导致货币供给量增加的政策。相反，称为紧缩货币政策。

（二）货币的种类与货币供求

1. 货币的种类

货币有狭义和广义之分。前者是指硬币、纸币和活期存款，后者还包括短期存款。M 表示名义货币，P 指物价水平。

M_0 = 流通中现金；$M_1 = M_0$ + 商业银行活期存款 + 商业银行定期存款 + 商业银行储蓄存款；$M_3 = M_2$ + 其他金融机构存款；$M_4 = M_3$ + 除银行存款外的短期流动性金融资产。

其中，①活期存款：指支票存款，要与活期储蓄存款分开，其随时可用于购买和支付；②定期存款：企事业单位的定期存款；③储蓄存款：居民的存款。储蓄存款和定期存款都不是现实货币，是准货币。

货币与准货币流动性上有微小差异。货币可随时购买和支付，准货币不是这样。定期存款、储蓄存款要购买，必须先转化为现金和活期存款。这个转化过程大大降低了准货币的流动性。

信用卡存款包括在活期存款范围内。但中国个人用活期存款购买商品的人很少。活期存款主要由企事业单位持有。定期存款、储蓄存款占总存款的大部分，各国大致一样。

定期存款、储蓄存款比重越来越大是生产发展的必然趋势。

商业银行的重要性在于其创造了活期存款这种货币。日、美国家规定商业银行以外的金融机构不能吸收活期存款，不能办理转账结算、清算业务，只有商业银行可以。虽然目前西方国家已放弃，货币创造不再是商业银行的特权，中国仍是严格规定只能由银行办理转让、吸收活期存款。

M_1 反映着经济中的现实购买力；M_2 不仅反映现实的购买力，还反映潜在的购买力。若增速较快，则消费和终端市场活跃；若 M_2 增速较快，则投资和中间市场活跃。中央银行和各商业银行可以据此判定货币政策。M_2 过高而 M_1 过低，表明投资过热、需求不旺，有危机风险；M_1 过高 M_2 过低，表明需求强劲、投资不足，有涨价风险。

2. 货币的供求

一定时期货币的供应量 M 是根据当时的物价水平来确定的，是相对固定的。人们对货币的需求是由于其流动性引起的，因为货币能够交易、预防可能的需要、投机得利。

货币的交易动机，是人们为了交易而愿意持有货币的行为。货币的预防动机，是人们为了防备不时之需，而愿意持有货币的行为。货币的投机动机，通过持有的货币，在考虑利率与债券价格的高低时，在资本市场式牟取财富的行为。

一般而言，货币的交易动机和预防动机形成的对货币的需要量，与收入的状况是正向变化的，用 L_1 表示。

满足人们对投机动机的需求用 L_2 表示，人们持有货币是因为证券市场上有利可图。原因是，当市场利息下降，人们认为持有股票或债券有利，股票或者债券价格提高；当市场的利率上升，人们倾向于抛出手中持有的股票或者债券，这时股票或者债券的价格下降。可见人们持有股票或者债券，对货币形成需求 L_2，这种货币需求与市场利率的高低是反向变化的。

一个极端的情形是，利率不断地下降，当人们认为不可能再降了，换句话说，这时有价证券的价格达到最高点，人们会认为持有这种有价证券的风险极大，要把所有的证券全部换成货币，形成了对流动性偏好的"陷阱"。

人们对货币的需求包括 L_1 与 L_2 两部分。当货币需求等于货币的供给时，整个货币市场均衡，这时货币供给 $M = L_1 + L_2$。

（三） 货币的创造

1. 存款准备金和超额准备金

所谓存款准备金是指金融机构为保证客户提取存款和资金清算需要，而准备的在中央银行的存款。中央银行要求的存款准备金占其存款总额的比例，就是存款准备金率。自20世纪30年代以后，存款准备金制度还成为国家调节经济的重要手段，是中央银行对商业银行的信贷规模进行控制的一种制度。

金融机构的准备金分为两部分，一部分以现金的形式保存在自己的业务库，另一部分则以存款形式存储于央行，后者即为存款准备金。

存款准备金由"存款准备金"和"超额准备金"两部分构成。央行在国家法律授权中规定，金融机构必须将自己吸收的存款按照一定比率交存央行，这个比率就是存款准备金率。按这个比率交存央行的存款为"存款准备金"存款，而金融机构在央行存款超过存款准备金存款的部分为超额准备金存款。超额准备金存款与金融机构自身保有的库存现金，构成超额准备金（习惯上称为备付金）。超额准备金与存款总额的比例是超额准备金率（即备付率）。金融机构缴存的"存款准备金"，一般情况下是不准动用的。而超额准备金，金融机构可以自主动用，其保有金额也由金融机构自主决定。

准备金本来是为了保证支付的，但它却带来了一个意想不到的"副产品"，就是赋予了商业银行创造货币的职能，可以影响金融机构的信贷扩张能力，从而间接调控货币供应量，现已成为中央银行货币政策的重要工具，是传统的三大货币政策工具之一。

2. 商业银行存款货币的创造过程

（1）基础货币

所有的货币都是由基础货币创造的。基础货币，也称货币基数、强力货币或始初货币，因其具有使货币供应总量成倍放大或收缩的能力，又被称为高能货币。高能货币是中央银行发行的债务凭证，表现为商业银行的存款准备金和公众持有的通货。

基础货币是整个商业银行体系借以创造存款货币的基础，是整个商业银行体系的存款得以倍数扩张的源泉。

货币是怎样创造为数倍的存款货币？简单地说就是，如果货币原来的所有者 A 向 B 买，B 向 C 买，C 向 D 买，这样的购买可以一直持续下去。若没有信用介入，这时货币是作为单纯流通手段，但是，如果 B 把 A 付给他的货币存到他的开户银行 C 那里，这个银行 C 用汇票贴现，向 D 买，D 把它存到他的开户银行那里，再把它贷给 E，这样一直持续下去。货币作为单纯流通手段（购买手段）的速度本身，取决于这中间的多次信用活动。这些信用活动，同一货币就在一定时间内依次完成多次购买。

（2）银行货币的生成过程

我们以四家银行 A、B、C、D 的多次信用活动，来说明货币是如何创造出来的。

假设某个经济体系有 A、B、C、D 四家银行。假定客户将从银行的贷款全部存入银行；银行的存款准备金率20%。（以下表中的单位均为元）

A 银行接受客户存入的10000元，因为存款准备金率20%，则 A 将2000元作为准备金，其余的8000元可以贷款，得到表7-1。

表7-1 A 银行资产负债表

资产		负债	
现金准备	2000	现金存款	10000
贷款与投资	8000		
总额	10000	总额	10000

接着，客户将8000元存入自己的开户行——B 银行，B 银行按照存款准备金率20%，将1600元作为准备金，其余的6400元可以贷款，得到表7-2。

表7-2 B 银行资产负债表

资产		负债	
现金准备	1600	现金存款	8000
贷款与投资	6400		
总额	8000	总额	8000

以此类推，A、B、C、D 等银行存款、现金准备与贷款汇总起来可以表示为表 7-3。

表 7-3　ABCD 等银行存款、现金准备与贷款汇总表

银行	存款	现金准备	贷款
A	10000	2000	8000
B	8000	1600	6400
C	6400	1280	5120
D	5120	1024	4096
…	…	…	…
合计	50000	10000	40000

以 R 表示原始存款 10000 元，D 表示存款总额，r 表示准备金率 20%，则：

$D = 10000 + 8000 + 6400 + 5120 + \cdots$

$= 10000 \ (1 + 0.8 + 0.8^2 + 0.83 + \cdots + 0.8^{n-1} + \cdots)$

$= R \ (1 + 0.8 + 0.8^2 + 0.83 + \cdots + 0.8^{n-1} + \cdots) = R / \ (1 - 0.8)$

$= 10000 / 0.2 = 50000 \ (\text{元})$

这时，可以得到货币创造公式：

$$D = R/r$$

存款货币的创造也不是无限的，前面提到它受存款准备金率、现金漏损率的制约。但经过多次存贷后，银行的存款货币总量可以得到成倍增长。

三、货币政策

货币政策指政府通过中央银行对货币供应量、信贷量、利率等进行调节和控制而采取的政策措施。

央行可以通过改变货币价格（即利率）或改变货币数量放松银根。多年以来，正统的货币政策一直以前一个政策杠杆为中心。然而，随着通胀率回落、短期名义利率逼近零点，从原则上说，央行可以后一种方式、即数量杠杆来实施扩张性货币政策。影响经济活动的是实际利率而非名义利率。如果经济处于通缩状态，那么即使名义利率为零，实际利率也会保持正值。

（一）央行的主要货币政策手段

1. 公开市场活动

公开市场活动是指中央银行通过在国债市场上公开买卖国债，来调节货币供给量。

　　例如，中央银行向商业银行或公众购买国债，这样会增加他们手中的基础货币（基础货币是现金加银行储备金，这两者都是由中央银行可以控制的）；如果相反，中央银行是出售国债，则会减少他们手中的基础货币。我们知道货币又是通过乘数效用发挥作用。

2．贴现率与再贴现率

　　贴现率是企业向商业银行贷款时的利率。

　　再贴现率是商业银行向中央银行贷款时的利率。再贴现率是中央银行的货币政策的公告牌和晴雨表，商业银行的利率水平随着中央银行的再贴现率的变化而变化。

　　这是美国中央银行最早运用的货币政策工具。再贴现率是中央银行对商业银行及其他金融机构的放款利率。本来，这种贴现是指商业银行把商业票据出售给当地的联邦储备银行（美国中央银行），联邦储备银行按贴现率扣除一定利息后再把所贷款项加到商业银行的准备金账户上作为增加的准备金。现在都把中央银行给商业银行的借款称"贴现"。

　　在美国，中央银行作为最后贷款者，主要是为了协助商业银行及其他存款机构对存款备有足够的准备金。如果一家存款机构（主要指商业银行）的准备金临时不足，比方说某一银行客户要把一大笔存款转到其他银行时，出现准备金不够的困难，这时该银行就可用它持有的政府债券或合格的客户票据向当地的联邦储备银行的贴现窗口（办理这类贴现业务的地点）办理再贴现或申请借款。当这种贴现或借款增加时，它意味着商业银行准备金增加，进而引起货币供给量多倍增加。当这种贴现减少时，会引起货币供给量多倍减少。贴现率政策是中央银行通过变动给商业银行及其他存款机构的贷款利率来调节货币供应量。贴现率提高，商业银行向中央银行借款就会减少，准备金从而货币供给量就会减少；贴现率降低，向中央银行借款就会增加，准备金从而货币供给量就会增加。

　　根据联储规定，银行不能依赖贴现窗口进行超过一个较短时期的借款，在贴现窗口的借款多数期限很短，但它们确实需要时可续借。对于超过一个较短的时期的借款，银行可以向有超额储备的其他银行去拆借。正因为贴现窗口主要用于满足银行临时准备金不足，因此，目前变动贴现率在货币政策中的重要性和早先相比已大大减弱。事实上，银行和其他存款机构也尽量避免去贴现窗口借款，只将它作为紧急求援手段，平时少加利用，以免被人误认为自己财务状况有问题。

　　还需要指出，通过变动贴现率控制货币供给本身也存在一些问题，例如，当银行十分缺乏准备金时，即使贴现率很高，银行依然会从联储贴现窗口借款。可见，通过贴现率变动来控制银行准备金效果是相当有限的。事实上，再贴现率政策往往作为补充手段而和公开市场业务政策结合在一起执行。

3．法定准备金率

　　由中央银行规定法定准备金率。

所谓活期存款，是指不用事先通知就可随时提取的银行存款。虽然活期可随时提取，但很少会出现所有储户在同一时间里取走全部存款的现象。因此，银行可以把绝大部分存款用来从事贷款或购买短期债券等营利活动，只需要留下一部分存款作为应付提款需要的准备金就可以了。这种经常保留的供支付存款提取用的一定金额，称为存款准备金。

在现代银行制度中，这种准备金在存款中起码应当占的比率是由政府（具体由中央银行）规定的。这一比率称为法定准备率。按法定准备率提留的准备金是法定准备金。法定准备金一部分是银行库存现金，另一部分存放在中央银行的存款账户上。由于商业银行都想赚取尽可能多的利润，它们会把法定准备金以上的那部分存款当作超额准备金贷放出去或用于短期债券投资。商业银行通过吸纳存款，发放贷款，从而具备了货币创造的功能。而且正是这种比较小的比率的准备金来支持活期存款的能力，使得银行体系得以创造货币。

中央银行有权决定商业银行和其他存款机构的法定准备率，如果中央银行认为需要增加货币供给，就可以降低法定准备率，使所有的存款机构对每一笔客户的存款只要留出更少的准备金，或反过来说，让每一元的准备金可支撑更多的存款。

从理论上说，变动法定准备率是中央银行调整货币供给最简单的办法。然而，中央银行一般不愿轻易使用变动法定准备率这一手段。这是因为，银行去向中央银行报告它们的准备金和存款状况时有一个时滞，因此，今天变动的准备率一般要过一段日子以后（比方说两周以后）才起作用。再说，变动法定准备率的作用十分猛烈，一旦准备率变动，所有银行的信用都必须扩张或收缩。因此，这一政策手段很少使用，一般几年才改变一次准备率。如果准备率变动频繁，会使商业银行和所有金融机构的正常信贷业务受到干扰而感到无所适从。

当然上述三大货币政策工具常常需要配合使用。例如，当中央银行在公开市场操作中出售政府债券使市场利率上升（即债券价格下降）后，正如上面已经说过的那样，再贴现率必须相应提高，以防止商业银行增加贴现。于是商业银行向它的顾客的贷款利率也将提高，以免产生亏损。相反，当中央银行认为需要扩大信用时，在公开市场操作中买进债券的同时，也可以同时降低再贴现率。贴现率政策和公开市场业务虽然都能使商业银行准备金变动，但变动方式和作用还是有区别的。

当中央银行在市场出售证券时，一般能减少银行准备金，但究竟哪个银行会减少，以及减少多少，无法事先知道，因而究竟会给哪些银行造成严重影响也无法事先知道。原来超额准备金多的银行可能没有什么影响，即使其客户提取不少存款去买证券时，也只会使超额准备金减少一些而已。然而，那些本来就没有什么超额准备金的银行马上会感到准备金不足。因此，其客户提取存款后，准备金就会降到法定准备率以下。这其中的道理就是说货币政策的三大工具通常要相互配合着来进行使用，以使货币政策能对国家总体的经济运行起到较好的调控作用。

（二）货币政策实施

货币政策实施的原则是："稳定政策，适度微调，把握大局，着力协调，突出重点，统筹兼顾，关注民生，积极稳妥，留有余地。"

1. 适度从紧的货币政策（紧缩性政策）：提高利率、增加储蓄、提高存款准备金率、减少货币供应量、控制货币信贷、抑制投资和消费。

2. 扩张性货币政策：降低利率、减少存款储蓄、降低存款准备金率、增加货币供应量、刺激投资和消费。

我国实施稳健的货币政策主要是指，介入扩张性政策和紧缩性政策中间的货币政策，主要是服从服务于改革开放发展大局，服从服务于中央宏观调控大局。其特点是，合理控制货币信贷总量，既要支持经济发展，又要防止通货膨胀和防范通货紧缩的风险；既要坚持控制投资需求膨胀，又要努力扩大消费需求；既要对投资过热的行业降温，又要着力支持经济社会发展中的薄弱环节，促进国民经济的平稳较快发展。

四、财政政策

财政政策是指国家根据一定时期政治、经济、社会发展的任务而规定的财政工作的指导原则，通过财政支出与税收政策来调节总需求。

增加国民收入的财政政策称为扩张性财政政策（又称积极的财政政策），是通过财政分配活动来增加和刺激社会的总需求，以及增加国债、支出大于收入，出现财政赤字。相反，紧缩性财政政策是通过财政分配活动来减少和抑制总需求。

政府增加财政支出，可以刺激总需求，从而增加国民收入；反之则压抑总需求，减少国民收入。税收对国民收入是一种收缩性力量，增加政府税收，可以抑制总需求从而减少国民收入；反之，则刺激总需求增加国民收入。

（一）财政政策构成

基本的财政政策手段包括：财政支出、税收（财政收入）、国债和政府投资。

1. 财政支出政策

财政支出分为购买性支出和转移支付，是政府为满足公共需要的一般性支出（或称经常项目支出）。

购买性支出从最终用途看，是必不可少的社会公益性事业的开支，如行政管理支出、国防支出、文教科卫支出等。

转移支付，是政府通过把一部分货币无偿转移出去，对国家进行宏观调控与管理。转移支付是调节社会总供求平衡特别重要的工具。例如，社会保障支出和财政补贴在社会生活中发挥着"安全阀"和"润滑剂"的作用。出现经济萧条失业增加时，政府通过增加社会保障支出和财政补贴，增加了社会购买力，有助于恢复供求平衡；反之，则减少这两种支出，避免需求过旺。

2. 税收（财政收入）

税收是国家凭借政治权力参与社会产品分配的重要形式，具有无偿性、强制性、固定性、权威性等特点。

税收是通过适当设置税种、税目及调整税率来实现。

适当设置税种、税目，形成合理的税收体系；确定税率，明确税收调节的数量界限，这是税收作为政策手段发挥导向作用的核心。如一些商品的消费税率高，直接影响总需求。税率也影响厂商的收益。也包括规定必要的税收减免和加成。

调整税率和增减税种可以调节产业结构，实现资源的优化配置；通过累进的个人所得税、财产税等来调节个人收入和财富，可以实现公平分配。

3. 国债和政府投资

国债是国家按照信用有偿的原则筹集财政资金的一种形式，同时也是实现宏观调控和财政政策的一个重要手段。

政府投资是指财政用于资本项目的建设性支出，它最终将形成各种类型的固定资产。

政府的投资项目主要是指那些具有自然垄断特征、外部效应大、产业关联度高，具有示范和诱导作用的基础性产业、公共设施，以及新兴的高科技主导产业。这种投资是经济增长的推动力，而且具有乘数作用。

（二）自动稳定器

自动稳定器是指经济系统本身所具有的能自动抑制经济波动的作用，即在经济繁荣时期能自动地抑制通货膨胀，在经济衰退时自动地减轻萧条，而不需要政府采取任何行动。这是调节经济波动的第一道防线，适用于轻微经济波动。

自动稳定器的功能的实现机制是：

1．政府税收的变化

整个经济衰退时，国民收入水平下降，个人收入减少。在实行累进制所得税的情况下，个人收入所在的纳税等级也较低，所以收入的下降比税收下降幅度要大一些。

2．政府转移支付的变化

经济不景气时需要救济的人增加，支付的救济金和社会福利也增加，缓解了由于经济衰退造成的人们收入下降，而降低的消费，即增加了需求，抑制了经济衰退，减少了失业。

3．农产品价格维持制度

农产品价格保护支出自动变化。

（三）财政政策的"挤出效应"

财政政策的"挤出效应"，是指政府支出的增加所引起的私人消费和投资的降低的作用。

充分就业时，当政府支出增加，货币供应量增加，刺激了经济，商品和劳务竞争激烈，这时物价会上涨，货币实际价值减少，人们手中的实际货币少，当然只好满足对货币的预防需求和交易需求，投机的需求小，债券的价格下降，利率上升，这样投资减少了，人们的消费也减少，好比是政府支出增加"挤占"了私人投资和消费。

例如，国债对经济的调节作用就具有多种效应：

一是发行国债，使民间部门的投资或消费资金减少，即"挤出效应"发生。即通过发行国债起到调节消费和投资的作用。

二是发行国债，引起货币供求变动，即发生货币效应。它一方面可能使"潜在货币"变为现实流通货币，另一方面可能将存于民间的货币转移到政府或由中央银行购买国债而增加货币的投放。

三是通过国债利率水平的调整以及对资本市场的供求变化来影响市场利率水平。这种利率效应对经济会产生扩张或紧缩效应。

因为政府支出的"挤出效应"的大小取决于：第一，支出乘数的大小，乘数越大、挤出效应越大；第二，货币需求对产出水平的敏感程度，乘数越大，挤出效应越大；第三，货币需求对利率变动的敏感程度越大，较大的货币需求变动只能导致较小利率变动，挤出效应越小；第四，投资需求对利率变动的敏感程度越大，挤出效应越大。

（四）财政政策的局限性

在竞争性部门中，政府投资效率不如民间投资，影响社会总投资效率。长期使用财政政策，会抑制民间投资的积极性。

财政政策发挥作用具有一定的时滞性，乘数的大小及达到政策效果所需要的时间都具有不确定性。

五、财政政策与货币政策的选择

虽然经济增长、物价稳定、充分就业和国际收支平衡等都是财政政策和货币政策的宏观经济目标，但各有侧重。

（一）财政政策与货币政策的区别

1. 货币政策侧重于货币稳定，而财政政策多侧重于其他更广泛的目标。

2. 在供给与需求结构的调整中，财政政策起着货币政策所不能取代的作用，调节产业结构，促进国民经济结构的合理化。在调节收入分配公平方面，货币政策也往往显得无能为力，只能通过税收、转移支付等财政政策手段来解决。

3. 货币政策是通过对利率的影响来间接影响总需求。财政政策是直接起影响作用。例如，支出增加使总需求和国民收入增加；消费水平提高，会导致利率水平上升，不利于投资。

（二）财政政策与货币政策的联系

财政政策与货币政策对经济生活的作用各有特点，一般条件下，财政政策与货币政策是相互配合起作用的。

在货币政策收效不明显的严重萧条局面下，财政政策则显得比较有力，如扩大财政赤字，支持大规模的公共工程建设，本身可以吸收一部分失业人员，又可以带动相关部门的发展。

在抑制经济过热方面则相反，因改变税法或采用增税等财政政策都需要时间，这就使财政政策不可能具备货币政策所具有的灵活性和及时性。

（三）财政政策与货币政策的选择

当均衡的国民收入低于充分就业的国民收入时，两种政策都可以增加总需求。

1. 货币政策通过利率工具影响总需求

在经济萧条时增加货币供给，降低利息率，刺激私人投资，进而刺激消费，使生产和就业增加。反之，在经济过热通货膨胀率太高时，可紧缩货币供给量以提高利率，抑制投资和消费，使生产和就业减少些或增长慢一些。前者是扩张性货币政策，后者是紧缩性货币政策。

2. 财政政策对经济生活的影响是直接的。

支出增加使总需求和国民收入增加，消费水平提高，但会导致利率水平上升，不利于投资。

所得税的减少和转移支付的增加会使消费水平提高，总需求和国民收入增加。但投资仍然会由于利率的上升而减少。这时对投资补贴，才会使投资增加。不过这样做利率仍然要上升，但是先有投资增加，后是利率上升。

选择货币政策还是财政政策，要考虑是刺激总需求的哪一部分。

如果刺激私人投资，可以采取投资补贴的办法。如果降低利率，则债券价格上升，需要人们手中的投机货币充足。

如果刺激消费，可以采取减少所得税和增加转移支付；如果刺激投资中的住房投资，由于这是一种长期投资，受利率的变动影响大，就采取货币政策。

无论是财政政策还是货币政策，都是通过影响利率、消费、投资，进而影响总需求，使就业和国民收入得到调节。

参考文献

［1］王振. 中国区域经济学［M］. 上海：上海人民出版社，2022.

［2］孙惟微. 硬核经济学［M］. 北京：中国友谊出版公司，2022.

［3］胡庆江，牛朝辉. 国际经济学［M］. 北京：北京航空航天大学出版社，2022.

［4］李悦，钟云华. 产业经济学［M］. 沈阳：东北财经大学出版社，2022.

［5］刘俊英，郝宏杰. 公共经济学［M］. 北京：中国经济出版社，2022.

［6］张红智，严方. 经济学基础［M］. 北京：对外经济贸易大学出版社，2022.

［7］刘仲芸，刘星原. 现代流通经济学［M］. 北京：北京首都经济贸易大学出版社，2022.

［8］孙春香. 西方经济学基础教程［M］. 长春：吉林大学出版社，2022.

［9］王素玲，欧阳宏虹，熊升银. 经济学原理［M］. 重庆：重庆大学出版社，2022.

［10］刘志勇，刘宝成. 微观经济学［M］. 北京：经济管理出版社，2022.

［11］唐要家. 反垄断经济学理论与政策［M］. 沈阳：东北财经大学出版社，2022.

［12］吕守军，魏陆. 公共经济学［M］. 上海：上海交通大学出版社，2021.

［13］何元斌，杜永林，罗倩蓉. 工程经济学［M］. 成都：西南交通大学出版社，2021.

［14］安仰庆. 简单经济学［M］. 北京：中国商业出版社，2021.

［15］陆菊春，程鸿群，徐莉. 工程经济学［M］. 武汉：武汉大学出版社，2021.

［16］李秉龙，薛兴利. 农业经济学［M］. 北京：中国农业大学出版社，2021.

［17］赵大平，蔡伟雄. 国际经济学［M］. 上海：立信会计出版社，2021.

［18］孙毅. 数字经济学［M］. 北京：机械工业出版社，2021.

［19］李俊慧. 经济学讲义［M］. 2021. 07.

［20］姚宇. 自由主义经济学的解读与批判 微观经济学讲义［M］. 北京：中国经济出版社，2021.

［21］踪家峰. 区域与城市经济学［M］. 上海：上海财经大学出版社，2021.

［22］梁静，马威，李迪. 经济学［M］. 成都：电子科技大学出版社，2020.

［23］国彦兵. 经济学原理［M］. 北京：机械工业出版社，2020.

［24］俞炜华，赵媛. 经济学的思维方式［M］. 西安：西安交通大学出版社，2020.

［25］郭剑雄. 经济学的跨界思考［M］. 西安：陕西师范大学出版总社，2020.

［26］郭振华. 行为保险经济学［M］. 上海：上海交通大学出版社，2020.

［27］王三兴. 世界经济学［M］. 合肥：中国科学技术大学出版社，2020.

［28］吴光华. 宏观经济学基础［M］. 武汉：华中科学技术大学出版社，2020.

［29］杨胜海. 经济学原理新论［M］. 北京：中国财富出版社，2020.

［30］孙久文. 区域经济学［M］. 北京：首都经济贸易大学出版社，2020.

［31］钱颖一. 理解现代经济学［M］. 上海：东方出版中心有限公司，2020.

［32］李钒，孙林霞. 国际经济学［M］. 天津：天津大学出版社，2020.

［33］郑长军. 宏观经济学［M］. 武汉：武汉大学出版社，2020.